뉴패러다임 영어회화

초판 1쇄 인쇄 2015년 9월 10일
초판 1쇄 발행 2014년 9월 15일

저자 곽동훈

펴낸이 양은하
펴낸곳 들메나무 출판등록 2012년 5월 31일 제396-2012-0000101호
주소 (410-816) 경기도 고양시 일산동구 백석1동 1261-6번지 201호
전화 031) 904-8640 **팩스** 031) 624-3727
전자우편 deulmenamu@naver.com

값 15,000원
© 곽동훈, 2015
ISBN 978-89-969042-6-7 03740

이 도서의 국립중앙도서관 출판예정도서목록(CIP)은 서지정보유통지원시스템 홈페이지(http://seoji.nl.go.kr)와
국가자료공동목록시스템(http://www.nl.go.kr/kolisnet)에서 이용하실 수 있습니다.(CIP제어번호: CIP2015023206)

영 어 공 부 의 패 러 다 임 을 바 꿔 라 !

가성비
최고의
영어학습법

영어 대화의 비법을 익히는

뉴패러다임
영어회화

곽동훈 지음

PARADIGM
ENGLISH

들메나무

PROLOGUE
영어 공부의 패러다임을 바꿔라!

"한국에서 회화 공부를 아무리 많이 해도, 밖에 나가면 입이 안 떨어진다 는데…."

잘 생각해보면 당연한 일입니다. 언제 '대화' 연습을 해봤어야 대화가 되지요. 영어'회화' 공부한다면서 맨날 '독백' 연습만 하다가 갑자기 대화를 하려니 될 턱이 있나요. '대화 문장'을 따라하면서 차례대로 읽는 연습도 했지만, 실은 그건 대화를 가장한 독백에 불과하거든요. 그러니 "How are you?", "Fine, thank you" 한 다음에는 다들 꿀 먹은 벙어리가 되는 겁니다. 책에선 다음 문장이 정해져 있지만 현실은 애드립이니까요.

사실 우리나라 사람들만큼 영어'회화' 공부를 열심히 하고, 영어'회화' 연습을 많이 하는 분들도 없습니다. 중요한 건 공부하는 사람들 본인은 '회화' 공부를 하고 있다고 생각하지만, 실제로는 그게 회화가 아니라 독백이란 사실.

회화는 기본적으로 '대화'이고, 회화 공부와 연습은 대화 공부와 대화 연습임에도 불구하고, 제대로 '대화' 공부와 '대화' 연습을 시키는 학습서는 없습니다. 물론 많은 영어회화 학습서들이 대화 공부 '흉내'까지는 냅니다. 하지만 '남의 대화 따라하기'는 진짜 대화 공부가 아니죠.

어떤 말이든 자주 해야 늡니다. 하지만 보통 사람이 일상생활을 하면서 영어로 대화할 기회를 찾기란 쉽지 않은 일이죠. 미국이나 영국, 호주 같은 영어 쓰는 나라에 살거나, 1년에 몇 달씩 여행이라도 하면서 다른 나라 사람들과 영어로 대화를 나눌 수만 있다면 영어회화가 늘겠지만, 한국에만 붙어 있는 사람이 영어회화 실력을 늘리기는 정말 미션 임파서블에 가깝습니다.

그래도 가만 있을 순 없습니다. 남들 하는 것처럼 이런저런 회화책을 보고, MP3를 듣고, 〈프렌즈(Friends)〉, 〈모던 패밀리(Modern Family)〉 같은 미드를 보고, 그래도 안 되면 필리핀 강사와 통화하는 전화영어라도 신청해야 할까요?

그럴 필요 없습니다. 드물지만 그런 식으로 하지 않아도 영어회화 잘하는 사람들이 있습니다. 필자만 해도 태어나서 한 번도 영어회화 학원에

다니지 않았는데도 여러 나라를 돌아다니며 비교적 유창하게 영어로 의사소통을 하고 있답니다. 세상을 돌아다니다 보니 저 말고도 그런 사람들이 꽤 있더군요. 비결이 뭐냐구요?

영어 공부의 패러다임을 바꾸는 게 그 비결입니다. 그리고 이 책에 그 방법을 담았고요. 필자는 올바른 영어회화 공부의 핵심을 '대화적 상상력'이라고 부르는데요, 회화 공부는 바로 '대화적 상상력'을 동원한 대화 공부와 실제 대화를 결합할 때 가장 효과적입니다.
공부하는 사람은 문법도 발음도 표현도 모두 실제 대화를 염두에 두고 공부해야 하고, 가르치는 사람 역시 '회화는 처음부터 끝까지 대화'라는 관점에서 가르쳐야 합니다. 실제 대화에서 가장 중요한 문법과 표현, 단어들을 가르치고, 실제 대화처럼 연습하는 방법도 가르치고, 실제 대화를 할 수 있는 방법까지도 가르쳐야 합니다. 모든 회화 공부는 실제의 커뮤니케이션을 위한 것이기 때문입니다.

영어회화 공부에 '왕도'는 없어도 '요령'은 있습니다. 주변을 돌아보세요. 다들 하는 방법으로 회화 공부해서 성공할 확률은 극히 희박합니다. 그중 몇몇은 성공한다지만, 그런 식으로 성공한다 해도 들이는 시간과 돈이 너무 아깝습니다. 이왕 공부할 거라면 최대한 효율적으로 해야 하지 않겠습니까?

CONTENTS

핵심 어휘와 표현 정복

 ## 한국어 사용자를 위한 영어 발음 강의

 ## 가성비 최고의 영어회화 학습법

NEW
PARADIGM
ENGLISH

CHAPTER
1

영어회화 학습의
정공법

이 책의 목표는 간단하다. 독자 여러분이 영어로 대화할 수 있게 하는 것이다.

그게 말처럼 간단하지 않다고? 음… 말씀대로 간단하지 않을 수도 있다. 하지만 우리 인생사에서 올바른 목표를 설정하고, 올바른 방법으로 노력을 경주하면 대부분의 일은 성취할 수 있다.

그리고 '영어로 대화하기'는 극강의 난이도를 지닌 난공불락의 목표가 아니다. 만약 이것이 난공불락의 목표라면, 현재 세계 각지에서 영어로 대화하고 있는 수많은 한국인들은 모두 불세출의 천재란 말인가?

그럴 리가 없지 않은가? 그럴 리가 없는데도 많은 사람들이 '영어로 대화하기'를 그토록 어려운 목표라고 생각하는 이유는 뭘까?

우리가 많은 일에서 실패하는 이유 중 하나는 목표를 잘못 설정하기 때문이다. 잘못된 질문을 하면 결코 바른 해답을 얻을 수 없듯이, 잘못된 목표를 설정하면 성취는 불가능하다.

정확한 학습 목표 설정

네이티브처럼 잘하려면?

많은 사람들이 영어를 잘하려면 어떻게 해야 하는지를 묻는다. 그런데 이런 질문을 받으면 먼저 드는 생각이 "과연 영어를 잘한다는 게 뭘까?"라는 것이다. 솔직히 잘 모르겠다. 미국이나 영국에서 직장 생활을 할 수 있는 정도면 잘하는 걸까? 아니면 영어를 쓰는 외국인 친구를 만나서 재미있게 어울릴 수 있을 정도면 잘하는 걸까? 그도 아니면 국제회의에서 동시통역을 할 수 있어야 잘하는 것일까? 어디까지는 그저 '보통'으로 하는 것이고, 어디서부터는 '잘'하는 것일까?

어떤 사람들은 좀 더 구체적으로 "'네이티브 수준'으로 잘하려면 어떻게 해야 하느냐?"고 묻는다. 물론 여기서 '네이티브 수준의 영어'는 미국 TV의 뉴스 앵커나 드라마 〈프렌즈〉에 나오는 배우들이 쓰는 영어를 말하는 것일 게다. 그런데 필자는 여기에 대해서는 분명히 대답할 수 있다. 보통의 한국 사람이 소위 '네이티브 수준'으로 영어를 잘하는 방법은 없다. 기본적으로 다른 나라 말을 배운다는 것은 어느 정도의 한계를 안고 들어가는 것이다. 미심쩍은 분들은 한국에서 오래 살고 있는 외국인들을 살펴보라. TV에 자주 등장하는 로버트 할리나 이참(이한우) 같은 사람들의 한국어가 우리나라 사람처럼 자연스러운가? 한국 여성과 결혼해서 10여 년 이상을 한국에 살았어도 그들의 한국어는 어딘가 어색하다. 하물며 한국에 살면서 미국인이나 영국인같이 영어를 하는 것은 거의 불가능에 가깝다.

그리고 당연한 말이지만 '네이티브'란 사람들도 지역적으로, 교육 수준에 따라 다양한 발음과 어휘, 심지어 문법까지 조금씩 다른 다양한 영어를 사용하고 있다. 구체적으로 말해 영국 네이티브와 미국 네이티브, 남아공 네이티브가 사용하는 영어는 서로 꽤 다르고, 미국 내에서도 버락 오바마가 쓰는 네이티브 영어와 조지 부시가 쓰는 네이티브 영어도 꽤 다르다. 이렇게 '네이티브 영어'는 테두리와 내용이 명확치 않은 환상의 목표에 지나지 않는다.

하여간 영어 공부할 때 처음부터 목표를 잘못 세워두면 초반에 나가떨어지고 만다. '네이티브 수준 영어하기' 같은 목표가 그 좋은 예다. 자기에게 적절한 목표 설정을 하는 것이 영어 공부의 요령 중 하나다. 그리고 그 목표는 '네이티브처럼' 같은 모호하면서 지나치게 어려운 것보다는 구체적이면서 현실적인 것이어야 한다.

이를테면 '국제회의의 실시간 통역을 할 수 있는 수준'도 하나의 목표가 될 수 있다. 다만 이런 분에게는 한국에서 영어 공부를 열심히 하되, 언젠가는 유학을 가서 다양한 국적의 영어 구사자들과 어울리는 경험을 해보시길 권한다.

실제로 국제회의에 나가보면, 심지어 이름도 모르는 나라에서 온 사람들이 한 번도 들어본 적이 없는 발음으로 영어를 구사하는 경우가 흔하다. 우리나라에서 유행하는 미국 동부식 영어에만 익숙해서는 그런 상황에 닥치면 당황할 수밖에 없다. 따라서 '국제회의의 동시통역'이 되기 위해서는 다양한 나라의 다양한 말투에 일찍부터 적응해두는 게 좋다.

또는 패키지 여행 대신 자유 여행을 선호하는데, '해외에 나갈 때 영어 때문에 큰 불편이 없을 정도로 영어회화 실력을 늘리고 싶다'는 것 역시 소박하지만 훌륭한 목표다.

물론 '회사에서 해외 거래처와 좀 더 부드럽게 영어로 의사소통하고 싶다'라든지, '영어 면접을 무사히 통과하고 싶다' 등도 현실적이고 훌륭한 목표들이다.

영어는 링구아프랑카(Lingua Franca)

아시다시피 영어는 더 이상 영국과 미국에서만 쓰는 언어가 아니다. 영어는 현재 약 70여 개국의 공식·비공식적 공용어이며, 대부분의 국가에서 지식층들의 필수 언어이기도 하다. 그리하여 현재 전 세계에서 약 7억 명이 영어를 유창하게 구사하며, 약 15억 명 정도가 상당 수준의 영어를 구사하고 있다(김종현, 『언어의 이해』, 태학사).

이렇게 사실상의 세계 공용어 역할을 하는 언어를 링구아프랑카라고 부른다. 그렇다면 이 영어라는 물건이 모든 나라에서 다 똑같지는 않을 터, 도대체 우리는 어떤 영어를 배워야 할 것인가? 미국 영어, 영국 영어 중 하나를 골라서 잘하면 되지 않을까?

그런데 실은 미국에서도 사람들이 지역에 따라, 계층에 따라 조금씩 혹은 상당히 다른 문법과 발음의 영어를 구사하고 있다. 게다가 영국도 미국에 비해 면적은 작지만 의외로 '사투리'들이 많다. 영국에서 소위 '표준 발음'이라고 할 수 있는 RP(Received Pronunciation)를 사용하는 인구는 전체의 3%밖에 안 된다는 조사 결과도 있다.

많은 사람들이 착각하는 사실이지만, 소위 '표준 영어'라는 건 없다. 사실 수십 개국이 각기 조금씩 다른 문법과 발음으로 영어를 쓰고 있는 현실에서 '어떤 영어'를 누가 표준으로 정할 수 있겠는가? 영국에서 3%만이 쓰고 있는 RP를 표준 발음이라고 우긴다면 영국 사람들조차 말이 안 된다고 생각할 것이다.

미국의 경우, 연방법상 영어는 미국의 국어조차 아니다. 놀라시는 분들이 있겠지만 명백한 사실이다. 미국은 태어날 때부터 다언어 국가였고, 지금도 역시 다언어 국가이다. 주 정부 차원에서 영어를 '공용어'로 정한 경우는 있어도, 연방 차원에서 영어를 '국어'로 지정하려는 노력은 다 실패했다. 그리고 최근 스페인어 사용 인구가 급속하게 늘고 있는 것을 감안할 때 앞으로도 연방 차원에서 영어를 국어나 유일한 공용어로 지정하기는 어려울 것 같다.

아니! '표준 영어'조차 원래 없는 거라니, 그럼 도대체 어떤 영어를 배워야 한단 말인가? 대답은 "아무 영어나 배워도 된다"이다. 수십 억의 인구가 매일같이 영어를 구사하며 살고 있지만, 다들 자기도 모르게 가장 기본적인 문장과 문법은 공유하고 있기 때문이다. 게다가 오늘날에는 대중문화와 인터넷이 전 세계를 뒤덮고 있기 때문에 어느 한 지역만의 영어가 고립적으로 변화해나가기가 어렵다.

물론 싱가포르 사람들이 쓰는 '싱글리쉬'처럼 기존 언어의 영향을 많이 받은 독특한 문법과 발음의 영어도 존재하지만, 대부분의 싱가포르인들은 외국인들과 대화할 때면 진짜 '잉글리쉬'를 구사한다.

어떤 영어를 배워야 하나

일부 한국인들 중에는 인도나 필리핀의 '후진 발음'의 영어를 배우면 곤란하다고 말하는 사람들도 있다. 그러나 정작 그런 사람들이 부러워하는 영어를 구사하는 미국인, 영국인들은 인도, 필리핀 사람들의 영어를 별 위화감 없이 잘 알아듣고 있다. 인도, 필리핀 사람들의 영어보다는 오히려 억지로 미국식 영어를 흉내 내는 한국인들의 영어가 더 어색하게 들릴 때가 많다.

독자 여러분은 소위 '어떤 영어'를 배워야 한다는 편견 혹은 선입관에서 벗어나야 한다. 좋은 발음, 구린 발음이 따로 있는 게 아니다. 영어를 배우는 사람은 그저 발음기호에 충실하려고 노력하는 것으로 충분하다. 필자의 경험상 타인의 영어 발음을 비평하는 사람은 오로지 영어 못하는 한국 사람들뿐이었다. (한국인을 포함해서) 영어 잘하는 이들은 상대의 말을 이해하려고 노력할 뿐, 발음에 대해 이러쿵저러쿵하는 법이 없다.

영어 공부, 특히 영어회화 공부는 절대 시험 치기 위해서가 아니라 외국인들과 의사소통하기 위해서 하는 것이다. 따라서 가장 중요한 건 자신의 뜻을 영어로 잘 표현하고, 상대의 뜻을 잘 알아듣는 것뿐이다.

영어회화 초심자라면 누구나 외국인과의 대화에서 어느 정도는 버벅거릴 수밖에 없다. 하지만 상대 쪽에서도 이쪽이 네이티브 스피커가 아니

라는 점 정도는 알기 때문에 새겨듣기 위해 노력하고 있고, 실제로 결국
에는 알아듣는다. 그리고 서로의 이야기가 길어질수록 알아듣는 속도도
빨라진다.

T I P

영국의 문학상 '부커상'을 타간 외국인들

영어란 게 원래 영국 말이지만 전 세계에서 쓰다 보니 재미있는 현상들이 가끔 발생한다. 이를
테면 영국의 가장 권위 있는 문학상 중 하나인 '부커 상(The Booker Prize)'을 외국인들이 타가
는 것도 그중 하나이다. 사례를 몇 개 보면,

1991년	나이지리아	Ben Okri	『The Famished Road』
1992년	캐나다	Michael Ondaatje	『The English Patient』
1997년	인도	Arundhati Roy	『The God of Small Things』
1999년	남아공	J. M. Coetzee	『Disgrace』
2000년	캐나다	Margaret Atwood	『The Blind Assassin』
2001년	오스트레일리아	Peter Carey	『True History of the Kelly Gang』
2002년	캐나다	Yann Martel	『Life of Pi』
2003년	오스트레일리아	DBC Pierre	『Vernon God Little』
2006년	인도	Kiran Desai	『The Inheritance of Loss』
2007년	아일랜드	Anne Enright	『The Gathering』
2008년	인도	Aravind Adiga	『The White Tiger』
2014년	오스트레일리아	Richard Flanagan	『The Narrow Road to the Deep North』

의외로 인도 작품들이 많다!

영화로도 나온 『Life of Pi』는 캐나다 작가가 인도 소년을 주인공으로 쓴 소설이다.
『악마의 시(The Satanic Verses)』로 유명한 살만 루시디(Salman Rushdie)는 인도에서 태어
나고 자랐지만 나중에 영국 국적을 취득한 영국인이다. 그는 1981년 자신의 두 번째 소설 『자정
의 아이들(Midnight Children)』로 부커상을 수상했다.
사실 영어 사용자가 가장 많은 나라는 미국이 아니라 인도이다. 아마 10억 명도 넘을 것이다. 그
러니 영어로 된 좋은 문학 작품들이 많이 나오는 것도 당연한 것 같다.
간혹 "인도 영어 따위" 하면서 무시하는 사람이 있는데, 굉장히 무지한 태도이다. 영어는 그냥
세계어다. 따라서 전 세계에서 다양한 방식으로 변화하고 있는 언어인 것이다.
세상에 '더 나은 영어'는 없다. '인도 영어'로도 영어의 고향 영국의 최고 문학상을 타가는 시대인
것이다. 따라서 '어느 나라에서 쓰는 표준 영어' 따위를 배우느라 고생하는 건 바보짓이다. 그런
이상한 생각이 스트레스를 만들어서 영어 배우는 걸 어렵게 한다.

질문이 잘못되면 절대 정답을 얻을 수 없다. 영어회화 공부에서 바른 질문은 "어떤 영어를 배워야 하나?"가 아니라 "영어를 어떻게 공부해야 하나?"이다. 필자가 이 책에서 하려는 일이 독자들에게 영어를 어떻게 공부해야 하는지 가르쳐드리는 것이다.

특히 한국에서 영어 공부하면서 인도 영어, 필리핀 영어는 배우고 싶어도 배우기 어렵다. 설사 매일 필리핀 영어 강사와 통화한다 해도, 그보다 훨씬 더 많은 시간을 영미에서 나온 출판물·영상물을 보고, 이미 어릴 때부터 영미 콘텐츠를 접해온 당신이 인도나 필리핀 사람처럼 말한다는 건 불가능하다. 그러니 일어날 가능성이 없는 일로 걱정하지 마시고 어떻게, 어떤 방법으로든 영어를 귀와 입에 붙일지 연구하는 편이 훨씬 생산적이다.

하여튼 절대 발음 같은 걸로 스트레스 받지 마시라. 천하에 쓸데없는 걱정이 바로 그거다. 당신이 어떤 발음을 하건, 그런 걱정을 하고 있으면 영어로 말하기가 매우 어렵고 당연히 영어가 절대 늘지 않는다. 그래도 발음에 자신 없는 분들을 위해 필자는 이 책 뒷부분에 발음(pronunciation)과 억양(intonation)에 대한 기본적인 가이드를 마련해놓았다.

영어회화 학습의 바른 순서

말이 글보다 쉽다

공부에도 순서가 있다. 당연한 말이지만, 영어 공부를 어떤 순서로 해야 하는지에 대해 잘 모르거나 잘못 알고 있는 경우가 많다.

아마 독자 여러분 중 말하기 전에 한글부터 읽은 분은 없을 것이다. 세상 어느 나라 언어든 글보다 말이 쉽기 마련이다. 당장 주변에 있는 아무 책이나 펼쳐보라. 우리가 평소에 쓰는 말보다 어려운 단어, 표현, 문장 구조를 많이 쓰고 있지 않은가?

그러나 현실적으로 외국어는 당장 써먹을 기회가 별로 없기 때문에 글부터 배우는 게 맞다. 이왕 공부하는 거, 처음부터 '읽고 쓰기 위한 글'보다는 '듣고 말하기 위한 글'을 배워야 한다.

자랑 같지만, 필자는 10개 국어 정도를 공부했다. 영어는 비교적 유창해서 외국인들과 대화할 때 큰 지장이 없고, 여러 권의 책을 번역하기도 했다. 하지만 그 외의 언어들, 즉 스페인어, 일본어, 독일어, 프랑스어, 이탈리아어, 태국어, 러시아어, 중국어 등은 해당 언어로 '말'을 하라면 조금은 하지만, 책이나 신문을 읽으라면 아주 고역이거나 거의 포기하는 정도이다. 원래 말하기가 읽기보다 열 배쯤 쉽기 때문이다.

그러니 영어 '읽기'는 좀 되는데 말하기가 영 젬병이라는 독자가 있다면 책을 제대로 만난 것이다. 그런 분들은 이 책에서 가르치는 '말하는 방법'만 조금 공부하면 금방 상당히 유창한 영어로 말을 할 수 있다. 그리고 실은 대부분의 한국인들은 기초적인 영어 단어들은 다 알고 있는 경우가 많기 때문에 조금만 요령을 익히면 간단한 일상 회화 정도 하는 것은 문제도 아니다.

그럼 무슨 말부터 배워야 할까?

자주 쓰는 말부터 배운다

당연히 자주 쓰는 말부터 배워야 한다. 필자는 사실 중학교 들어가서 처음 영어를 배웠다. 그때 제일 먼저 배웠던 문장이 지금도 기억난다.

I am a boy.

그 후 수십 년이 흘렀고, 그동안 이 나라 저 나라에서 수많은 사람들과 영어로 대화를 나눠봤지만 단 한 번도 저 문장을 말해본 기억이 없다. 다들 나를 처음 보자마자 'boy' 혹은 'man'이란 걸 알아차렸을 테니, 저 대답이 나올 만한 질문을 할 턱이 없다. 다만 궁금한 것은 '왜 학교에서 내게 평생 한 번도 써먹지 못할 문장을 가르쳤나?'뿐이다.

이왕 배울 거 현실에서 자주 쓰는 문장과 표현과 단어를 배우는 게 좋다. 먼저 표현과 단어를 배우고, 그 다음에는 바탕이 되는 문법을 배운다. 표현과 단어 중에서도 자주 쓰는 것들은 그 의미를 깊고 넓게 알아야 하고, 꼭 필요한데 모르는 것들은 철저히 익힌다.

이를테면 "I am a boy" 대신,

Where is the toilet?

Can you tell me where the toilet is?

Would you tell me where the toilet is?

에 들어 있는 단어와 표현을 먼저 배우고, 그 바탕이 되는 문법을 배운다. 화장실에 안 가는 사람은 없기 때문이다.

위의 문장은 당신이 외국에 나가서 의외로 가장 많이 쓸 문장이고, 당신이 외국에서 온 손님을 만날 때도 들을 가능성이 높은 문장이다. 그리고 위 문장의 형식은 당신이 앞으로 사용할 수많은 질문의 원형이기도 하다. 바로 그런, 현실 속의 핵심 문장과 자주 쓰는 문장들의 원형(prototype)이 되는 문장들이 가장 먼저 공부해야 하는 과제이다.

쉬운 것을 철저히

실제 회화의 대부분은 너무너무 '쉬워 보이는' 단어와 문장으로 이루어진다. 소위 '네이티브 스피커'들의 일상적인 대화를 분석해보면, 사용하는 단어와 문장들이 너무나 쉬워서 독자 여러분들도 '도대체 왜 나는 이 쉬운 걸 못 알아듣고, 말하지도 못할까?' 하는 생각까지 드는 경우가 많을 것이다.

하지만 여기서 불편한 진실을 하나 이야기하자면, 실은 영어 공부하는 대부분의 학생들은 그 쉬운 단어와 문장들을 정확하게 이해하고 있지 않다. 이를테면,

I gotta go.

독자들 중 정말 흔히 쓰는 이 표현에 등장하는 get의 변형태에 대해 정확하게 이해하고, 또 그 감을 느낄 수 있는 사람은 많지 않다. gotta라는 단어를 처음 보는 분도 있을지 모른다. 'have got to'의 약자라는 것 정도는 알고 있는 분도 있을 것이다. 그분은 '~를 해야 한다'라는 뜻까지 알고 있을 터이다. 그런데 gotta와 must, have to, should 등은 '~를 해야 한다'라는 뜻이 각각 어떻게 다를까?
이건 또 어떤가?

I made out* with him at his place*.

I도 알고, make의 과거형 made도 알고, out, with, him, at, his, place는 다 아는 단어지만, 이 문장의 뜻이 무언지 모르겠다는 분이 있을 것이다. 이유는 단 하나. 다 아는 단어지만 각각의 뜻과 용법을 철저히 알고 있지 않기 때문이다.

- **make out** 서로 애무하면서 즐기다.
- **place** 집, 거주 공간. 내가 사는 집일 수도 있고, 잠깐 빌린 호텔방일 수도 있다. 데이트하면서 "my place", "your place" 하면 그런 집을 말한다. 물론 식당에서 밥 먹다가 "this place" 하면 그 식당을 말하는 거. "Will you come over my place?"는 "우리 집에 올래?" (come 다음의 over에 주목!)

'네이티브 스피커'들 및 전 세계의 영어 사용자들은 대부분 쉬운 단어와 문장들의 다양한 용법들을 최대한 활용하면서 대화하고 있다. 일부 연구자들은 보통의 미국인들이 일상생활에 주로 사용하는 단어는 500~1,000개 정도밖에 안 된다고 주장한다. 그리고 그 단어들은 대부분 우리가 이미 아는 것들이다.

우리는 'interstellar(항성 간)' 같은 어려운 단어를 몰라서 영어회화를 못하는 게 아니라, get, put, take, make 등의 쉬운 단어의 다양한 용법을 몰라서, 입과 귀에 익지 않아서 회화를 못하는 것이다. 바꿔 말하면 그 쉬운 단어들을 철저히, 깊이 익히면 영어회화는 굉장히 쉬워진다.

학습의 순서

자, 이제 정리해보자.

영어회화 학습의 순서는 ① 먼저 말부터 배운다. 특히 자주 쓰는 말부터 배운다. ② 그러기 위해서는 우리가 이미 아는 단어와 쉬운 문장들을 더 깊이, 정확하게 공부하고, 그 다음에 점점 더 많은 단어와 표현을 익혀야 한다. 다시 말해 회화에 꼭 필요한 핵심 단어와 표현을 좁고 깊게 공부한다. ③ 자주 쓰는 말의 바탕이 되는 문법을 배운다. 그 '좁고 깊은 공부'에 꼭 필요한 만큼의 문법 공부도 해야 한다는 말이다. 하지만 부담 가질 필요는 전혀 없다. 그 문법 공부는 멀리 갈 것 없이 이 책에서 설명해주는 것만으로도 충분하다.

이쯤 되면 기초적인 회화와 독해가 가능하다. ④ 이제 가능한 많은 책, 신문, 만화 등, 즉 많은 문장들을 읽고, 그와 병행해 문법서를 하나쯤 읽어주는 게 좋다. 지나치게 두껍고 상세한 문법서보다는, 부담스럽지 않으면서 핵심적인 문법 사항을 빠뜨리지 않고 소개하는 책이 좋다. ⑤ 이때

쯤이면 영문 자막을 띄워놓고 미드를 감상하는 것도 좋은 공부 방법이다. 자신이 붙으면 자막 없이 감상해보자.

⑥ 단어는 틈날 때마다 외운다. 책이나 신문을 보면서 모르는 단어가 나타날 때마다 사전을 찾아 용례까지 한 번쯤은 읽어주는 게 좋다. 물론 미드나 영화를 보다가도 모르는 단어가 나오면 찾아봐야 한다. 특히 최근에 나타난 유행어는 일반적인 사전보다는 윅셔너리(Wiktionary)나 어번 딕셔너리(Urban Dictionary)가 도움 될 때가 많다. 그래도 모르는 단어는 어떤 용법으로 쓰는지 구글링(Googling)으로 알아낼 수밖에 없다.

회화는 독백이 아니라 대화

대화란 '문장 교환'이 아니다

머리말에서도 말했지만 영어'회화'는 기본적으로 독백이 아니라 영어
'대화'이다. 수많은 '영어회화' 학습서를 읽고, 거기에 나오는 문장들을
소리 높여 읽고, MP3를 다운받아 원어민 발음을 흉내 내봤지만 그래도
영어'회화'가 안 되는 이유는, 실은 그동안 영어 '대화'가 아니라 대화를
흉내 낸 '독백'을 하고 있었기 때문이다.

영어회화 책에 순서대로 쓰여진 문장을 읽는 건 대화 연습이 아니라 대
화 '흉내' 연습에 지나지 않는다. 책에서는 분명,

How are you?

하면, "Fine, thanks. And you?" 다음에 "I'm fine, too"라고 되어 있지만,
현실은 책대로 되지 않는다. 실제로 영어를 말하는 세계는 한마디로 애

드립의 천국이다.

대화란 건 이미 정해진 문장과 문장의 교환이 아니라, 특정한 상황에서 특정한 상대와 함께 특정한 의도와 감정을 담아서 나누는 커뮤니케이션 이다. 여기서 이 네 단어, 즉 '상대, 상황, 의도, 감정'을 꼭 기억해두시라.

상대와 상황, 의도와 감정이 똑같을 수 없기 때문에 모든 대화는 오직 그 순간만의 특유한 대화가 된다. 다시 말해 아무리 책으로 문장을 연습하고 MP3를 따라해도 현실에서 연습한 대로 문장이 이어지는 경우는 없다는 말이고, 대화용 문장들을 한두 개 준비하는 건 가능해도 단 5분이라도 이어지는 문장들을 미리 준비하고 연습하는 것은 불가능하다는 말이다. 그래서 아무리 회화 공부를 해도 막상 상황이 닥치면 3분도 지나지 않아 꿀 먹은 벙어리가 되는 것이고, 영어회화 책마다 부록으로 끼워주는 MP3는 별 쓸모가 없게 되는 것이다.

MP3 말이 나왔으니 말인데, 우리나라 사람들이 영어회화 학습용으로 듣는 대부분의 MP3는 발음 연습 측면에서도 별로 이롭지 못하다. 왜냐하면 그 MP3들에 등장하는 화자들이 거의 천편일률적으로 미국 동북부, 캐나다 동남부 발음을 하는 네이티브 스피커들이기 때문이다.

하지만 우리가 실제로 세계로 나가서 만나는 사람들은 그보다는 훨씬 다양한 발음을 하는 다양한 사람들이다.

영어 공부에도 상상력이 필요하다

그렇다면 '대화' 공부는 어떻게 해야 한단 말인가? 영어회화 책도 안 되고 원어민 MP3도 무용지물이라면, 도대체 영어회화를 잘하는 학습 방법은 무엇이란 말인가? 해답은 이미 머리말에서 밝힌 바 있다. 바로 '대화적 상상력'을 이용한 학습이다.

"대화적 상상력, 그러니까 그게 뭐냐구요?"

이를테면 이런 것이다.

독자는 머릿속에 한 장면을 떠올려보시라. 당신은 혼자서 동남아시아 어느 대도시의 기차역 대합실에 앉아 있다. 그곳은 현지인뿐 아니라 아시아와 유럽 각국에서 온 여행객들로 가득하다. 그런데 갑자기 〈어메이징 스파이더맨(The Amazing Spider-Man)〉의 앤드류 가필드(Andrew Garfield)같이 생긴 청년이 다가오더니 이렇게 말한다.

Excuse me. May I?

"Excuse me"는 알아들었다. 사실 "May I?"도 무슨 뜻인지 알 것 같다. "뭘 해도 되냐"는 말 같긴 한데… 도대체 뭘 하고 싶다는 거냐?

아! 그러고 보니 이 친구의 손가락이 비어 있는 옆자리를 가리키고 있다. "여기 앉아도 되냐"는 뜻인가보다.

당연히 그런 뜻이다.

실례합니다. 여기 앉아도 될까요?

물론 당신은 생긋 웃으며, 혹은 쿨한 표정으로 이렇게 말하면 된다.

Sure. Be my guest.

여기서 주목하시라. 당연한 말이지만, "May I?" 자체에는 어디에도 '앉아도'라는 뜻이 없지만, 당신은 상황에 따른 상대의 의도를 짐작하고 그 뜻을 유추해냈다. 만약 당신이 이성애자 여성이고 상대의 미소에서 호감까지 포착했다면, "May I?"라는 지독하게 짧은 문장에서 상대의 감정까지도 감안해서 대답했을 것이다.

이 짧은 에피소드에서 우리는 무엇을 배울 것인가? 우리가 일상에서 사용하는 문장의 의미는 단순히 그 문장 내에만 있는 게 아니라, 상황과 상대, 감정과 의도까지 포함한 컨텍스트(context)에도 있다는 걸 배운다. '회화' 학습에서 가장 중요한 것은 '대화'를 연습하는 것이다. 그런데 대화를 연습한답시고 줄곧 '문장 교환'만을 연습한다면, 그 문장들은 결코 당신의 것이 되지 않는다. 대화는 문장이 아니라 상황과 상대, 감정과 의도가 있는 복합적인 교감이기 때문이다.

연극적 방법론

따라서 회화 연습, 즉 대화 연습은 한 문장, 한 문장을 읽을 때마다 그에 따른 상황을 철저하게 상상하면서 마치 연극 대사를 연습하는 배우처럼 할 때 가장 효과적이다. 보다 자세한 설명을 위해 언어의 근본 성질에 대해 간략하게 언급하고 넘어가자.

언어란 무엇인가? 독자 여러분은 지금 당장 스스로에게 질문해보시라. 언어는 '말'이다. 그렇다면 도대체 '말'이란 무엇인가? 답은 뻔하다. 언어는 커뮤니케이션 수단이다. 그런데 영어 공부를 하는 사람들은 많은 경우 이 단순한 사실을 잊어버린다. 아니라고?

Pass me the salt, please.

매우 단순한 문장이다. 식탁에서 소금 병을 이쪽으로 보내달라고 부탁하는 말이다. 이 문장을 읽고 당장 머리에 떠오르는 생각이 무엇인가? 아마 '소금 병 보내달라는 뜻이군" 하는 생각이 들 것이다.

우리는 보통 영어 문장을 읽을 때 그 문장을 우선 '해석'하려는 경향이 있다. 그리고 '해석'이 끝나면 만족해버리고 만다. 혹은 그 문장을 '암기'한 다음 끝내버린다.

하지만 거기서 멈추면 그 문장이 자기 것이 되기 어렵다. 왜냐하면 언어란 원래 '해석'이나 '암기'하라고 있는 게 아니라, '사용'하기 위해 있는 것이기 때문이다. 우리가 언어를 쓴다는 것은 어떤 특정한 상황에서, 특정한 상대에게, 어떤 특정한 목적을 가지고, 심지어 어떤 특정한 감정과 함께 쓰는 것이다. 그러니 그저 '해석'하고 '암기'만 해서는 절대 그 문장이 당신의 것이 될 수 없다.

당신이 "소금 좀 주세요" 할 때는, 이를테면 생선을 먹다가 간이 안 맞아서 소금을 꼭 쳐야 하는데 소금 병이 다른 사람이 앉아 있는 건너편에 있을 때이다. 그러면 당신은 건너편에 있는 상대에게 소금 병을 좀 건네 달라고 부탁하게 된다.

자, 여기서 생각해보자. 당신은 소금이 어느 정도로 절박한가? 소금이 없으면 도저히 생선을 먹을 수 없을 정도인가? 아니면 소금이 꼭 필요할 정도는 아니지만 이왕이면 조금이라도 뿌려서 먹고 싶은 정도인가? 그리고 맞은편에 있는 그 상대는 누구인가? 당신의 어머니인가, 동생인가, 친구인가, 아니면 처음 만난 사람인가? 그 사람에 대한 당신의 감정은 평소에 어떤 상태인가? 사실 우리는 "소금 병 좀 주세요" 할 때조차도 무의식중에 이런 모든 것을 감안하면서 말을 꺼내는 것이다.

상황, 상대, 의도, 감정

자, 이제부터 영어 '대화'를 연습해보자. 그런데 실제로는 앞에 상대가 존재하지 않는다. 그러면 어떻게 해야 하는가? 당연히 상상력을 발휘해야 한다. 상황, 상대, 의도, 감정 모두를 상상해보시라.

오랜만에 가족들이 모두 모였다. 4인 가족이라 치자. 당신은 막내다. 어머니가 구운 생선 요리가 간이 너무 안 맞아서 맛이 없다. 당신은 평소에 어머니를 좋아하지만 그녀의 요리 실력에는 불만이 많다. 이 생선만 해도 간이 전혀 안 되어 있는 것이나 마찬가지여서 소금이 없으면 먹기 어려울 것 같다. 하지만 잠시 고민한다. 만약 맞은편 자리에 앉아 있는 어머니에게 소금을 건네달라고 하면 어머니는 그걸 자기 요리에 대한 타박으로 받아들이지 않을까? 하지만 어쩔 수 없다. 생선은 먹어야겠다. 당신은 어머니에게 소금 좀 건네달라고 말한다.

Mom, pass me the salt, please.

무언가 다르게 느껴지지 않는가? 만약 당신이 정말 어머니의 요리 솜씨를 타박하기 위해 "Pass me the salt"란 말을 썼다면, 또 어머니 역시 그 뜻을 그렇게 알아들었다면, 이 문장의 의미는 "소금 좀 주세요"라기보다는 "어머니, 이번에도 생선 요리를 망쳤네요"에 가까울 것이다.

비슷한 예를 또 들어보자.

That's great.

"그거 대단하네"란 뜻이다.

만약 학교에서 늘상 잘난 척하는 인간이 이번에도 토익 900점을 넘겼다고 주변에 자랑한다면? 그 말을 들은 친구, 그것도 평소에 그를 별로 좋아하지 않던 친구가 "That's great"라고 한다면? 그 말의 뜻은 당연히 "잘났어, 정말"이 된다.

다시 말해 역시 상상력이다. 상상력을 발휘하라. 특히 영어회화 공부를 한다면 당신 앞에 놓여 있는 문장을 말할 때, 어떤 상황에서 어떤 용도로 그 문장을 쓰는 것인지, 어떤 의도를 지니고 말하는 것인지 상상한 다음 말하라.

문장을 연습하는 것은 바로 '상황'을 연습하는 것이다. 연극 연습을 하는 배우를 상상해보라. 그들은 대본을 읽으면서 연기 연습을 할 때 단순히 국어책 읽듯이 문장을 읽지는 않는다. 연극의 배경과 상대 배우, 상황 등을 상상하면서 최대한 감정 이입을 한 상태에서 대사 연습을 하는 것이다.

영어회화 학습을 위해 문장을 연습하는 당신도 그들과 다를 바가 없다. 우리는 나중에 낭독하기 위해 문장을 연습하는 게 아니라, 다음에 비슷한 상황에 닥칠 때 써먹기 위해 그 문장을 읽고 있는 것이다. 즉, 우리는 '문장'이 아니라 '상황'을 연습해야 한다. 아마 지난번에 열 번을 외웠지만 잊어버렸던 것을 이번에는 두세 번 만에 몸으로 흡수하게 될 것이다.

영어로 생각하는 방법

간단한 문장부터 영어로

"영어회화를 공부하면서 '번역'을 하면 안 된다"는 말을 자주 들어봤을 것이다. 당연한 것이, 우선 한국말을 생각한 다음 그걸 영어로 번역해서 말한다면 정상적인 대화가 어렵다. 다시 말해 영어로 말할 때는 영어로 생각해야 한다. 이 문장부터 영어로 떠올려보자.

When you talk in English, you have to think in English.

영어를 잘 모르는 한국 사람이 영어로 생각하기는 쉽지 않다. 하지만 불가능하지는 않다. 사실 대부분의 사람들이 간단한 문장은 굳이 번역하지 않아도 영어 그대로 이해할 수 있다. "How are you?", "Are you OK?" 정도는 번역하지 않아도 되는 게 자명하다. 그리고 계속 말하지만 우리가 일상생활에서 자주 쓰는 문장들은 그렇게 많지 않다. 그 정도 영어로 생각하는 훈련만 해도 대화하는 데 별 지장이 없다. 지금부터 간단한 문장이라도 영어로 생각하며 말하는 연습을 하라.

뭐, 미룰 것 있나? 지금 당장 시작해보자. 당신이 아는 단어, 문장만 가지고 아무 생각이나 영어로 해보라. "I'm hungry now(지금 배가 고프다)"라든지, "I'll meet my friend Soyoung tomorrow(내일 친구 소영이를 만나야지)" 등 뭐라도 좋다. 그리고 거기에서 시작해서 계속 생각을 이어가보라. 물론 당신이 아는 단어, 문장의 한계 내에서 생각하라는 뜻이다.

잘 되는가? 물론 쉽지 않을 것이다. 그러는 동안 마치 당신이 어린아이가 된 느낌이 들지 않는가? 마치 어린아이처럼 단순하게 사고하게 되지 않는가? 그럴 수밖에 없다. 언어는 사고의 집이자 감옥이다. 그건 '우리가 언어로 사고'하기 때문이다.

이거 매우 중요하다. 우리는 언어로 사고한다. 결코 비유적인 말이 아니다. 실제로 우리는 언어로 사고한다.

자, 지금 무슨 생각이든지 머릿속에 떠올려보라. 그 생각은 언어로 이루어져 있다. 우리의 생각은 우리가 지닌 언어 능력의 한계 내에서 움직인다. 어휘력과 문장력이 풍부한 사람은 당연히 사고도 풍부하게 할 수 있다. 그런데 한국 사람인 당신이 영어로 사고하면 당연히 그 사고가 제한될 수밖에 없다. 적은 어휘와 문장으로 사고하면 마치 어린애처럼 단순해지는 것이다.

영어회화 공부 초기에 특히 이런 증상이 심한 것 같다. 하지만 최소한의 기본 문장들이 자연스럽게 당신의 머릿속에 입력되고 나면 당신은 금방 '어른'이 되니까 너무 걱정하지 마시라. 사실 어른들이라고 해서 크게 복잡한 생각을 하고 사는 건 아니니까 말이다.

번역하지 마라

이제 영어를 읽을 때나 듣고 말할 때 번역하지 말아야 하는 두 번째 이유를 말씀드리겠다. 간단히 말해서 번역이 안 되기 때문이다.

그게 무슨 말이냐고? 그렇다면 그 수많은 번역서들은 어떻게 나오냐고 반문하실 터이다. 물론 번역이 전혀 안 되는 건 아니다. 하지만 "번역은 반역이다"라는 말도 있듯이, 번역을 거치고 나면 원래의 의미 중 많은 부분이 사라지는 것도 사실이다. 따라서 습관적으로 번역을 하게 되면 원어를 제대로 이해하지 못하고 대응하는 결과를 낳게 된다.

이를테면 사랑은 결코 love와 1 : 1로 등치되지 않는다. 우리가 누군가를 '사랑'한다고 말하는 것과 미국인이나 영국인이 누군가를 'love'한다는 것은 조금 다르다. 나는 사과를 좋아하지만 결코 사과를 '사랑'한다고 말하지 않는다. 하지만 미국인 데이빗 씨는 "I love apples"라고 당당히 말한다. 만약 love를 '사랑'이라고만 알고 있으면 그가 "I love apples"라고 말할 때 도대체 어떻게 이해할 수 있겠는가.

영어뿐만이 아니다. 한국어와 외국어의 각 단어, 문장들은 서로 결코 1 : 1로 등치되지 않는다. 다만 서로의 의미에 가까워질 수 있을 뿐이다. 이 점을 인식하지 않으면 외국어 단어와 문장들을 공부할 때 한계에 부닥칠 수밖에 없다. 그러므로 번역하지 않으려는, 그 단어 그 문장 자체로 이해하려는 자세로 임하는 게 좋다.

그러나! 우리가 맨 처음 만나는 단어나 문장이라면 번역하지 않으면 어떻게 그 뜻을 알겠는가? 맞는 말이다. 우리가 맨 처음 apple이란 단어를 만났을 때는 '사과'라고 번역해서 인지할 수밖에 없다. 또한 "What can

I do for you?"라는 문장을 처음 만났을 때는 "무엇을 도와드릴까요?"라고 번역해서 이해할 수밖에 없다.

하지만 대부분의 경우 조금만 지나면 굳이 '사과'라는 한국말 단어를 떠올리지 않고도 apple을 알 수 있고, "What can I do for you?" 역시도 굳이 번역할 필요 없이 의미를 인식할 수 있다.

그렇다면 필자가 말한 대로 된다. apple과 "What can I do for you?" 같은 단순한 단어, 문장에서 시작해서 조금씩 긴 단어, 복잡한 문장으로 넘어가면 되는 것이다. 시험 삼아 다음을 읽어보라.

I'm sure she will come.

굳이 번역해야 하는가? 다음도 읽어보라.

Al : Well, she is late. Maybe she's not coming.
Bob : Don't worry. I'm sure she will come.

이 또한 굳이 번역해야 하는가? 번역하지 않아도 머릿속에서 영어로 생각이 된다면 좀 더 복잡한 문장으로 넘어가면 된다. 사실 이 정도 문장만이라도 영어로 생각하면서 말할 수 있다면 간단한 일상 회화에는 전혀 지장이 없다. 만약 위 문장을 읽으면서 머릿속에서 한국말로 번역을 했다면 좀 더 연습하면 된다. 천천히 끊어 읽으면서 영어로만 생각하려고 노력해보시라. 별로 안 어렵다.

물론 영어로 생각하고 말하기에 익숙해지려면 어느 정도의 시간과 노력이 필요하다. 당연한 일이다. 시간과 노력의 투자 없이 진보가 있겠는가. 그런데 문제는 익숙해지기 전까지다. 또 아무리 익숙해졌다고 해도 평소에 한국말만 쓰고 사는 한국 사람이 네이티브처럼 영어로 생각하기가 쉽지는 않다.

필자의 경우 한국말을 쓰다가 영어를 쓰게 되면 약 5분에서 10분 정도는 머리가 매우 혼란스럽다. 그동안은 이상하게 말을 더듬거나 횡설수설하기도 하고, 머릿속에서 이것저것 '번역'을 하기도 한다. 소위 '한국어 모드'에서 '영어 모드'로 넘어가는 데 그 정도의 시간은 걸리는 것이다. 좀 더 영어 공부를 열심히 하면 그 시간이 1, 2분 정도로 줄어들지는 모르겠지만 완전히 없어지지는 않을 것 같다.

짐작컨대 독자 여러분도 필자와 비슷한 증상을 겪을 것이다. 만약 이 책을 읽고 난 다음에 공부를 열심히 한 분이라면 필자보다 짧은 시간에 '모드 전환'을 할 수 있을 테지만 그렇지 않은 분도 많을 것이다.

설사 소위 실전에서 당신이 영어로 생각하지 못하고 머릿속으로 번역을 하고 있더라도 너무 실망하거나 당황하지 마시라. 처음부터 '모드 전환'이 잘 되면 이 책을 읽을 필요도 없었다.

NEW
PARADIGM
ENGLISH

회화를 위한
문법 공부

자, 이제 독자 여러분은 어떤 문장을 읽든 지 단순히 문장을 읽는 게 아니라, 해당하는 상황을 상상하면서 상대를 앞에 두고 의도와 감정까지 생각하면서 읽어야 한다. 즉, 문장을 연습하는 것은 바로 '상황'을 연습하는 것이라고 생각해야 한다.

마치 연극배우가 된 것처럼 상황을 상상하면서 문장을 연습하시라. 그렇게 하기 위해서는 필자가 말하는 '대화적 상상력'을 발휘해야 한다.

문법 공부할 때도 이 점을 명심해야 한다. 문법과 회화는 떨어진 게 아니라 한 문장 안에 공존하고 있다. 사람들이 말하는 규칙이 문법이고, 말에는 문법이 담겨 있는 것이다. 따라서 원칙적으로 문법 공부가 곧 회화 공부이고, 회화 공부 역시 문법 공부이다. 적어도 이 책에서는 두 공부를 같이 한다.

영어 어순에 익숙해지기

"나는 너를 사랑해", "나는 사랑해 너를"

어떤 의미에서 세상은 크게 두 가지 종류의 사람들로 이루어져 있다. 한 쪽에서는 "나는 너를 사랑해(주어 + 목적어 + 동사)"라고 말하고, 다른 쪽은 "나는 사랑해 너를(주어 + 동사 + 목적어)"로 말한다.

나는 너를 사랑해. (한국어)

ぼくは きみを あいしてる. 보쿠와 키미오 아이시테루. (일본어)

(Yo) Te quiero. (요) 떼 끼에로. (스페인어)

Je t'aime. 쥬 뗌므. (프랑스어)

(Io) Ti amo. (요) 띠 아모. (이탈리아어)

I love you. (영어)

Ich liebe dich. 이히 리베 디히. (독일어)

我爱你 워 아이 니. (중국어)

폼 락 쿤. (태국어)

위의 다섯 언어에서는 "나는 너를 사랑해(주어 + 목적어 + 동사)", 아래 네 언어로는 "나는 사랑해 너를(주어 + 동사 + 목적어)"이라고 말한다.

일본어가 우리말과 순서가 똑같아서 배우기 쉽다는 얘기를 들어본 적이 있는가? 어떤 이들은 영어 공부하는 노력의 반의 반만 들이면 일본어에 유창해진다고 말한다. 왜 그러냐고 물으면 "일본어 문법이 한국말과 똑같아서"라고 대답하는 사람들이 많은데, 자세히 살펴보면 그 '문법'이란 게 실은 어순, 즉 '말하는 순서'를 이야기하는 것이다. 결국 일본어는 한국어와 어순이 같아서 배우기 쉽다는 말이다.

그런데… "스페인어, 프랑스어, 이탈리아어에서도 주어 + 목적어 + 동사 순서로 말한다고?" 하면서 놀라는 분들이 있을지도 모르겠다.

못 믿겠지만 사실이다. 같은 '서양 언어라서 문법도 비슷하겠거니' 하고 생각하는 사람들이 많지만, 영어는 독일어·스웨덴어·네덜란드어·덴마크어·노르웨이어 등과 함께 게르만어의 한 계열이고, 프랑스어·스페인어·이탈리아어·포르투갈어·루마니아어는 로만어 계열에 속한다.

물론 한때 영국을 프랑스의 노르망디공이 지배하는 바람에 영어에는 프랑스어의 흔적이 많이 남아 있다. 하여튼 로만어 계열의 언어는 저런 유형의 문장에선 목적어가 먼저 오고 동사가 다음에 온다.

중국어와 태국어는 게르만어도 아니고 로만어도 아니지만 "나는 사랑해 너를"이라고 말한다. 그런데 막상 배워보면 그리 어렵지 않다. 주변을 돌아보면 중국어 좀 하는 사람들이 의외로 많다는 느낌이 들 것이다. 태국어도 배워보면 영어 공부할 때보다는 훨씬 덜 부담스럽다.

다시 말해 외국어를 배울 때 어순이 한국어와 같으면 좋긴 하지만, 어순이 다르다는 사실이 배움의 치명적인 장애물이 되지는 않는다. 다만 어순이 다른 언어를 배울 때는, 같은 언어를 배울 때보다 바로 그 '어순을 익히는 한 단계' 과정이 더 필요할 뿐이다. 외국어 공부에서 그 단계만 제대로 다져놓으면 다음부터는 비교적 순탄하게 실력을 늘릴 수 있다.

하여튼 어떤 언어든 처음 배울 때 '말하는 순서'를 익히는 게 굉장히 중요하다. '말하는 순서'라는 게 바로 문장의 구조, 즉 말의 구조이기 때문이다. 영어로 읽는 건 웬만큼 되는데 말하는 건 잘 안 되는 사람들은 대부분 바로 이 '말의 구조'가 입에 배지 않았기 때문이다.

T I P

회화에서 더 중요한 문법이 따로 있는 이유

요즘 "외국어를 배울 때 가장 중요한 것이 '말하는 순서'를 익히는 것"이라고 주장하는 사람들이 점점 늘어나고 있다. 그 말이 맞다. 적어도 말을 배우는 사람에게는 모든 문법 중에서도 '말하는 순서'가 가장 중요하다. 말하는 순서가 몸과 입에 익으면 다음부터는 말하는 게 훨씬 쉬워진다. 한국 사람들이 일본어를 가장 쉽게 배우는 이유가 무엇이겠는가? 일단 말하는 순서가 같으니까. 말하는 순서가 익으면 그 다음엔 단어만 제자리에 끼워넣으면 되니까 그렇다.

적어도 회화에선 상대적으로 더 중요한 문법과 덜 중요한 문법이 있다. 필자가 이 책에서 집중적으로 알려드린 것들이 바로 더 중요한 문법 사항들이다.

그러면 상대적으로 덜 중요한 문법 사항들은 어떤 것이 있나?

본문에도 나오겠지만 대표적인 게 가산명사, 불가산명사…. 이런 걸 언제 다 외우고 있나. 필자의 책을 읽고, 필자의 조언대로 공부하면 그 정도는 감각적으로 깨칠 수 있다. 동명사를 받는 동사, to부정사를 받는 동사, 목적어를 취하는 형용사 아닌 형용사…. 이런 것도 어느 세월에 외워야 하나. 굳이 궁금하면 문법책에서 그 부분을 한번 쓱 하고 훑어보고 지나가면 된다.

그런 공부를 열심히 하느니 좋은 영어 문장을 많이 읽고, 좋은 영어 드라마나 영화를 많이 보는 게 낫다. 물론 '네이티브'와 평소 이야기를 많이 하면서 감각을 체득하면 좋겠지만, 책이나 영화, 심지어 노래 등도 나름 '가상 실전'의 역할을 하기 때문에 회화 감각을 기르는 데 도움이 된다.

회화에서 가장 중요한 문법은 항상 '문장의 구조'와 관련된 것이다. 다시 한 번 강조하지만 회화를 잘하려면 가장 먼저 '영어의 어순'이 입에 배야 한다.

주어와 동사

하여튼 영어는 주어 다음에 바로 동사가 등장하는 게 특징인 언어이다. 영어에서는 주어＋동사 다음에 목적어가 올 수도 있고 보어가 올 수도 있지만, 일단은 주어와 동사를 말해놓고 시작한다고 봐도 된다. 즉, "I you love"가 아니라 "I love you", "I fine am"이 아니라 "I am fine"이라고 말하는 언어인 것이다.

수십 년 전부터 학교에서 가르치고 있는 소위 '문의 5형식'이란 문법 사항도 실은 바로 이것을 알려주기 위해 누군가가 고안해냈다고 봐야 한다. 수많은 영어 문장들을 분석해보았더니 영어란 언어는 기본적으로 주어 다음에 일단 동사를 말해놓고 보는 언어더라. 그런데 더 자세히 보니 적어도 '평서문'에서는 주어＋동사 다음에 어떤 품사들이 배치되느냐에 따라 크게 다섯 가지로 나눌 수가 있더라.

우리 독자들은 이 5형식이란 걸 외울 필요는 없다. 현실에서 우리가 평서문만 사용하는 것도 아니고, 실제로는 품사를 생략하면서 말하는 경우도 많다. 다만 역시 영어의 말하는 순서는 기본적으로 '주어＋동사'라는 사실만은 확실하게 기억할 것!

- 문의 5형식

1. 주어 + 동사 He comes.

2. 주어 + 동사 + 보어 I am a teacher.

3. **주어 + 동사 + 목적어** She needs water.

4. **주어 + 동사 + 목적어 + 목적어** My mom gave me money.

5. **주어 + 동사 + 목적어 + 보어** I made my son a doctor.

주어 다음에 동사가 오고, 그 다음에는 목적어나 보어가 온다. 때로는 종류가 다른 목적어가 두 개 연이어 올 때도 있다. 그러나 어떤 문장을 보고 몇 형식인지 따지는 건 의미가 없다. 그럼 뭐가 중요하냐고? 영어에서는 주어 다음에 목적어나 보어가 아니라 동사가 온다는 것! 즉,

"나는 선생이다"가 아니라,

나는 이다 선생. *I am a teacher.*

"그녀는 물이 필요해"가 아니라,

그녀는 필요해 물이. *She needs water.*

"엄마가 내게 돈을 줬어"가 아니라,

엄마가 줬어 내게 돈을. *My mom gave me money.*

"내가 아들놈을 의사로 만들었어"가 아니라,

내가 만들었어 아들놈을 의사로. *I made my son a doctor.*

말하는 순서는 곧 '생각하는 순서'이다. 왜냐하면 우리는 '언어로' 생각하기 때문이다. 지금 당장 무슨 생각이든 머릿속에 떠올려보라. 그 생각은 '언어', 즉 한국어로 되어 있다. 따라서 영어로 말하는 연습을 한다는 건

영어로 생각하는 연습을 한다는 것과 같은 의미다.

자, 그럼 지금부터 주어 다음에 동사를 말하는 연습, 생각하는 연습을 해
보자. 쉬운 것부터, 짧은 것부터 시작하자. 가능하면 다음 문장들을 읽으
면서 머릿속으로 번역하지 말고 영어 그대로 이해하려고 노력해보자. 최
소한 세 번쯤 반복해서 읽기를 권한다.

I love you.

I am a student.

I speak Korean and English.

I have to go.

I am hungry.

I love Thai food.

I understand.

You are from United States?

You need this?

You are so beautiful!

You have to go home?

He is very tall.

He talks too much.

She seems fine.

She walks fast.

She wants to buy a bag.

We are Koreans.

We have to take a taxi.

They are very kind.

We met them at the market.

동사와 주어

평서문의 순서가 '주어 + 동사'라면, 의문문은 그 순서만 바꾸면 된다. 그런데 정말 그런가?

Do you love Korean food? 너 한국 음식 좋아해?

위 문장이 평서문이라면 당연히 "You love Korean food"일 것이다. 그런데 의문문으로 바꾸니까 "Love you Korean food?"가 아니라, 조동사 do가 들어가는 "Do you love Korean food?"가 되고 말았다.

의문문으로 만들 때 조동사를 쓴다는 것 정도는 너무 쉬운 문법이라 부언할 필요조차 없다고 생각하시는 독자들도 많을 터이나, 영어에서 손 뗀 지 오래인 일부 독자를 위해 잠깐만 참고 넘어가자. 평서문을 의문문으로 만들 때는 동사가 일반동사일 경우 do를 조동사로 쓴다.

Do you love me?

Do they say I'm pretty?

Don't you think this is delicious?

Does he run fast?

Doesn't she know that?

동사가 be동사일 경우에는 그냥 be동사를 그대로 쓰면 된다.

Am I pretty?

Are you hungry?

Are we OK?

Is she nice?

Is he doing fine?

Are they strong?

처음부터 can, will, may 등의 조동사가 있으면 그대로 '조동사+주어' 순으로 쓰면 된다.

Can you tell me your phone number?

Will you fly to New York tomorrow?

May I sit here?

이렇게 '주어+동사', '동사+주어'가 영어의 기본적인 말하는 순서이고, 가장 배워야 할 문법이다. 너무너무 쉬워 보이지만 실은 초보들이 가장 고생하는 '이론적으로는 알지만 입에 익지 않은 문법'이기도 하다.
영어회화의 첫걸음은 바로 이 기본적인 문법을 '입에 익히는 것'에 있다.
별거 아니라고 생각하지 말고, 위의 예문들을 세 번쯤만 읽어보시라.

부탁하는 표현과 가정법

예의 바른 말의 문법 구조

앞서 필자는 비핵심적인 문법 사항 대신 '말의 구조'를 결정하는 중요한 문법 사항을 실제 문장을 통해 읽고 말하면서 배워야 한다고 했다. 바로 시작해보자.

독자 여러분은 이제까지 "~를 하고 싶어요"라고 말할 때 어떤 표현을 써왔는가? 혹시 이 표현을 몰랐다면 지금 확실하게 기억해두시는 게 좋다.

I'd like to ~

이 구문을 알고 있는 독자라면 이제까지 생각했던 것보다 훨씬 더 중요한 구문이라는 점을 명심해야 한다. 실제로 말할 때는 "아잇라익투" 혹은 "아일라익투" 정도로 들리고, 공손한 문장을 만들 때 쓰는 구문이다.

I'd like (to have) a cup of coffee.

I'd like (to have) a glass of water.

I'd like to see you again.

I'd like to visit your place.

I'd like to travel all around the world.

I'd like to see a doctor.

끝도 없이 만들 수 있다. 그런데 이 구문이 왜 그렇게 중요한가? 내가 뭘 원할 때는 그냥,

I want a coffee!

I wanna drink a cup of coffee!

하면 안 될까? 물론 그래도 상대방은 알아듣는다.

하지만 독자 여러분이 앞으로 영어로 말할 기회가 생긴다면, 대부분 그 상대는 처음 만난 사람이거나 최소한 예의를 갖추어야 할 상대일 가능성이 높다. 심지어 친한 사이에서도 종종 "I'd like to ~"로 말을 시작하면 사람이 더 착해 보이는 효과가 있다. 따라서 앞으로 "~를 하고 싶어요"라고 말하고 싶을 때는 무조건,

I'd like to ~

로 시작하라.

"I'd like to"란 구문이 중요한 이유는 또 있다. 바로 여기에 숨어 있는 문

법 구조 때문이다. 이 구문을 자세히 살펴보면 실은,

I would like to ~, (if I could ~). (만약 내가 ~를 할 수 있다면), ~를 하고 싶다.

라는 문장의 축약형이다. 즉, 소위 '가정법' 문장이다.
의외로 영어 공부하는 사람들이 잘 놓치는 사실이, 실생활 속 대화에서
가정법이 지니는 의미가 대개 '예의 바른 표현'이라는 점이다.

부탁의 표현들

같은 표현이 질문이 되면 다음과 같다. 즉, "~하고 싶어요"가 아니라 "~
하고 싶으세요?"가 된다.

Would you like to drink a cup of coffee? 커피 드실래요?

Would you do me a favor? 제 부탁 하나 들어주시겠어요?

Would you tell me where it is? 그게 어디 있는지 알려주시겠어요?

※여기서 잠깐 주목!
위의 영어 문장을 우리는 보통 "커피 드실래요?"로 번역하지만, 실제로는 똑같은 의미가 아니다. 왜냐
하면 한국어에서 여자 친구에게 "커피 드실래요?" 하면 이상하지만, 영어에서는 전혀 어색하지가 않
기 때문이다. 물론 영어로 말할 때도 상대가 여자 친구라면 "Want some coffee?" 정도로 말할 때가
많겠지만, 예의 바르게 "Would you like to ~"의 문장을 써도 이상하지는 않은 것이다. 이것이 영어의
'예의 바른 표현'과 우리의 '존댓말'이 다른 점이다.
그런데 서비스업 종사자가 아니라면 현실에선 아무래도 "Would you like to ~"보다는 "Would you ~"
를 쓸 때가 많다. 우리가 영어를 처음 쓸 때는 대부분 누군가에게 부탁할 일이 접대할 일보다 많기 때
문이 아닐까 싶다. 즉, 초보는 아무래도 "~하고 싶으세요?"보다는 "~해주시겠어요?"를 더 많이 쓰는
것이다.

어쨌거나 "I'd like to"와 "Would you"는 아주 입에 익어야 한다. 따라해

보시라. "I'd like to ~." 빨리 발음하면 대충 "아일라익투"처럼 들린다. 그 다음의 "Would you ~?"는 "워쥬"와 "우쥬"의 중간쯤으로 들린다. 하지 만 대충 "우쥬?" 해도 괜찮으니까 절대 까먹지 마시라.

자, 연습해보자.

I'd like to have a beer. 아일라익투 해버비어.

Would you get me the paper? 우쥬겐미 더페이퍼?

I'd like to go to sleep now. 아일라익투 고투슬립나우.

Would you turn the light off? 우쥬턴 덜라이톱?

"I'd like to ~"와 "Would you ~"가 나온 김에 누군가에게 부탁할 때 쓰 는 표현을 체크하고 넘어가자. 사실 영어 초보들이 처음 말하는 문장들 에서 가장 많은 부분을 차지하는 게 '부탁하는 표현'들이다. 왜냐? 부탁 할 일이 많거든!

초보들이 여행을 갔다든지, 어학연수를 갔다든지, 낯선 곳 낯선 상황에 서 영어를 써야만 할 때 많이 쓰는 표현이 있다. 이를테면 독자가 동남아 시아나 유럽으로 배낭여행을 갔다고 생각해보자. 그곳에서 독자는 아는 유일한 외국어이자 국제어인 영어를 쓰지 않으면 밥도 못 먹고, 이동도 못하고, 숙소도 못 찾고, 술도 못 마신다고 생각하면 된다. 그런 상황에서 가장 많이 쓰는 영어 표현이 무엇이겠는가? 예스! '부탁하는 표현'이다. 일단 다음을 읽어보시라.

Would you ~ 우쥬?

Will you ~ 윌유?

Could you ~ 쿠쥬?

Can you ~ 캔유?

Would you show me the room?

Will you give me a call tomorrow?

Could you tell me how to do it?

Can you tell me where the toilet is?

Can I use the bathroom?

Will, would, can, could를 자리 바꿔 아무 데나 넣어도 어감만 조금 다를 뿐 거의 같은 뜻이다. 이중에서도 초보들이 쓰기에는 "Would you"와 "Can you"가 매우 무난하다. 보통의 경우에는 "캔유"를 쓰고 좀 더 예의 바르고 싶을 때는 "우쥬"를 쓴다고 생각하시라.

물론 "캔유" 대신 "캔아이"를 써도 마찬가지. 실제 사용 빈도는 캔아이 쪽이 캔유보다 조금 더 높을 것이다.

Can I see the room?

Can I go now?

Can I have lunch now?

발음하기도 쉽다. "캔아이" 혹은 "캐나이".

하여튼 "아일라익투"와 "캐나이"만 입에 익어도 생활 영어의 절반은 된다. 무슨 말을 하든 "아일라익투"나 "캐나이"로 시작하면 다들 독자를 예의 바른 사람으로 생각할 것이다.

무심코 "Give me this, I want to ~" 식으로 말하다가 본의 아니게 무례한 사람으로 찍힐 수도 있다는 점, 상기하시라!

If가 있는 가정법(조건문)

가정법이란 게 무엇인가? 특히 회화에서 가정법은 어떤 의미를 지니고 있는가?

쉽게 이해해도 된다. 가정법이란 글자 그대로 '가정하는 문장을 만드는 방법'이다. 회화에서는 '가정하는 문장'과 이미 배운 '예의 바른 문장'을 만드는 데 주로 쓴다. 그런데 이것이 다르게 보면 '조건문을 만드는 방식'이기도 해서, 최근 해외 원서들에서는 '가정법' 이야기 없이 '조건문 (conditional sentence)'의 여러 가지 타입으로 설명하는 경우가 많다.

여기서는 우선 한국의 전통을 존중하여 '가정법'이라는 범주로 설명하기로 하자. 종류는 가정법 과거완료, 과거, 현재, 미래 등이 있고, 가정법 문장은 주로 if를 사용해서 만들지만 그렇지 않은 경우도 많다.

참고로 회화에서 실제로 가장 많이 쓰는 것은 '가정법 과거'와 '가정법 현재'이다.

− If 가정법의 종류

<u>가정법 과거완료</u>

If + 주어 + had p.p. ~, 주어 + would / could / should / might have p.p. ~.

- 설명 : 간단히 말해, 과거 사실에 대한 반대를 가정하는 문장이다. 예전에 "~했다면 ~"하는 것.

- 예 : **If I had studied hard, I could have passed the exam.**

  내가 공부를 열심히 했더라면, 그 시험을 패스할 수 있었을 텐데. (즉, 공부를 열심히 안 했다는 거. -_-;;)

참고로 똑같은 문장에서 'if'를 떼어내고, if 절의 주어와 동사를 도치시켜,

Had I studied hard, I could have passed the exam.

이라고 표현하는 수도 있다. 주어를 좀 더 강조하는 느낌이 드는 가정법 문형이다.

가정법 과거

If + 주어 + 과거형 ~, 주어 + would / should / could / might + 동사 원형

If + 주어 + were ~, 주어 + would / should / could / might + 동사 원형

- 설명 : '현재 사실에 대한 반대를 가정하는 문장'이라고 보통 설명하는데, 이 설명에는 조금 문제가 있다. 잠시 후에 왜 그런지 자세히 알려드리겠다.

  그리고 조건절에서 **be**동사를 써야 할 때는 무조건 was가 아니라 **were**를 쓴다. 즉, "If I were ~", "If he were ~" 이런 식.

  참고로 가정법 과거형은 회화에서 가장 많이 쓰는 가정법이라고 봐도 된다. 따라서 무지 중요!

If I knew the truth, I wouldn't act like that.

If I were a bird, I would fly to you.

위의 두 문장이 전형적인 '현재의 사실과 반대를 가정하는 문장'의 본보기 같은 것들이다. 그런데 다음의 문장들도 '생략'이 있을 뿐 똑같은 '가정법 과거' 문장들이다.

(If I did that) Why would I do that?

(내가 그걸 했다면) 왜 내가 그런 짓을 하겠어?

미드 중 추리물을 보면 이 말이 자주 나온다. 형사가 용의자에게 "당신이 범인이 아니냐"고 캐물으면, 용의자가 흔히 하는 말이 이것이다. 자기에겐 범행 동기가 없다는 뜻이다. "와아이 우다이 두댓?" 좀 빨리 발음하면, "와이다이두댓?" 정도로 들린다.

(If you had to do something) What would you do?

(네가 뭔가를 해야 한다면) 넌 뭘 하겠니?

이 말도 회화에서 자주 쓴다. 그냥 일상생활에서 "너 어떡할래?"라고 묻는 건 대부분 "What will you do?" 가 아니고 "What would you do?"라고 보면 된다. "윗우쥬두?"라고 또박또박 발음하는 사람들도 있지만, "워드유두?" 혹은 "워르유두?" 하면서 뭉개는 네이티브들도 많으니 잘 새겨들어야 한다.

(If I had to choose between go naked and wear fur) I'd rather go naked than wear fur. (내가 나체가 되거나 모피 옷을 입는 것 중 선택해야 한다면) 난 모피 옷을 입느니 차라리 나체가 되겠어.

미국의 유명 여성 모델들의 누드 사진과 함께 쓰던 모피 반대 캠페인의 구호다. 그런데 혹시 "between go naked and wear fur"가 좀 이상하게 느껴지지 않는가? "between going naked and wearing fur"라고 해야 하지 않을까? 그렇게 생각해도 되고, 실은 그렇게 쓰는 게 문법적으로 좀 더 엄격한 문장이 될 것이다. 하지만 때때로 "between go naked and wear fur"라고 동사를 명사처럼 쓰면서도 아무런 문제가 없는 게 현대

T I P

would의 어감

would는 우선 will의 과거형이다. 그래서 복합문에서,

I didn't know that you would come to see me.

라고 쓰면, 과거의 어느 시점에서는,

I don't know that you will come to see me.

이던 문장이 지금 와서 말하니까 저렇게 변한 것이다.
그 외에 'would'를 쓰는 대부분의 경우는 앞에 if 절이 생략된 거라고 봐도 된다.
즉, 가정법인 것이다.
만약 룸메이트가 "내 초콜릿을 네가 먹었지?" 하면서 추궁한다면?

(If I did that) Why would I do that? You know I'm on diet?
내가 왜 그런 짓을 해? 나 다이어트 중인데.

(If I had chance to do that) I wouldn't do that. 나라면 안 그럴 거야.
(If he had chance to do that) He wouldn't do that. 그라면 안 그럴 거야.
(If she were my wife) I'd cheat on Hilary. (힐러리가 마누라라면) 나라도 바람피우겠다.

가끔,

(If I were you,) I wouldn't do that. (내가 너라면) 안 그러겠다.

처럼 쓰기도 한다.

영어의 특징이자 매력이다.

(If I were married to Hilary) I'd cheat on Hilary!
(내가 만약 힐러리와 결혼했다면) 나도 바람피울 거야.

참고로 이 문장은 미국 대통령이었던 빌 클린턴의 섹스 스캔들 때 미국
에서 유행했던 농담 중 하나이다.

실은 우리가 '예의 바른 표현'으로 배웠던 문장들도 가정법 과거 문장들
이 많다.

(If I could) I'd like to have a coffee.
(If I asked you) Would you do me a favor?

이렇게 가정법 과거라는 게 꼭 '현재와 반대되는 가정'만을 전제로 하는
것은 아니다. 그냥 아직 미결정 상태에서 의향을 이야기하거나 묻는 경
우도 많은 것이다. 실제 대화에서 무지 많이 쓰는 "I'd like to ~"나 "What
would you ~" 등은 모두 '미결정 상태에서 의향'을 의미하지 않는가.

<u>가정법 현재</u>
If + 주어 + 동사, 주어 + will / shall / can / may + 동사 원형
- 설명 : 불확실한 현재나 미래에 대한 가정. 구조도 단순하고 뜻도 이해
  하기 쉽다. 실제 대화에서는 if를 생략하고 사용하는 경우가 많다.
- 예 : **If you want me, I'll be there for you.**

니가 원하는 때, 니 옆에 있을 거야. (연인에게 해주면 좋아하겠죠? ^^)

가정법 미래

If + 주어 + should ~, 주어 + will / shall / can / may + 동사 원형

If + 주어 + were to ~, 주어 + would / should / could / might + 동사 원형

- 설명 : 실현 가능성이 희박하거나 불가능한 일을 가정.
- 예 : **If it should snow tomorrow, we will not play baseball.**

  내일 눈이 오면 야구는 취소다.

  If the sun were to rise in the west, I would change my mind.

  해가 서쪽에서 뜨면 생각을 바꿔보지.

조금 까다롭지만 이런 것도 있다 정도로 알아두면 좋다. 참고로 회화에서는 가정법 미래 문장을 쓸 기회는 적다.

'as if'와 'what if'

조금 색다른 'if 가정법'으로 as if와 what if가 있다.

He spends money as if he were a millionaire.

그는 백만장자처럼 돈을 쓴다.

What if it rains tomorrow?

내일 비가 오면 어쩌지?

If가 없는 가정법(조건문)

가정법은 보통 if를 사용해서 만들지만, 실제 회화에서는 if를 쓰지 않고

가정법 문장을 만들 때가 더 많다. 이를테면,

(If) It rains, we don't go out to play baseball.
비가 오면 우린 야구하러 안 나가.

문장 앞에 if를 넣어도 아무 문제가 없지만, 실제로 말할 때는 (귀찮으니까?) if 없이 말하는 경우가 많다. 비슷한 문장을 하나 더 만들어보자.

You bad-mouth me, I'm gonna tell your mama.
너, 나 욕하면 니네 엄마한테 이를 거야. (잘 믿기지 않을지도 모르지만, 'bad-mouth'는 '험담하다'란 뜻의 동사이다.)

'if' 대신 다른 단어나 구를 사용하는 가정법 문장도 많다. 이를테면,

In case I forget later, here are the keys to the garage.
But for the wine, everything about the dinner was perfect.
Without sun, all creatures would die.
Unless you study hard, you will not pass the exam.
I will lend you the money, provided (that) you give it back until tomorrow.
Hurry up, otherwise we'll be late.

등 많지만, 이중에서도 회화에서 압도적으로 자주 사용하는 형태는 역시,

In case.

In case it rains, we don't play baseball.
In case I am late, don't wait to start dinner.

처럼 if 대신에 쓴다. 참고로,

Just in case.

하면 "혹시 모르니까" 정도의 뜻이다.
영화 〈데스페라도(Desperado)〉 마지막 장면에서 안토니오 반데라스가
무기가 들어 있는 기타 가방을 버리려다가 다시 챙기니까, 셀마 헤이엑
이 "왜?"냐고 묻는다. 그러자 안토니오 반데라스의 대답,

Just in case.

특이한 가정법(예속문형)

I insist that he stay here tonight.

위 문장 어딘가 어색하지 않은가? he는 3인칭 단수이므로 다음에 오는
동사는 stay가 아니라 stays가 맞는 게 아닐까?
여기서 조금 골치 아픈 문제가 발생하는데, 국내에 나와 있는 대부분의
영어 문법책들은 he와 stay 사이에는 should가 생략되어 있기 때문이라

고 설명한다. 원래는 should가 있는 가정법 문장인데 should를 생략했다는 것이다. 즉,

I insist that he (should) stay here tonight.

라는 이야기다.

그런데 이 부분에서 필자의 생각은 좀 다르다. 필자가 보기엔 이런 유형의 문장은 프랑스어, 스페인어 등 로만어 계열의 언어에 발달해 있는 접속법(subjunctive)이 사용된 문장과 유사하다. 딱 봐도 저 문장은 바로 앞에서 배웠던 가정법 문장들과는 완전히 다르지 않은가?

실제로 이런 용법을 프랑스어, 스페인어에서는 '접속법(필자는 이 번역어도 적합하지 않다고 본다)'이라고 부르는데, 앞서 설명한 if가 있는 가정법, 없는 가정법과는 질적으로 상이한 형식을 지니고 있다.

로만어 계열의 언어에서는 주절의 제안, 명령, 기원, 요구, 가정, 상상, 금지 등의 동사들은 종속절의 동사에 특정한 변화를 일으킨다는 것이 접속법의 핵심이다. 게르만어에 속하는 독일어나 영어 역시 비슷한 용법을 갖고 있다. 영어에서는 다음의 문장들이 전형적인 사례들이다.

I propose that this meeting be adjourned.
He advised that she study medicine.
The professor suggested that he have no future.
I demanded that the thief get out of my house.
I recommend that you be here.

필자는 이런 문형을 만드는 동사를 예속동사(subjunctive verb, '예속 동사'란 이름은 종속절의 동사가 주절의 동사에 예속된다는 의미에서 필자가 붙인 것이다)라고 부르고, 예속동사 등이 포함되어 종속절에 영향을 미치는 주절을 예속절(subjunctive clause), 그리고 이런 요소들을 사용하는 문형을 ('접속법' 대신) 예속문형(subjunctive form)이라고 부른다. 필자가 만든 이런 용어들은 외울 필요가 전혀 없다. 하지만,

주절이 제안, 명령, 기원, 요구, 가정, 상상, 금지 등의 의미가 있을 때, that 이하의 문장(즉, 종속절)의 동사는 시제에 관계없이 **대개** 동사 원형을 쓰는 변화가 일어난다.

라는 걸 기억해둘 필요가 있다. 참고로 예속동사 없는 예속문형도 있고, 종속절의 동사가 모두 동사 원형인 것도 아니다. 주로 예속동사가 예속문형의 원인이 되지만, 원칙적으로는 주절 전체의 의미가 예속문형을 만드는 것이다.

기존의 대다수 문법책의 설명처럼 종속절에서 동사 원형을 쓰는 게 should를 생략했기 때문이라면, 다음과 같이 예속동사가 없는 예속문형을 이해할 수 없다.

It's high time you did your homework. 이제 네가 숙제를 해야 할 시간이야.
It's time that we went home. 이제 우리 집에 가야 할 시간이야.
It's high time the government got a handle on crime in our streets. 이제 정부가 나서서 거리의 범죄를 처리해야 할 때가 왔어.

It is (high) time (that) 주어 + 과거 동사 (high, that은 생략 가능)

이 역시 전형적인 예속문형이다. 회화에서 자주 쓰는 문형은 아니지만 알아두면 좋다. 약간 딱딱하고 강하게 들린다.

그런데 예속법의 사례 문장들을 읽으면서 무언가 떠오르는 느낌이 없는가? 그 느낌이 맞다. 구어체라기보다는 어딘가 문어체적인 것이다. 하지만 현실에서 실제로 가끔 사용하는 문형인 것도 맞다. 따라서 저런 종류의 문장을 입으로 내뱉으면 좀 진지한 말투이거나, 혹은 어딘가 격식 있는 말처럼 들린다.

오늘날의 예속법은 대충 다음과 같은 느낌이다. 이를테면 이런 상황을 상상해보자. 당신이 가장인데, 다른 지방에 사는 아들 친구가 찾아왔다. 그는 우리 가족과 함께 저녁을 먹고 담소를 나누다가 호텔에서 자겠다고 말한다. 그러자 당신은 남는 방도 있으니 집에서 자고 가라고 설득한다. 그리고 가족들 앞에서 말한다.

I insist that he stay here tonight. 이 친구, 오늘 밤에는 여기서 자는 거야.

대충 감이 잡히시는가?

그런데 최근 들어서는 예속동사들의 능력이 점점 약화되고 있는 것으로 보인다. 최근에는 동사 원형 대신 현재형을 쓰는 경우가 많다. 즉, 위와 같은 상황에서,

I insist he stays here!

이렇게 말하는 사람들이 많아지고 있다는 말이다.

그러고 보면 존 레논의 명곡 〈Imagine〉의 가사도 좀 이상하다.

Imagine there's no heaven.

이라고 노래하면서 시작하는데, 앞의 동사가 "상상해보세요"이니까 뒤의 문장은,

There be no heaven.

혹은,

There were no heaven.

이어야 할 것 같은데, 존 레논은 그냥,

There's no heaven.

해버린다. 이렇듯 영어에서는 예속법이 점점 사라져가고 있다고 보는 견해가 많다. 심지어 일부 영어 문법서는 예속법(**subjunctive**)이 이제 중요하지 않은 용법이라고 선언하고 있을 정도이다. 이러한 사실도 이 용법이 좀 까다로워 보이지만 그리 겁먹을 필요가 없는 이유 중 하나다. 독자 여러분은 그냥 이런 게 있다는 거 정도만 알아두고 넘어가도 큰 문제는 없는 것이다.

참고로, 영어는 로만어에 비해 조동사가 굉장히 발전해 있는 언어이다. 이를테면 프랑스어나 스페인어에는 영어의 will에 해당하는 단어 자체가 없다. 그래서 'be going to 용법'과 유사한 방법으로 미래를 표현하거나, 아예 동사의 '미래형'을 사용한다.

그 외에 영어의 can, must 등에 상응하는 동사들이 있으나, 어디까지나 동사이지 영어의 깔끔한 조동사와는 거리가 멀다. can이나 will이 50개의 동사 변화를 하는 걸 상상할 수 있는가? 필자는 '영어의 경우 다양한 조동사가 발달하면서 로만어처럼 심한 동사 변화와 예속법 등의 필요성이 줄어든 게 아닐까?' 하고 짐작하고 있다.

시제 고민은 시제 고문?!

영어의 특징 중 하나가 '시제의 일치'를 하는 언어라는 점이다. 다른 언어는 안 그러냐고? 사실 우리말만 해도 '시제의 일치'를 지키지 않는다. 그런데 시제의 일치가 뭐냐고?

I don't think that you will come to see me. 니가 날 보러 올 거라고 <u>생각하지 않는다.</u>
I didn't think that you would come to see me. 니가 날 보러 올 거라고 <u>생각하지 않았다.</u>

영어에서는 주절이 과거이면, 종속절에서도 그에 따른 시제의 변화가 일어난다. **don't**가 **didn't**로 바뀌자, **will**이 **would**로 바뀐 것이다. 하지만 한국어에서는 "생각하지 않는다"에서 "생각하지 않았다"로 바뀌었지만, "니가 날 보러 올 거라고" 이 부분은 그대로이다. 즉, 시제가 불일치하고 있다. 우리말은 원래 그렇다.
서양 언어 중에서 시제의 일치가 없는 대표적인 언어가 러시아어이다. 러시아어라면 저 문장의 과거형은,

I didn't think that you will come to see me.

라는 식이 되었을 것이다.
하여튼 우리는 원칙적으로 시제의 일치를 지켜야 하고, 과거의 일은 과거 시제로, 현재의 일은 현재 시제로, 미래의 일은 미래 시제로 이야기하는 게 맞다. 물론 그 외에도 현재완료, 과거완료 등의 시제가 있지만 말이다.
그러나 다행스럽게도 구어체에서는 시제를 엄밀하게 일치시키지 않아도 대화하는 데 별 지장이 없다. 특히 과거에 일어난 일은 상호 간의 이해가 전제되었을 때 웬만하면 현재 시제로 말해도 다 통한다는 것이 축복이라면 축복이다. 그러니까 원칙적으로는 시제를 지키되, 때로는 안 지켜도 별일 없고, 실제로 세계로 나가보면 잘 안 지키는 영어 구사자들을 좀 만나게 된다.
참고로, 특히 신문 기사 제목에서는 과거도 현재형으로 쓰는 관행이 있다. 이를테면 오바마가 재선에 성공했다면 헤드라인으로,

Obama Wins Again (○)
Obama Won Again (×)

우리나라 신문들이 '대통령 서거'라고 쓰지, '대통령 서거했다'라고 쓰지 않는 것과 비슷하다고 생각하면 좀 더 이해가 쉽다.

조동사를 알면 영어가 터진다

"They know not what they do."

혹시 독자가 기독교인이라면 집에 있는 성경책을 펼쳐서 누가복음 23장 34절을 보시라. 필자가 가지고 있는 『성경전서』에는 다음과 같이 되어 있다.

이에 예수께서 가라사대 아버지여 저희를 사하여 주옵소서 자기의 하는 것을 알지 못함이니이다 하시더라 저희가 그의 옷을 나눠 제비 뽑을새….

집에 영어판 성경도 있으면 그 구절을 다시 한 번 보시라. 없다면 인터넷에서 'Luke 23 : 34' 정도를 검색하면 나올 것이다. 『새국제성경(The New International Version)』에는 다음과 같이 쓰여 있다. 컬러 글씨로 강조한 건 필자가 표시한 것이다.

Jesus said, "Father, forgive them, for they do not know what they are doing." And they divided up his clothes by casting lots.

영어권에서 역사적으로 가장 권위 있는 성경 중 하나로 1611년 영국의 제임스 1세의 지시로 만들어진 소위 『킹제임스 성경』이 있다. 초판본은 1611년에 나왔지만 그 후 교정을 거듭하여 1769년판이 가장 '최신판'이 되었다. 그런데 거기에 나온 문장을 보면,

Then said Jesus, Father, forgive them ; for they know not what they do. And they parted his raiment, and cast lots.

확실히 무언가 다르다는 걸 느낄 수 있다. 무엇이 다른가?

첫째, 1769년판의 문장에는 조동사 do가 없다. 즉, "**do** not know"가 아니라 "know not"이다.

둘째, 1769년판의 문장에는 현재진행형(~ing)도 없다. 즉, "they **are** do**ing**"이 아니라 그냥 "they do"로 썼다.

이것으로 우리가 짐작할 수 있는 사실 하나. 약 300년 전만 해도 영국에서는 조동사 do도 안 쓰고, 현재진행형도 쓰지 않았다는 것이다. 설마 하시는 독자가 있을지도 모르겠다. 그러나 사실이다. 당시 영국에서 절대적 권위를 지닌 문서였던 성경에 틀린 문장을 담을 수는 없는 일이다. 만약 위의 문장이 잘못된 거라면 분명히 성경학자들이 이의를 제기하여 폐기했을 것이다. 하지만 현재도 『킹제임스 성경』은 권위 있는 고전 성경의 하나로 자리 잡고 있다.

그런데 이 이야기를 왜 하냐고? 사실 몰라도 큰 지장은 없지만, 우리가

평생 배우고 써먹는 외국어인 영어의 중요한 특징 하나를 설명하기 위해서 하는 것이다. 또한 이걸 알아두면 셰익스피어의 고전 영어 문장을 읽을 때나, 영화나 소설 같은 작품에 등장하는 인물들이 고어체풍의 말을 할 때 당황하지 않고 고개를 끄덕일 수 있다.

조동사는 현대 영어의 특징

앞의 사례에서 알 수 있듯이 영어에서 do를 조동사로 활용하는 용법은 비교적 최근(몇백 년 전)에 생겨난 것이다. 참고로 로만어 계열인 프랑스어·이탈리아어·스페인어 등은 말할 것도 없고, 같은 게르만어 계열인 독일어에도 do와 같은 용법으로 사용하는 조동사는 없다.
이를테면 영어 문장,

What do you do?

를 독일어로 번역하면,

Was tun sie?

로서, 영어의 조동사 do에 해당하는 단어를 사용하지 않는 것이다.
이 do를 비롯해 일반동사와 조동사 양쪽으로 쓰는,

have   be   dare   need

등과 조동사로만 쓰는,

may(might)   can(could)   will(would)

shall(should)   must

그리고,

had better   have to

be going to, gonna   be trying to, tryna

have got to, gotta   ought to

used to   be supposed to

would like to

같은 조동사형 구들이 발전해 있다는 것이 영어의 가장 큰 특징 중 하나
이다.
다른 유럽어들에 비슷한 단어들이 없는 게 아니다. 이를테면 독일어나
스페인어에도 영어의 조동사와 비슷한 역할을 하는 단어들이 있지만, 그
단어들은 일반동사와 같은 동사 변화를 하면서 영어의 조동사와 일반동
사 중간 정도 되는 형식을 유지한다.

많은 유럽어들 중에서 이렇게 영어에만 조동사와 준조동사들이 발
전한 이유는 무엇일까? 필자가 보기에는 소위 팍스 브리타니카(Pax
Britannica) 시대 이후 전 세계적으로 영어가 퍼져나가고, 반대로 영어에
다른 언어들이 섞여 들어오면서 영어 구사자들이 무의식적으로 언어 사
용의 효율성을 추구한 결과가 아닌가 싶다.
조동사들 덕분에 영어는 다른 유럽어들에 비해 단어와 문장을 좀 더 단

순화하고, 동사 변화를 극적으로 제한할 수 있었던 것이다. 그 결과 오늘날 로만어의 동사 대부분은 수십 개의 변화형을 지니게 된 반면, 영어 동사들은 많아야 네댓 개 정도의 변화형뿐이다.

아니, 영어도 동사 변화가 복잡해서 어렵다구요? 흠… 그렇게 생각하시는 독자를 위해 스페인어에서 '가다'라는 뜻의 동사인 'ir'의 변화형들을 보여 드리겠다.

infinitive (동사 원형) ir			
indicativo (직설법)			
presente (현재형)	pretérito imperfecto (불완료 과거)	pretérito perfecto simple (단순 완료 과거)	futuro (미래형)
(yo)voy (tú)vas (él)va (nosotros)vamos (vosotros)vais (ellos)van	(yo)iba (tú)ibas (él)iba (nosotros)íbamos (vosotros)ibais (ellos)iban	(yo)fui (tú)fuiste (él)fue (nosotros)fuimos (vosotros)fuisteis (ellos)fueron	(yo)iré (tú)irás (él)irá (nosotros)iremos (vosotros)iréis (ellos)irán

subjonctivo (접속법)		
presente (현재형)	pretérito imperfecto (불완료 과거)	pretérito imperfecto 2 (불완료 과거 2)
(yo)vaya (tú)vayas (él)vaya (nosotros)vayamos (vosotros)vayáis (ellos)vayan	(yo)fuera (tú)fueras (él)fuera (nosotros)fuéramos (vosotros)fuerais (ellos)fueran	(yo)fuese (tú)fueses (él)fuese (nosotros)fuésemos (vosotros)fueseis (ellos)fuesen

condicional (조건법)	imperativo (명령법)		
presente (현재형)	presente (현재형)	gerundio (현재분사)	participio (분사)
(yo)iría (tú)irías (él)iría (nosotros)iríamos (vosotros)iríais (ellos)irían	(yo) / (tú)ve (él)vaya (nosotros)ayamos (vosotros)id (ellos)vayan	yendo	ido

도대체 몇 개인지 세기도 어렵다. 이게 ir 동사에만 해당하는 이야기도 아니고, 스페인어에만 해당하는 이야기도 아니다. 모든 동사뿐 아니라 프랑스어, 이탈리아어, 포르투갈어가 다 이렇다. 하지만 영어는 어떤가?

go   **goes**   **going**   **went**   **gone**

이거 다섯 개가 전부 아닌가?

이렇게 영어의 동사 변화가 단순해진 것이 모두 조동사 덕분이라고 할 수는 없지만, 조동사의 공도 꽤 크다고 보면 된다.

영어에서 조동사가 발전한 덕분에 웬만한 문법은 조동사와 연결되지 않은 것이 없다. 앞의 장에서 살펴본 가정법부터 수동태, 분사 등 핵심적인 문법은 조동사를 모르고는 도저히 이해할 수 없다. 반대로 조동사를 알면 웬만한 문법은 쉽게 이해할 수 있다는 뜻도 된다.

회화에서도 마찬가지다. 조동사를 잘 이해하면, 특히 회화에서 자연스럽고 유창한 문장을 구사할 수 있다. 왜냐하면 조동사야말로 우리가 말하면서 담는 감정과 말의 뉘앙스를 결정하는 핵심적 요소이기 때문이다. 따라서 조동사를 정복하면 영어로 말하는 사람의 감정을 이해할 수 있다고 봐도 좋다.

조동사의 숫자만 보면 좀 많아 보이지만, 용법이 특별히 복잡하지는 않으니 부담 갖지 말고 찬찬히 읽어보시라.

조동사에는 감정이 있다

앞서 '예의 바른 표현'에서 배웠듯이, **can, will, could, would** 등에는

감정이 들어 있다. 아버지가 아들에게,

Can you get me the paper? 신문 좀 가져올래?

라고 묻는 건 "Get me the paper(신문 가져와라)"라고 직설적으로 말하는 대신 좀 더 부드러운 표현을 쓴 것이다. 그 요청에 아들이,

Yes, I can.

이라고 대답하는 것은 "네, 할 수 있어요"가 아니라, "네, 할게요"라는 말을 역시 좀 더 부드럽게 표현한 것이다. 즉, 이럴 때 can은 '능력'을 묻는 게 아니라 '의향'에 대한 질문이다. 그러면 다음 질문에서 can의 뜻은 무엇일까?

Can you speak English?

이건 진짜 '영어 능력'을 묻는 게 맞다. 하지만 현실에서 처음 만난 사람에게 이렇게 묻는 사람은 거의 없다. 상대가 영어를 구사하는지 궁금할 때는 보통,

Do you speak English?

라고 묻는다. 왜냐하면 "Can you speak English?"는 지나치게 느낌이 강하기 때문이다. 마치 회사에서 미국에 파견 보낼 직원을 불러놓고, "당

신 진짜 영어 할 줄 알아?" 하고 질문하는 느낌과 비슷하다. 독자 여러분도 혹시 처음 만난 사람에게 영어 구사 능력을 묻고 싶다면 꼭,

Do you speak English?

라고 묻는 게 좋다. 물론,

Do you speak Korean?

Do you speak Japanese?

Do you speak French?

Do you speak Chinese?

등 얼마든지 응용이 가능하다.

can 대신 could를 쓰면 더욱 예의 바른 문장이 되는 건 이미 설명했다. will / would의 경우도 마찬가지이다. '친절한 말하기'에서 can / could, will / would는 뉘앙스만 조금 다른 같은 뜻의 단어라고 보면 된다.

Can you do me a favor?

Could you do me a favor?

Will you do me a favor?

Would you do me a favor?

'친절용'을 제외한다면, will은 미래에 대한 ❶ 의지, ❷ 예측을 할 때 쓰는 조동사다. 전혀 어렵지 않다.

I will travel around the world! 난 세계 일주를 할 거야!

It will rain tomorrow. 내일 비가 올 거야.

be going to를 같은 뜻으로 쓸 수 있다. 즉,

I'm going to travel around the world!

It's going to rain tomorrow.

T I P

can과 can't의 발음

n 뒤에 오는 t는 거의 발음이 생략된다. I don't know를 연상하면 쉽다. important, continent 모두 끝의 t가 거의 안 들린다. (여기서 명심할 것! 당신은 마지막에 오는 t를 발음해도 된다. 임포턴트, 칸티넨트라고 발음한다고 이상하게 생각할 사람은 아무도 없다. 다만 영어권에서 이 발음을 생략할 때가 많으므로 그걸 염두에 두시라는 뜻이다.)

twenty의 경우도 트웨니 정도로 들리는 거 다들 아실 것이다. 하여튼 그래서 골치 아픈 경우가 가끔 있는데, 대표적인 게 can과 can't의 구별이다.

이거 정말 알아먹기 힘들다. 둘 다 캔으로 발음되기 때문이다. 그럼 양키들은 어떻게 구분하냐고? 상대적으로 길게, 즉 '캐앤' 식으로 발음하면 can't고, 그냥 '캔' 하면 can이라고 생각하시면 된다. 이를테면,

You can't do this to me. 유 캐앤 두 디스 투 미.

"당신, 내게 이럴 수 없어" 혹은 "이러면 안 돼" 정도로 해석된다. 영화를 보다 보면 자주 듣는 말이다. 그러면 보통 상대편은 비웃는 듯한 표정을 하고,

Yes, I can. 예스 아이 캔.

"해도 돼"라고 대꾸해준다. (여기서 다시 한 번 짚고 넘어가자. 당신은 can't의 마지막 음 t를 살려서 '캐앤트'라고 발음해도 아무런 문제가 없다.)

하지만 can을 캐앤 하고 길게 발음할 때도 있으므로 100퍼센트 발음에만 의존해 해석하면 안 된다는 게 함정이다. -_-;; 즉, 화자가 '캐앤' 하는 맥락(context)이 중요하다는 말이다.

참고로 영국이나 호주 발음은 상대적으로 쉽다. can은 '캔'으로 can't는 '카안(혹은 카안트)' 정도로 발음한다.

해도 똑같은 뜻이다. 현실에서 "be going to"는 **be gonna** 형태로 will 만큼이나 자주 쓰는 조동사구이다. 빨리 말할 때는 going to(고잉투)를 gonna(고나)라고 한다. 참고로 'be gonna'에는 '가다'라는 뜻은 전혀 없고 오직 '~할 거야'라는 뜻밖에 없다. 따라서 "I'm gonna go to school"은 말이 돼도, "I'm gonna school"은 안 된다.

I'm gonna live forever, I'm gonna learn how to fly.
난 영원히 살 거야, 난 나는 법을 배울 거야. (영화 〈Fame〉의 주제가 중)

'해야 한다'의 조동사
'해야 한다'는 뜻의 조동사가 'must'란 사실은 다들 아실 것이다. 요즘엔 'must see 영화', 'must buy 아이템' 하는 식의 조어도 유행한다. 그런데 must 외에도,

should

have to

gotta ('have got to'의 약자)

ought to

등이 모두 "해야 한다"는 뜻의 조동사(형)란 게 함정이다. -_-;;
단어가 다른 만큼 어감도 조금씩 다른데, must가 가장 강하고 should, have to, gotta의 순으로 강도가 약해진다. 즉,

I must go.

하면 정말 꼭 가야 하는 것이고,

I gotta go.

하면 "나 가야 돼"와 "나 갈래"의 중간쯤으로 보면 된다.
'ought to'는 should와 비슷한 강도지만 지나치게 격식을 차리는 느낌
(formal)이어서 회화에선 잘 안 쓴다.
'need to'는 글자 그대로 '할 필요가 있다' 정도. may는 '해도 됨' 정도이
다. 물론 may는,

May the force be with you!

포스가 님과 함께하기를! (영화 〈스타워즈〉에 자주 나오는 대사)

하는 식으로 '기원문'에도 쓴다.

shall은 말하는 사람의 의지가 들어 있다. 따라서,

You shall die! (내 손에) 너 죽을 줄 알아!

식으로 쓴다. 그리고 회화보다는 교양 차원에서 다음도 읽어보자. 종
교와 표현의 자유를 철저하게 보장하는 미국의 수정헌법 제1조 전문
이다. 미드를 보다 보면 '표현의 자유'를 언급할 때 가끔 "The First
Amendment"라는 대사가 튀어나오는데, 바로 이것이다.

*Congress **shall** make no law respecting an establishment of
religion, or prohibiting the free exercise thereof ; or abridging the
freedom of speech, or of the press ; or the right of the people
peaceably to assemble, and to petition the Government for a
redress of grievances.* 의회는 종교를 만들거나, 자유로운 종교 활동을 금지하거
나, 발언의 자유를 저해하거나, 출판의 자유, 평화로운 집회의 권리, 그리고 정부에 고충을
시정해달라고 탄원할 수 있는 권리를 제한하는 어떠한 법률도 만들 수 없다.

마지막으로 'had better'와 'had best'가 있는데, 둘 다 '~하는 게 좋다'
정도의 의미이다. 회화에서는 거의 "You'd better(best) ~" 식으로 쓴다
고 보면 된다.

You'd better study hard. 너 공부 열심히 하는 게 좋을걸.

You'd best stay away from him. 그 친구랑 어울리지 않는 게 좋아.

다음 배울 조동사는 have와 be이다. 이 두 개는 '분사'와 함께 배워야 한다.

분사의 뜻

현재분사, 과거분사가 뭔지는 다들 들어봤을 것이다. 그런데 '분사(分詞)'라는 게 도대체 무엇인가? 그 뜻을 아는 독자가 있을까? 나눌 분(分)에 말 사(詞), 나누는 말? 분사의 뜻은 몰라도 용도는 대충 아는 우리들이 볼 때 그 뜻은 아닌 것 같다. 단어라는 게 적어도 글로 적어놓으면 무슨 뜻인지 대충 감이라도 와야 할 터인데, 이건 좀 심하지 않은가?

영어로는 participle이라고 하는데 역시 어렵긴 마찬가지. 원래 라틴어에서 유래한 말이라 그런지 형태만 봐서는 그 뜻을 짐작하기 어렵다.

사실 대부분의 문법 용어는 일본에서 만든 걸 그대로 쓰고 있다. 그래서 어떤 이들은 맨 처음 한자로 번역한 일본 사람들을 탓하기도 하지만, 'participle을 어떻게 번역해야 하나?' 하고 고심했을 생각을 하니 이해가 되기도 한다. 그리고 정 마음에 안 들면 우리가 일본어 번역을 채택하지 말고, 스스로 원어의 뜻에 가까우면서도 의미를 잘 이해할 수 있는 한국말로 대체하는 게 옳았을 것이다.

하여튼 현재로서는 '분사'를 대체할 뾰족한 다른 단어가 합의되지 않았으니 우선은 그대로 쓰는 수밖에 없다.

분사는 동사 변화의 일종으로 이해하는 게 좋다. 이를테면 call이 calling

이나 called, go가 going이나 gone, eat이 eating이나 eaten, discover 가 discovering이나 discovered가 되는 변화다. 전자처럼 변하는 것을 현재분사라고 하고, 후자처럼 변하는 것을 과거분사라고 한다. 분사로 변화 한 동사는 형용사적으로 쓰이는 게 보통이지만 부사적으로 쓸 때도 있다.

현재분사 ~ing

과거분사 ~ed(기본)

그런데 위에서 보다시피 현재분사는 동사에 ~ing만 붙이면 되는데(다만 love → loving처럼 e를 생략하고 ing를 붙이기도 함), 과거분사는 보통 동사의 과거형과 똑같이 ~ed가 붙지만 예외가 많다. go, come, put, hit, eat, get, teach 등등 짧은 동사는 거의 전부 예외라고 보면 된다. 이런 예외 적인 형태의 분사는 할 수 없이 외워야 한다.

현재	과거	과거분사	비고
go	went	gone	
come	came	come	
put	put	put	
hit	hit	hit	
eat	ate	eaten	
get	got	got(gotten)	과거분사가 두 개임
teach	taught	taught	

be 조동사와 현재분사

현재분사는 be동사와 함께 진행형을 만들 때 쓰는 게 제일 중요한 용법

이다. 다시 말해 영어에서 '~하고 있다'는 모두 'be동사 + ~ing' 형이다. 이를테면,

I am playing baseball. 나는 야구를 하고 있다.

I was playing baseball. 나는 야구를 하고 있었다.

I have been playing baseball. 나는 한동안 쭉 야구를 하고 있다.

I had been playing baseball. 나는 한동안 쭉 야구를 하고 있었다.

※참고로… 여기서 독자들이 직접 완료형의 느낌을 캐치해보자. 위 예문들 중 위쪽 두 예문과 아래쪽 두 예문의 결정적인 차이가 느껴지는가? 위쪽은 어느 한 시점에서 야구를 하고 있는 것이고, 아래쪽은 어느 상당한 기간 동안 직업적으로건, 취미로건 야구라는 운동을 계속하고 있는 것으로 보면 된다.

현재건, 과거건 간에 무언가 계속하고 있을 때는 'be동사 + ~ing(현재분사)' 형을 쓴다. 이때 조동사로 쓰이는 be동사는 주어와 시제에 따라,

I am	I was	I have been	I had been
You are	You were	You have been	You had been
She is	She was	She has been	She had been
He is	He was	He has been	He had been
We are	We were	We have been	We had been
They are	They were	They have been	They had been

식으로 변화할 수 있지만, 앞에서 야구하던 친구의 사례에서도 알 수 있듯이 현재분사는 절대 변하지 않고 그냥 '~ing' 형이다. 지금 당장 문장 뒤에 "playing baseball"을 넣어서 한 번씩 읽어보시라.

현실에서 현재진행형을 쓸 일은 너무너무 많다. 당장,

How are you doing?

하고 물을 때 현재진행형을 쓰지 않는가. 혹은 친구에게,

What are you doing now? 워라유 두잉 나우?
What were you doing then? 윗 월 유 두잉 덴?

등의 질문을 할 때도 많다. 그러면,

I'm watching TV now. TV 보고 있어.
I've been doing my homework. (한동안) 숙제하고 있지.
I was sleeping then. 그때 자고 있었어.
I'd been listening to music with earphones. (한동안) 이어폰으로 음악 듣고 있었어. ("그래서 전화벨 소리를 못 들었어" 등의 변명이겠죠?)
I've been waiting for you! 너 기다리고 있었지! (친구가 늦게 와서 시침 뚝 떼고 "너 뭐하고 있었어?"라고 물으면 이렇게 대답하겠죠.)

마지막으로 현재진행형의 가장 중요한 용법 중 하나! 이름은 '현재'진행형이지만 '미래'를 이야기하는 용법이다.

I'm meeting Jane tomorrow.

나는 제인을 분명히 '내일' 만나는데 '현재'진행형 문장을 써도 될까? 된다. 가까운 미래는 현재진행형을 써도 되고, 실제로 회화에서 자주 쓴다. 따라서,

I'm coming!

은 "나 지금 가고 있어!"일 수도 있고, "나 곧 갈게!"도 된다.

그럼 상대가 사용하는 현재진행형 문장이 현재를 말하는 건지, 미래를 말하는 건지 어떻게 알 수 있을까? 맥락에 따라 파악할 수밖에 없다는 게 정답이다. 물론 문장 속에 now, tomorrow 등 시제를 알려주는 단어가 있으면 간단하게 알 수 있지만 말이다. 다만 앞에서도 나온 'be going to'는 보통 '~로 갈 예정이다'의 뜻이 압도적으로 강하다. 따라서,

I'm going to Seoul. 나는 서울에 갈 거야.

에서 going은 보통 "나는 서울에 '가는 중'"의 현재진행형이 아니고, 가까운 미래를 나타내기 위한 진행형 단어이다. "나는 ~에 가는 중"이라고 할 때는 보통, "be on one's way to"를 쓴다.

I'm on my way to Seoul.
나는 서울에 가는 중이야. (지금 당장 서울에 가고 있는 중임)

좀 추상적인 길을 의미할 때도 같은 표현을 쓸 수 있다. 이를테면,

I'm on my way to Harvard.

하면, "나는 하버드대에 입학할 만큼 좋은 성적을 내고 있다"는 얘기다. 나는 (비유적인 의미에서) 하버드로 가는 중인데, 길이 탄탄대로다. 그러나 세상에 예외 없는 법칙은 없는 법이어서… "너 지금 어디 가니?" 라고 물을 때는,

Where are you on your way to?

보다는,

Where are you going?
Where are you going to?

라고 묻는다. 그런데 위 두 문장은 서로 뭐가 다를까? 의미상으로는 똑같다. 다만 'to'가 붙어 있으면 좀 더 목적지를 구체적으로 묻는 느낌이 든다. 이를테면 기차역에서 표를 사는데 역무원이 "어디까지 가세요?" 하는 느낌이랄까.

have p.p.와 완료형

have + p.p.

학교에서 너무나 자주 보던 생략형 아닌가? 물론 이는 완료형을 말하는

것이고, 이때 have는 완료형에서 쓰는 조동사이며, p.p.란 과거분사(past participle)의 약자이다. 그런데 이 완료형이란 게 무엇인가?

결론만 말하자면 완료형이란 'have + p.p.' 형태를 써서 완료, 경험, 계속, 결과를 나타내는 시제이고, 회화에서는 현재완료와 과거완료 두 가지를 주로 쓴다. 이론적으로는 '미래완료'도 있지만 현실적으로는 극히 예외적으로만 쓴다고 보면 된다. (그래도 궁금하면 검색!)

하여튼 완료, 경험, 계속, 결과가 어떤 것인가 보면,

완료 : **I've done my homework!** 나 숙제 다 끝냈어!

경험 : **Have you ever been to Korea?** 한국에 가본 적이 있어요?

계속 : **I've been sick since a week ago.** 전 일주일 전부터 앓고 있어요.

결과 : **Everybody has gone back to China.** 전부 중국으로 돌아갔어요.

이런 것이다. 완료형은 어떨 때 쓰는 것인지 자세히 살펴보시라. 제일 흔한 경우가 '무언가 해본 적(경험)'을 표현할 때다. '한국에 가본 적', '이런 일 해본 적', '첫눈에 사랑에 빠진 적', '총을 쏘아본 적' 등 온통 적, 적, 적이다.

He has never done this before. 그는 이런 일을 해본 적이 한 번도 없다.

Have you ever fallen in love at first sight? 첫눈에 사랑에 빠져본 적이 있나요?

I've never shot a gun. 전 총을 쏘아본 적이 없어요.

따라서 '무언가 해본 적'에 대해 이야기하고 싶다면 무조건 완료형을 쓰면 된다. 그리고 그 다음 세 가지 경우 완료, 계속, 결과를 자세히 음미해

보시라. 모두 다 무엇인가를 하다가 끝났거나, 계속하고 있거나, 무언가 하다가 끝나서 무슨 결과가 나온 것을 뜻한다. 즉, 모두 다 무언가를 계속 했다는 걸 전제하고 있다.

크게 보면 완료형은 이렇게 두 가지 의미를 가지고 있다. 무언가를 한 적이 있거나, 무언가를 계속하고 있었던 것! 영어에서는 이 두 가지 느낌을 표현하기 위해 완료형을 쓴다고 보면 된다. 심지어 한 문장에서 두 가지 느낌이 다 날 때도 있다. 다음 문장들을 읽으면서 다시 한 번 완료형의 어감을 느껴보자.

I've done nothing wrong! 난 잘못한 거 없어요!

Have you bought the train ticket? 기차표 사두었니?

I know what you're trying to say. I've been there, too.
무슨 말하는지 알아. 나도 그런 경험 있어.

I have seen that movie many times. 나 그 영화 여러 번 봤어.

I've been waiting for a girl like you for all my life.
나는 한평생 너 같은 여자를 기다려왔어.

여기까지가 현재완료에 대한 설명이다.

과거완료는 현재완료의 과거형이라고 생각하면 쉽다. 즉, 과거에 일어난 완료, 경험, 결과, 계속을 표현하기 위한 시제인데, 우선 예문을 보자.

When I got back home, she had already left.
내가 집에 돌아왔을 때, 그녀는 이미 떠나고 없었다.

위 문장에서 "She already left"가 아니라 "she **had** already **left**"라고 쓴 이유가 짐작되시는가? 그렇다. 오른쪽 일이 왼쪽 일보다 먼저 일어났기 때문이다. 내가 오기 전에 그녀가 이미 떠났기 때문에, 내가 온 시간(과거)보다 더 이른 시간에 일어난 일을 표현하기 위해 과거완료형을 썼다. 과거완료의 핵심이 바로 이것이다. 과거에 일어난 사건보다 먼저 일어난 사건을 표현하기 위한 시제. 예문들을 읽으면서 연습해보자.

We talked about the film we had watched yesterday.
In the shopping centre, I met a friend who I hadn't seen for ages.
I couldn't go to the cinema with my friends last night because I hadn't finished my homework yet.
Who had lived in the house before we moved in?
The storm destroyed the cabin that we had built.

be 조동사와 수동형

영어는 일단 주어와 동사를 말하고 보는 언어라고 했다. 그런데 아무래도 가장 많이 쓰는 주어는 '나', 즉 'I'다. 우리말에서는 "나 지금 배고파", "목말라", "~할래", "어때?", "괜찮아" 등등을 말할 때 굳이 '나'를 끼워서 말하는 경우가 적지만, 영어에서는 거의 '나(I)'를 먼저 말하고 'be동사' or '조동사' or '일반동사'를 말하는 경우가 매우 많다. 그중에서도 'I+be동사'는 늘 말하고 다닐 수밖에 없으니 입에 붙는 연습을 해두는 게 좋다고 이미 말씀드렸다.

그런데 영어로 말하기의 또 다른 특징 중 하나가 수동태를 자주 쓰는 것이다. 그리고 수동태를 만들 때 또 be동사를 쓸 수밖에 없다. 다들 아시

분사 구문이란?

분사 나온 김에 분사 구문도 배워보자. 분사 구문이란 쉽게 말해 '분사구'로 문장을 만든 것이다. 먼저 분사란 현재분사(~ing)와 과거분사(보통 ~ed)가 있다. 물론 괄호 안의 '~'은 대개 동사 원형이다. 그런데 동사가 분사구에 들어가서 변화를 일으키면 다양한 뜻을 지니게 된다.
문법책을 보면 이유, 양보, 시간, 조건, 부대 상황 등 여러 가지 사례를 제시하면서 복잡한 설명을 하는 경우가 많지만, 실은 그렇게 복잡한 용법이 아니다. 다음을 보라.

❶ (I) Seeing you, I felt like crying.

보통 분사를 사용한 구가 왼쪽에 있고, 오른쪽에 진짜 하고 싶은 이야기가 담긴 소위 '주절'이 있다. 참고로 주절에 이미 'I'가 있으므로 앞에 'I'가 생략된 듯하다. 의미가 뭘까? 음… 딱히 정해진 답이 없다는 게 이런 문장의 묘미다. 상황에 따라,

널 보니, 난 울고 싶었어.
너를 봤는데도, 난 울고 싶었어.
너를 볼 때면, 난 늘 울고 싶었어.
너를 봤을 때, 난 마침 울고 싶어졌어. (그냥 내가 울고 싶을 때와 너를 봤을 때가 겹친 것임)

참고로 위의 문장에서 주절이 '과거'라고 종속되는 분사구에 seeing 대신 having seen을 쓰지는 않는다. 이런 종류의 분사 구문에서 seeing은 felt와 같은 시제인 걸로 간주된다. 만약,

Having seen you, I felt like crying.

이라면, "너를 본 일"은 "내가 울고 싶어진 것"보다 이전에 일어난 사건이 된다.

대충 짐작이 가시는가? 이 문장의 의미는 문장 안에 있다기보다는 이 문장을 둘러싼 상황에 있는 것이다. 나와 너의 평소 관계, 감정, 상황 등을 알지 못하면 제대로 된 번역을 하는 건 불가능하다.
독자들은 상상력을 발휘하여 앞뒤에 어떤 상황이었을지, 둘 사이의 관계는 어떤 것일지 생각해 보라. 영어 실력이 느는 진짜 마인드 트레이닝은 이런 것이다.

하여튼 분사 구문은 다양한 변형태가 있다.

❷ He seeing you, I felt nervous all of sudden.
그가 널 본 순간, 나는 갑자기 불안해졌다.

평소 그와 'you'의 사이가 별로 안 좋아서 그가 'you'를 찾아다니고 있었다면 이런 해석이 가능할

TIP

것이다.

❸ Being interested in the curios, I used to visit Chinatown.
　나는 조그만 골동품들에 관심이 많았기 때문에 차이나타운을 종종 방문하곤 했다.

이런 경우는 그냥,

Interested in the curios, I used to visit Chinatown.

이라고 해도 무방하다. being을 생략하고 과거분사를 그대로 활용하는 것이다.

(Having been) Born in the States, he could make it to Silicon Valley.
그가 미국에서 태어났으면 실리콘 밸리에 진출할 수 있었을 거야. (괄호 안의 시제에 주목! 태어난 건 한참 전이므로 주절보다 더 과거라는 걸 나타내기 위해 'having been'을 썼음)

여기까지 하자. 좀 더 복잡한 이야기를 할 수도 있으나 여기까지만 이해해도 적응할 수 있을뿐더러, 무엇보다도 이 정도만 확실히 알아도 영어'회화'에 전혀 지장이 없기 때문이다.
참고로 회화에서 분사 구문을 사용하는 경우는 드물지만, 만약 사용한다면 좀 정중하고(formal) 문어적으로 들릴 것이다.

다시피 수동태의 기본형은,

be + p.p.

이다. 원칙적으로 목적어가 등장하는 모든 능동태 문장은 수동태로 바꿀 수 있다. 가장 간단한 형태를 보자면,

Everybody loves her. → She is loved by everybody.

좀 더 복잡한 거로는, 이를테면 목적어가 두 개라면 각각을 주어로 수동

태를 만들 수 있다.

I gave her a gift. → She was given a gift by me.

A gift was given to her by me.

그러나 실제로 회화를 하면서 이렇게 꼬아서 말하는 경우는 거의 없다. 원칙적으로 저런 게 가능하다고 하는 것뿐이다.

하여튼 능동태를 수동태로 고치는 건 어렵지 않다. 목적어만 있으면 어떤 문장이든 수동태로 만들 수 있다. 그러나 수동태를 만드는 것보다 더 중요한 건 '왜 만드는가?'이다. 영어로 말할 때 왜 수동태를 쓰는가? 이는 역시 영어가 주어 중심의 언어란 것과 관련이 있다.

첫째, 주어를 강조하기 위해서이다.

Jane was given the prize by the president.

이 문장에서 화자는 (아마도 '총장'이나 '대통령'에게) 상을 받은 사람이 '제인'이라는 사실을 강조하고 싶은 것이다.

둘째, 행위자가 누군지 모를 때도 수동태를 사용하는 경우가 많다.

Martin was injured in the war. (by whom? by what?)

마틴이 전쟁에 나가 다쳤는데 누가 쏜 총에 맞았는지, 누가 쏜 대포 파편에 다쳤는지 알 도리가 없다. 물론 다른 사람이 아닌 마틴이 다쳤다는 사실도 중요하다. 따라서 마틴을 주어로 수동태 문장을 쓴다.

셋째, 우리가 말하면서 수동태를 쓰는 또 하나의 중요한 이유는 감정을 표현하기 위해서이다. 영어에서는 우리의 희로애락을 대체로 수동형으로 표현한다고 생각하면 된다. 감정이란 것이 의도적으로 생각해서 만드는 게 아니라 외부의 조건에 의해 생성되는 수동적인 것이기 때문일까? 하여튼 그래서,

I'm surprised to see you here!
I'm excited to do this!
I'm really interested in this town.
I'm bored to death! Please save me!
I'm so pleased to see you!

넷째, 그냥 형용사처럼 수동태를 쓰기도 한다. 사실,

I'm pleased to meet you.

에서 pleased는 glad와 거의 같은 의미의 형용사나 다름없다. 그리고,

I'm screwed up. 난 망했어.
She was turned on. 그녀는 몸이 달아올랐다.
I've got mixed feelings about the incident.

난 그 사건에 대해 복잡한 감정을 느낀다.

He was so confused. 그는 매우 혼란스러웠다.

모두 수동태가 형용사처럼 느껴지지 않는가? 수동태형 동사가 명사를 앞에서 단순하게 수식하는 경우도 많다. 영화 〈나를 찾아줘(Gone girl)〉를 보신 분이 있을 것이다. 이때 'gone'은 '사라진'이란 뜻의 형용사로 봐도 무방하다. 그 외에도 얼마든지 만들 수 있다.

Cultured people 교양 있는 사람들

Bottled water 병에 담긴 물

Smashed car 박살난 자동차

참고로, 모든 동사를 수동태로 만들어 형용사적으로 쓸 수 있는 건 아니다. 이를테면,

I didn't like the **met** people.

이런 건 많이 이상하다. 하지만 분명히 영어에서는 굉장히 많은 동사를 수동태로 만들어 형용사처럼 쓸 수 있고, 실제로 그렇게 쓰고 있다.

영어식으로 말하는 방법,
it과 to부정사

it은 '그거'

우선 가장 기본적인 것부터 시작하자. 대명사 'it'은 무슨 뜻인가?

가장 쉽게 말해, it은 '그거'다. 우리말로 '그거'. 앞에서 이야기한 '그거'. '그거'라는 뜻으로 사용하는 게 it의 가장 기본적인 용법이다. 그 사람이 아니고 '그거'니까 당연히 사물이나 동물을 지칭할 때 쓰는 거다. 혹은 지칭하는 대상이 분명하지 않을 때, '그 무언가' 정도의 뜻으로 쓰기도 한다.

I didn't see the dog today, did you see it?

오늘 그 개를 못 봤는데, 넌 그거 봤니?

The Ebola virus is prevailing in northwest Africa. It's deadly lethal. 북서아프리카에 에볼라 바이러스가 창궐하고 있어. 그건 치명적으로 위험해.

I don't know what's coming next, but it's coming.

다음에 뭐가 오는지는 모르지만, 그 무언가가 (확실히) 오고 있어.

특정한 대상 하나가 아니라, 어떤 전반적인 상황을 말할 때도 'it'이다.

Yes, I saw him last night. What about it?
네, 어제 그를 만났어요. 그게 어때서요?

The rain didn't stop for one month. It made everything wet and soaked. 비는 한 달 동안 그치지 않았다. 그래서 모든 것이 젖고 물에 잠겼다. (It = 한 달 동안 비가 내렸다는 것)

it이 사람을 대신할 때가 딱 한 번 있는데 아기일 때, 특히 뱃속에 들어 있는 아기일 때 it이라고 지칭한다.

Do you know what it is? / No, not yet.

여성 친구가 배가 불러 있을 때, 이렇게 묻고 답한다면 무슨 뜻일지 상상해보라. 당연히,

남자애인지, 여자애인지 알아? / 아니, 아직.

주어가 불분명할 때

영어는 주어를 사랑한다고 했다. 얼마큼 사랑하느냐 하면, 주어를 맡을 사람이 없으면 아예 가상의 존재를 상상해서 주어를 만들 정도다. 그 가상의 존재가 바로 it이라는 대명사이다.

'나'라는 주어 다음으로 'it'을 많이 쓴다고 보면 된다. 그러니까 나, 너, 우리, 걔네들 말고 모든 것은 일단 'it'이라고 지칭하면서 말하면 된다. 우

선 날씨를 말할 때 it으로 시작하자.

It's so cold here in Seoul. 여기 서울은 너무 추워.

절대,

Here Seoul is so cold.

라고 말하지 말자. 날씨는 일단 it이다, it!

It rains!
It snows!
It's cold!
It's hot!
It's foggy!
It's cloudy!
It's freezing!

하지만 **"It winds!"** 는 아니다.

Wind blows!

혹은,

It's windy!

가 맞다. 실은 필자가 실제로 영국인에게 "It winds!"라고 해본 적이 있는데, 무슨 뜻인지는 단숨에 알아듣긴 했다.

앞에서 언급했던 사물을 지칭할 때 it을 쓴다는 건 기본적인 용법이다.

I saw a rabbit in the woods yesterday. Have you seen it?

나 어제 숲에서 토끼 한 마리 봤는데. 너는 본 적 있니?

Where is my iPhone? I saw it in the bathroom.

내 아이폰 어디 있지? 내가 욕실에서 봤는데.

날씨 외에도 시간, 거리, 날짜 등 뭔가 주어가 불분명할 때는 it을 쓴다.

It's two in the morning. (지금) 새벽 두 시야.

("Now is 2 o'clock" 식으로는 절대 말하지 않는다. 그건 한국어식 문장이다.)

It's our anniversary. (오늘은) 우리 기념일이야.

It's about 100 kilometers to the city. 도시까지는 약 100킬로미터야.

It's a long time since I graduated the school.

내가 학교를 졸업한 건 오래 전이지.

I want to tell you before it's too late. 너무 늦기 전에 너에게 말하고 싶어.

It feels like being at home. 집에 있는 기분이야.

의미상 주어나 목적어가 너무 길 때도 it이다. 주로 접속사 that을 써서

긴 문장을 뒤로 몰아버리고 대신 it을 쓴다.

It seems that they already arrived there.

그들이 이미 거기 도착한 것으로 보인다.

It appears that Tom and Jane love each other.

톰과 제인은 서로 사랑하는 것 같다.

I find it very amazing that she's traveled around Europe by herself. 난 그녀가 유럽을 혼자 여행하고 다녔다는 게 참 대단하다고 봐.

Is it possible that we get there in time?

우리 제 시간에 도착하는 게 가능해요?

it은 '거시기'

심지어 뭔가 말로 표현하기는 어렵지만 it이라고 하면 상대도 그 느낌으로 뜻을 짐작해줄 것 같을 때도 쓴다. -_-;;

This is it?

예전에 필자가 배낭여행 다닐 때의 일이다. 비행기 타고, 버스 타고, 배 타고 열 몇 시간이 걸려서 말로만 듣던 아름다운 섬에 도착했다. 드디어 배에서 내려 섬에 첫발을 내딛는데, 옆에서 어떤 여행자가 한마디 내뱉었다.

This is it?

이 말에는 "여기가 거기야?"에서 "이제 고생 다 끝난 거야?"까지 미묘한 어감이 다 들어 있다. 그래서 필자는,

Yeah, I guess so. 네, 그런 것 같아요.

라고 대답해주었다.

That's it?

도 어감이 비슷하다. "This is it?"이 "이게 다야?"라면 "That's it"은 "그게 다야?" 정도의 느낌이다. 이를테면 친구 녀석이 새로 사귄 여자 친구와 뜨거운 데이트를 하고 왔다고 자랑하는데, 이야기를 들어보니 밥 먹고, 영화 보고, 가볍게 술 한 잔 하고, 그녀의 집 앞에서 뽀뽀하고 헤어졌다면,

So, that's it? I thought there would be something more.
그래서, 그게 다야? 난 뭔가 좀 더 있을 줄 알았는데.

라고 말해주는 게 보통이다.
질문이 아니라 대답이라면?

That's it.

"맞았어, 바로 그거야" 정도의 느낌이다.
막연한 '거시기'적인 느낌으로 it을 쓸 때는 너무 많다. 한때 뭇 남성들 사

이에서 여왕벌처럼 군림하며 미모를 자랑했던 Jane. 어느 날 오랜만에 마음이 동하는 남자를 만나서 그를 유혹하는데… 놀랍게도 그 남성이 유혹에 반응하지 않는다. 그러자 Jane, 무언가 깨닫는 바가 있는지 혼잣말을 한다.

I lost it.

(내가 예전에 가졌던 무엇, 그게 돈일 수도, 능력일 수도, 매력일 수도…) 잃어버렸군.

즉, 주어가 아니라 목적어가 불분명할 때도 it이다, it.
목적어가 불분명한 경우는 의외로 많다.

You got it?

은 상황에 따라 "너 그거 갖고 있니?"도 될 수 있지만, 보통은 "무슨 뜻인지 알아들었니?", "시킨 대로 준비 다 했니?" 등의 뜻으로 쓴다.

나는 여기가 좋아.

를 영어로 어떻게 말할까?

I like here.

라고 말하면 꽝이다.

I like it here. 나 여기가 좋아. (구체적으로 여기의 무엇이 좋은지는 불확실하다.)

라고 말하는 게 보통이다. 비슷한 걸로,

I like it spicy. 난 맵게 먹는 게 좋아.

여러 사람이 있는 방에서 이상한 냄새가 나면,

It's me or it really smells like shit in here?
내 코가 이상한 건가, 아니면 진짜 이 안에서 똥 냄새가 나는 거야?

이런 질문에,

It's you.

하면, "니 코가 이상한 거야"란 뜻이 된다. 그런데 방 안의 누군가가,

It's me.

하면, "내 탓이야"가 된다. 이런 의미로 "It's me" 하는 건 자주 있는 일이다. 이외에도,

Hit it! (밴드에서 다른 연주자에게) 시작해!
Beat it! 꺼져!

Bring it on! 덤벼봐!

Move it! 움직여! (자, 가자!)

같은 여러 가지 거시기한 표현들이 있다.

잇투와 잇포투(it – to, it – for – to)

만약 '영어회화 생초보 단계를 넘어 중급으로 가는 가장 중요한 문법'이란 게 있다면 바로 이거다. 즉, "I'd like to ~"와 "Would you ~" 등이 예의 바른 영어 초보가 되는 기본 문장이었다면, 'it – to'와 'it – for – to'는 소위 베이비 톡(baby talk)을 벗어나 세련된 문장을 구사하는 기본 문법이라 생각해도 된다.

It's so nice to have you here.

영어는 '주어'를 사랑하는 언어이고, I 다음으로 많이 쓰는 주어는 it이라고 했다. 적어도 영어로 말을 잘하려면, 일단 주어와 동사를 먼저 말하는 습관을 지녀야 한다. I am, I'm, It is, it's… 그리고 이번 장에서 이제까지 it을 주어로 쓰는 전형적인 표현들을 배우고 있는 것이다.

자, 우리는 지금 it을 주어로 하는 표현(및 문법)을 배우고 있는 만큼 기분이 좋을 때는 일단,

It's sooooooooo nice. 잇 쏘오오오오 나이스.

라고 말하자. 왜 기분이 좋으냐고? 친구가 찾아와서 여기 함께 있거든.

It's soooooooo nice to have you here. 잇 쏘오오오오 나이스 투해뷰히~어.

라고 말해주면 친구도 좋아할 것이다. 친구가 찾아와서가 아니라 훌륭한 레스토랑의 저녁 식사 때문에 기분이 좋다고? 이유가 뭐든 기분이 좋으면, "잇 쏘오오오오 나이스" 하고 호들갑을 먼저 떨고, "to ~" 하면서 이유를 설명하면 된다.

It's sooooooooo nice to have dinner at this restaurant.

※여기서 잠깐 주목!
여기서도 우리는 영어의 말하는 순서가 우리와 반대라는 것을 다시 한 번 확인한다. "기분이 좋아, 니가 찾아와서". "기분이 좋아, 이 식당 저녁 식사가 좋아서". 어쩌겠는가. 영어회화를 공부하는 입장이니 반대로 말하고 반대로 생각하는 데 익숙해져야 한다.

It's impossible to build such a big statue.
그건 불가능해, 그렇게 큰 동상을 만드는 건.

물론 한국어식으로 말하면 "그렇게 큰 동상을 만드는 건 불가능해"이겠지만, 영어회화 공부할 때는 영어의 순서로 생각하고, 영어의 순서로 말하는 연습을 해두는 게 좋다.
하여튼 'it - to' 표현은 일상생활에서 정말 자주 사용하는 만큼 뭐든지 만들어 연습해보시라.

Is it OK to eat this pancake, Mom? 이 팬케이크 먹어도 돼요, 엄마?
It's too early to get up. 일어나기에는 너무 일러. ('it - to'를 살짝 변형한 'it - too - to' 형식!)

It's a nice try to move the Queen that way.

(체스에서) 퀸을 그렇게 움직이는 건 좋은 시도야.

It's hard to see someone die. 누군가 죽는 걸 보는 건 (견디기) 어려운 일이지.

마지막 문장은 미드 〈밴쉬(Banshee)〉에 나오는 대사다.

그런데 실제로 네이티브들이 발음하는 걸 들어보면, "it's ~" 부분을 굉장히 약하게 해서 심지어 잘 안 들릴 때도 있다. "잇쓰굿투씨유!"가 아니라 "쓰굿투씨유"라는 식이다. 걔네들 입장에선 너무나 당연한 상용구여서 '발음한 척'만 해도 상대가 알아들으니까 그렇다. -_-;;

물론 우리 독자는 "잇쓰 ~" 하면서 철저히 다 발음해줘도 상관없다. 다만 발음을 약하게 해도 알아들어야 한다는 뜻에서 알려드리는 것이다.

'it-to'에 익숙해지면 'it-for-to'는 거저먹는 것이나 다름없다. 왜냐하면 it-to의 중간에 for와 주어 역할을 하는 목적어형, 보통은 거의 me만 집어넣으면 되기 때문이다. 이를테면,

It's still not easy~ 잇쓰 스틸 낫 이~지~ (혹은 "잇쓰틸 나리~~지" 하면서, 'It's still'을 연음시키고 'not'의 t 발음을 뭉개도 됨. ^^)

한 다음, 한 박자 쉬고,

for me,

하면서 역시 한 호흡 들이키고,

to talk in English.

라고 말해보시라.

It's still not easy for me to talk in English.
아직 영어로 이야기하는 게 쉽진 않아요.

네이티브 스피커와 조금 이야기하다가, 본인이 영어로 계속 말하는 게 쉽지 않다는 걸 알려줘보라는 말이다. 그래야 상대도 그걸 감안해서 천천히 말해줄 수도 있고, 발음을 더욱 또박또박 해줄 수도 있지 않겠는가. 물론 이런 말을 할 때는 실제로 어렵다는 표정을 담고 하는 게 좋다. 울상을 짓는 건 오버고, 약간 곤란한 표정 정도가 적당할 것이다.

Would you speak more slowly, please.

그 다음에 살짝 웃으면서 다음 문장을 덧붙이면 더욱 당신의 뜻이 명확해진다.
하여튼 'it-for-to'는 이런 것이다.

It's still not easy to talk in English. 영어로 말하는 건 쉽지 않다.

누가? 누가 쉽지 않다는 건가? 내가! 주로 말하는 사람은 '나'니까 대부분의 경우 진짜 주어는 '내'가 된다. 물론 다른 사람이 주어여도 형식적으로는 전혀 이상하지 않고, 실제로 그렇게 쓸 일이 있을 때도 꽤 많다.

It's not easy for me to talk in English.

It's almost impossible for my sister to talk in English. Because she never learned it. 제 여동생이 영어로 말하는 건 거의 불가능해요. 왜냐하면 걔는 영어를 배운 적이 없거든요.

It's good for you to run everyday. They say, running is better than diet. 넌 매일 달리기를 하는 게 좋겠어. 달리기가 다이어트보다 낫다고들 하더라.

Isn't it hard for them to live under that kind of dictatorship? 그 사람들은 그런 독재 체제 밑에서 사는 게 어렵지 않을까?

It's time for you to make a choice. 이제 네가 선택을 할 때야.

실제 영어 대화에서 'it-to'와 'it-for-to'는 거의 매일 사용한다 싶을 만큼 자주 쓰는 표현이다. 특히 아직 회화에 능수능란하지는 않지만 웬만한 의사소통은 다 된다 싶은 정도, 소위 중급 정도의 실력에서 굉장히 잘 써먹는 표현이다. 바꿔 말하면 이것만 잘 써먹어도 중급 회화 실력 정도까지는 올릴 수 있다는 뜻도 된다. 그러니 틈날 때마다 연습해보시라. 물론 문장을 연습할 때는 특정 상황을 상상하면서, 감정과 의도까지 담아서 연습!!!

to부정사의 명사적 용법

사실 'to부정사'란 문법 용어도 굉장히 어려운 것이다. '부정사(不定詞)'란 단어만 보고 뜻을 짐작할 수 있는가? 영어로도 'infinitive'이니 무언가 정해지지 않았다는 뜻 같은데 뭐가 정해지지 않았다는 걸까?

답부터 말하자면 '용도가 정해지지 않았다'는 뜻이다. 원래 동사이긴 한데 명사적으로도 쓰고, 형용사적 or 부사적으로도 쓴다. 따라서 to부정사란 'to를 사용해서 동사를 여러 가지 용도로 써먹는 것'을 말한다.

그럼 바로 앞에서 배운 'it - to'나 'it - for - to' 용법에서도 to부정사를 쓴 것인가? 바로 그러하다. 거기서는 특히 to부정사의 명사적 용법을 쓴 것이다. 돌이켜보면 모두 "(누가) ~하는 것(명사형)은 ~하다"는 말 아니었나. 물론 '명사적 용법'이란 표현은 몰라도 써먹을 줄만 알면 된다. 같은 명사적 용법이라도 it이 없으면 좀 달라 보인다.

To see is to believe. '보는 것(명사형)'이 '믿는 것(명사형)'

I want to meet you. 나는 '너를 만나는 것(명사형)'을 원한다.

They decided to invest in my project.

그들은 '내 프로젝트에 투자하는 것(명사형)'을 결정했다.

모두 to부정사의 명사적 용법을 사용했다. 한국말로 직역하니까 굉장히 어색하지만, 저런 것이 영어식 말하기이고, 영어식 사고방식이라는 것을 보여주기 위해 일부러 그렇게 해보았다. 한국어 문장으로 번역한다면 당연히 "백문이 불여일견", "너를 만나고 싶어" 등으로 하는 게 맞다. 하여튼 여기서 중요한 것은 'to + 동사'를 바로 명사처럼 사용할 수 있다는 것이다.

이제 여기서 'to + 동사'를 명사처럼 써먹는 가장 중요한 용법을 배워야 한다. 다음을 읽어보시라.

I want you to do your homework now.

앞에서 "I want ~"식으로 말하는 건 예의 바르지 못한 표현이라고 배웠죠? 하지만 친구끼리, 연인끼리 혹은 부하 직원에게 늘상 "I'd like to ~"라고 하는 것도 이상하다. 당연히 때로는 "I want ~" 혹은 "I wanna ~('I want to'의 줄임말, '아이 워너'라고 읽음)"라고 말해야 한다.

그런데 저 문장에서 숙제를 '하는(to do)' 사람은 내(I)가 아니라 너(you)라는 점에 주목하라. 여기서 우리는 to+do를 목적어의 보어, 즉 목적보어로 써먹고 있다. 물론 이런 문법 구조보다 더 중요한 점은 우리가 남에게 명령할 때 바로 저런 식으로 할 수 있다는 사실이다.

Do your homework now!
I want you to do your homework now.

뉘앙스는 다르지만 내용적으로는 같은 뜻의 문장이다. 만약 독자가 앞으로 영어로 말하는 직업을 갖게 된다면, 저 "I want you to ~"는 누군가에게 일을 시켜먹을 때 수백 번, 수천 번은 써먹을 표현이다.

I want you to answer the phone.
I want you to come home early.
I want you to finish the work till 6 pm.
I want you to stop drinking.

여기서 퀴즈 하나!
"당신이 원한다면 나는 무슨 짓이든 할게요"를 영어로 하면?

❶ I will do anything if you want.

❷ I will do anything if you want me.

❸ I will do anything if you want me to.

정답은 당연히 ❸이다. 당신이 "I want you to ~"라고 말하니, if 절의 문장이 "if you want me to"가 되는 게 맞다. 물론 저런 말은 사랑하는 연인 앞에서만 하는 게 좋다. 그게 아니라면 깡패 앞이거나, 이상한 직종의 고객 앞에서 하는 말이 될 것이니 바람직하지 못하다.

물론 want만 그렇게 써먹을 수 있는 건 아니다. 비슷한 용법의 다른 문장들도 읽어보시라.

The teacher reminded me to pick up Jane at 4 pm.

The policeman warned me not to walk around the park after dark.

I taught my sister to solve the matrix question.

(여기서 matrix는 네오(Neo)가 살던 그 〈매트릭스〉가 아님!)

I'll get somebody to help you.

Can you help me (to) do my homework?

(특이하게도 동사가 help일 때는 to를 생략해도 무방함. 차후 부연 설명할 것임)

감이 오시는가? to부정사가 목적어를 꾸민다 싶으면 바로 "I want you to ~"를 떠올리면 된다. "I will do anything if you want me to"도 같이 떠올리면 더 좋다.

to부정사를 명사로 써먹는 데 딱 한 가지 문제가 있다. 그건 일부 동사는

to부정사를 싫어한다는 점이다. -_-;; 좀 더 구체적으로 말하자면 어떤 동사 뒤에는 목적어로 to부정사가 오는 대신에 동명사, 즉 동사의 '~ing' 형이 온다.

finish fishing

quit smoking

keep going

enjoy having sex

admit stealing

give up running

deny stealing

miss traveling

mind smoking

recommend losing weight

consider studying

이 외에도 더 있지만 회화에서 주로 쓰는 건 이 정도다. 그런데 이 문제를 해결하는 데는 두 가지 방법이 있다.

❶ 외운다.

"quit smoking", "mind smoking", "finish fishing", "give up giving", "keep going", "enjoy having sex" 하는 식으로 계속 말해가면서 입에 익을 때까지 외운다.

❷ 많은 문장들을 읽으면서 저절로 입과 귀에 익기를 바란다.

물론 ❶과 ❷를 병행하는 게 가장 좋은 방법이다. 자꾸 하다 보면 "finish to fish"라든지, "keep to go"라고 스스로 말해보면 굉장히 어색하게 느껴진다.

형용사적 용법

I have homework to do. 나는 해야 할 숙제가 있어.

여기서 '**to do**'는 '~할'이다. 즉, '숙제'를 꾸미는 '형용사형'으로 쓰였다. '~할', 형용사적 용법이란 그냥 이것이라고 생각해도 된다.

You want something to drink? 뭐 마실 것 좀 줄까?
I have nothing to say. 할 말이 없다.
I have a lot of work to do. 난 할 일이 많아. (여기서 'a lot of'란 표현 꼭 기억해둘 것!)
I don't have a book to read. 난 읽을 책이 없어. (여기서는 목적어를 꾸미는 '형용사형'임)
I don't know what to do. 난 뭘 해야 할지 몰라.

모두 '~할'이다. to부정사의 형용사적 용법은 무조건 '~할'이고, '~할'이라고 말할 필요가 있을 때는 무조건 명사 뒤에다가 'to + 해당 동사'를 붙이면 된다.
마지막 문장에는 유명한 '의문사 + to부정사'가 들어 있다. 이를테면,

what to do 뭘 해야 할

how to do 어떻게 해야 할

which to see 어느 것을 봐야 할

등의 형식이다. 이런 것도 형용사적 용법일까? 당근이다. 하지만 무슨 용법인지 이름을 외우는 것보다는 어떤 뜻인지, 어떻게 써먹는 건지 아는 게 더 중요하다. '백문이 불여일연습'이다. 지금 다시 앞의 예문들을 하나씩 읽어보시라. 그리고 퀴즈 하나! 다음 문장을 영어로 번역하시오.

뭘 해야 할지 몰라? 넌 시키는 대로 하면 돼.

좀 입버릇이 험한 상사라면 흔히 쓸 만한 표현이다. 영어로는 어떻게 말해야 할까? 필자라면 이렇게 말한다.

You don't know what to do? You gotta do what you are told to do.

누군가에게 이래라저래라 시키는 걸 영어로 "tell someone to ~"라고 한다. 위 문장의 "are(be) told to do"는 그것의 수동형이다. "흥! 니가 시키는 대로 할 줄 알구?" 하는 반항심이 들면 이렇게 말하자.

Don't tell me what to do. I do what I want to do.
나한테 이래라저래라 하지 마세요. 난 내가 원하는 걸 해요.

마지막으로 형용사적 용법 중에 소위 '서술형 be to'라는 게 있다. 문법

책을 보면 be+to부정사는 '예정, 의무, 가능, 의도, 운명' 등을 표현하는 거라고 되어 있는데, 일반적으로 뭔가 '공식적인(official)' 느낌, 격식을 차리는 느낌이 있다는 것도 기억해두어야 한다.

The President of United States is to visit Korea next week. (예정)

The employees are to wear uniforms. (의무)

Nothing was to be seen in the room. (가능)

You are to succeed, you have to study hard. (의도)

This secret is to be buried for good. (운명)

You are not to do that again. (금지 명령)

위 문장 모두 좀 캐주얼한 대화라기보다는 조금 엄격하고 격식을 차린 느낌이 들지 않는가? 실제로 일상적인 대화에서는 'be+to부정사' 용법은 잘 쓰지 않는다. 일단 문어체이고, 굳이 대화에서 등장한다면 회사나 관공서의 회의 자리에서 쓰는 말투라고나 할까. 상황에 따라 잘 쓰면 품격 있는 말투가 되지만, 친구들끼리 모인 편안한 분위기에서는 재수 없게 들릴 수도 있다.

to부정사의 부사적 용법

'부사'적 용법이란 게 무엇일까? 우리말에서는 용언(동사와 형용사)을 꾸며주는 품사를 부사라고 부른다. 영어에서도 부사가 동사와 형용사를 꾸며주는 품사란 건 별로 다르지 않지만, to부정사의 부사적 용법은 좀 복잡하다.

보통 문법책을 보면 목적, 결과, 원인, 조건문, 형용사 및 부사 수식 등의 용법으로 사용하는 게 부사적 용법이라고 되어 있는데, 이런 식으로 외우는 건 별 의미가 없다. 사실 어떤 표현이 부사적 용법인지, 아닌지 아는 것보다 그 표현이 쓰인 문장을 이해하는 게 더 중요하다. 그래서 필자는 다음과 같이 권한다. 일단,

~ 위해서

~ 해서

란 뜻으로 to부정사를 쓰면 부사적 용법이라고 생각하면 편하다. 실제로 회화에서 쓰는 건 거의가 이 두 가지이다. 다음을 보라.

I entered the medical college to be a doctor.
나는 의사가 되기 위해 의대에 들어갔다.

I came here to meet you. 나는 너를 만나러(만나기 위해) 여기 왔다.

He killed the guard to escape the prison.
그는 감옥을 탈출하기 위해 경비를 죽였다.

I am sorry to hear that. 그 소식을 들으니 유감스럽네.

I am glad to see you. 너를 만나서 기쁘다.

그렇다.

It's soooooooooo good to see you.

하면 명사적 용법,

I'm soooooooooo glad to see you.

하면 부사적 용법이다.

하지만 현실적으로 두 문장의 뜻은 똑같다. 주어가 'it'이냐 'I'냐에 따라 형식이 달라졌을 뿐이다. 여기서 우리는 to부정사의 부사적 용법이란 것도 감정을 표현하기에 좋은 거라는 사실을 알 수 있다. It이 아니라 나(I)를 주어로 해서 감정을 표현할 때는 바로 이걸 써먹자.

I'm sooooo glad to see that you made it to the university.

난 네가 대학에 들어가서 정말 기쁘다.

I was sooooo pissed off to see what he had done to my sister.

난 그가 내 여동생에게 한 짓을 보고 너무 화가 났다. (piss off : '화나게 하다'는 뜻의 슬랭)

이런 식이다. 마지막으로 **to**부정사의 결과적 용법!

My sister grew up to be a super model.

내 여동생은 자라서 슈퍼모델이 되었다.

전형적인 '결과적 용법' 문장이다. 여기서 드는 느낌은? 문법책에 흔히 예문으로 나오는 다음 문장은 어떤가?

He went to America never to return. 그는 미국에 가서 영 돌아오지 않았다.

어딘가 딱딱하지 않은가? 사실 to부정사의 결과적 용법은 보통 구어체에서 잘 쓰지 않는다. 딱딱하게 들리는 이유도 바로 그 때문이다. 다른 말로 하면 문어체에선 종종 쓴다는 얘기도 된다.

하여튼 다음은 어떤가?

He worked hard, only to fail. 그는 열심히 공부했지만, 실패하고 말았다.

무언가 기대하지 않은 결과가 나왔을 때, 특히 실망스러운 결과가 나왔을 때 **'only to'**가 들어간 결과적 용법을 사용하기도 한다. 물론 구어체라면 역시,

He worked so hard, but he failed.

라고 평범하게 말하는 게 보통이다.

마지막으로 다음은 어떤가?

I went back home to receive a letter from him.

집에 돌아왔더니 그에게 편지가 와 있었다.

실은 이 문장을 "나는 그에게서 온 편지를 수령하기 위해 집에 돌아왔다"로 해석할 수도 있다. 만약 그렇다면 여기서 to부정사는 "~하기 위해서"라는 목적을 나타내는 부사적 용법으로 사용한 것이다.

이런 경우는 '문맥(context)'을 보고 해석할 수밖에 없다. 내가 집에 갈 때만 해도 그에게서 편지가 온 걸 몰랐다면, 즉 아무 생각 없이 가보니까 편지가 있어서 수령했다면 '결과적 용법'이 성립한다.

다시 말하지만 to부정사의 결과적 용법은 상당히 문어적인 표현 방법이라는 점을 잊지 마시길 바란다.

사역동사와 지각동사

Can you help me (to) do my homework?

앞서 to부정사의 명사적 용법을 설명할 때, 특이하게도 동사가 help일 때는 to를 생략해도 무방하다고 했던 게 기억나실 것이다. 영어에서 일부 동사는 to 없는 부정사, 즉 동사 원형과 함께 쓰는 것들이 있는데, 소위 사역동사 몇 개와 지각동사들이 그러하다.

'사역동사'란 글자 그대로 사역시키는 동사, 즉 무엇인가를 시키는 동사이다. 뭔가 시키는 동사이기 때문에 목적어, 즉 시킴받는 사람(혹은 사물)이 등장한다.

I will have him do his homework. 나는 걔가 자기 숙제를 하도록 시킬게.

Let me know before you come. 너 오기 전에 연락해.

Don't make me do this! 나에게 이런 거 시키지 마!

I will help him do his homework. 나는 걔가 숙제하는 걸 도와줄 거야.

위의 **have, let, make**는 영어로 말하면서 너무너무너무 많이 쓰는 사역동사들이니까 절대 까먹으면 안 된다. 그리고 마지막의 help는 to부정사와 to 없는 부정사 모두와 함께 쓸 수 있는 상당히 편한 놈이다. 같은 문장에서 동사가 have와 help일 때 의미가 어떻게 달라지는지 느낌이 오

시는가? 참고로,

Let me know ~.

란 표현은 회화에서 너무나 자주 쓴다. 우리 감각으로는 "(내게) 말해줘" or "(내게) 알려줘"라고 말하고 싶을 때, "내가 알게 해줘(Let me know)"라는 식으로 말하기가 쉽지 않은데 영어 구사자들은 다르게 느낀다. 물론,

Tell me what you're doing here.

처럼 "Tell me ~" 역시 자주 쓰는 표현이다. 그리고 "Say to me ~", "Speak to me ~"도 자주 쓰지는 않지만 틀린 표현은 아니다. 물론 앞서 배웠듯이,

Would you tell me where the toilet is?

하는 식으로 물으면 좀 더 예의 바른 표현이 된다. 여기서 중요한 팁 하나!

Let me know ~.

같은 문장이 전형적인 '영어식 사고'를 반영하는 문장이다. "내게 말해줘"가 아니라 "내가 알게 해줘". 이 문장을 여러 번 반복해서 말해보라. "내게 뭔가 알려줘"라고 말하고 싶을 땐 웬만하면 "Let me know ~"라고 말하자. "Tell me ~"도 좋지만 "Let me know ~" 쪽이 조금 더 구어적이다.

그리고 특히 '미래'를 가정한 상황에서는 무조건 "Let me know ~"를 쓰는 게 좋다. 다음을 읽고 "Let me know ~"와 "Tell me ~"의 어감 차이를 느껴보자.

Let me know if you need anything.
Let me know what you decide.
Tell me about yourself.
How can I help you if you won't tell me what's wrong?

참고로 "Let me know if you love me ~"라는 노래 가사도 있다.

여기서 잠깐! 사역동사 + 목적어 다음에 꼭, 반드시 동사 원형이 오는 건 아니다. 다음을 보라.

I had my hair cut. 나는 (이발소에서) 머리를 깎았다. (절대 내가 내 머리를 직접 깎은 게 아니다. 따라서 cut은 동사 원형이 아니라 과거분사!!!)
He had his car checked. 그는 (카센터에서) 차를 점검했다.
I made the work finished by the crew. 나는 직원들이 그 일을 끝마치게 했다.
They got him killed in the war. 그들이 그를 전쟁에서 죽게 했다.

응, 그런데 마지막의 got은 뭘까? 역시 사역동사이다. 뒤에 get 동사를 설명할 때 다시 한 번 나오겠지만, get은 특히 목적어 다음에 수동형이 나올 때 자주 사역동사로 쓴다.

사역동사와 비슷한 형식으로 쓰는 동사가 바로 '지각동사'란 것이다. '지각(知覺)'은 감각을 뜻한다. 즉, 보고, 듣고, 느끼는 동사를 말한다.

I didn't **see** anything move around here.
They **watched** her dance like an angel.
She **heard** him yelling at the people in the yard.
Did you **feel** my hand touch you?

영어는 주어 다음에 동사를 말하는 언어라고 했다. '주어 + 동사 + 목적어' 순서가 가장 흔한데, 위 문장들은 모두,

주어 + 지각동사 + 목적어 + 동사

의 구조이다. 첫 번째와 두 번째 문장은 쉽다. 그런데 세 번째 문장은 동사가 원형(yell)이 아니라 진행형(yelling)이다. 그래도 되나? 물론 그래도 된다. 지각동사 + 목적어 다음에 현재진행형을 쓰는 일은 매우 흔하고, 원형을 쓸 때와 의미도 거의 유사하다. 다만 역시 어감은 좀 다르다. 쉽게 말해 '~ing' 느낌이 더 난다고 할까. ^^

알고 보면 무척 편리한 be동사

be의 뜻은 무엇?

영어를 배우는 입장에서 be동사만큼 까다로운 것도 드물다. 영어 동사치고는 드물게 동사 변화도 복잡한데다가, 좀 생소한 용법이 있기 때문이다. 특히 우리말에서는 종결어미인 '~이다'라는 뜻의 동사로 쓰고, '~하다'는 뜻의 형용사 종결어미 비슷하게도 쓴다.

'비슷하게'라고 말하는 이유는 의미상으로는 비슷한데 똑같지는 않기 때문이다. 원칙적으로 다른 구조를 지닌 영어라는 언어 속에서 조금 다른 역할을 하는 단어인 것이다. 예문들을 잠깐 읽어보자.

Seoul is a big city. 서울은 큰 도시이다.

You are so pretty. 넌 아주 예쁘다.

He was too busy to see you. 그는 너무 바빠서 널 만날 수가 없었어.

사실 우리 독자들은 중학교 때부터 최소한 6년 이상 영어를 공부했기 때문에 실제로는 이런 용법이 그리 생소하지는 않다. 뭔가 이상한 느낌은 있었지만 저 정도 문장은 이제 익숙한 것이다.

다만 우리 감각으로는 좀 더 까다로울 때가 있다. 이를테면,

Be nice to her.

위의 문장을 제대로 번역하자면 "그녀에게 잘해줘" 정도가 되겠지만, 정말 영어식으로 직역하면,

(넌) 그녀에게 착해라.

즉, (넌) 착한데 그녀를 대할 때 착하다. 그런 상태가 될 것을 명령하는 문장이다. 한국어에서는 이런 식의 구조를 지닌 문장을 상상하기 어렵다. 다시 말해 이런 것이 소위 '영어식 문장'이다. 우리는 영어를 배우고 있으니 이런 문장을 열심히 읽고 연습해두고, 특히 기회가 있을 때 꼭 써먹자! 영어식 표현에 익숙해지는 것이 영어회화를 잘하는 지름길이다.

그런데 다른 한편으로 보면, 말할 때 be동사만큼 편리한 것도 드물다. '주어를 사랑하는 언어'인 영어에서 내 자신에 관해 이야기할 때는 무조건 '주어 + be동사'를 깔고 시작하면 되니까 말이다.

I'm a student.
I'm hungry.

I am from Korea.

I've been waiting for you.

당연한 말이지만, 위 문장의 'I + be동사' 대신에 You, She, He, We, They + be동사를 넣어도 무방하고, 회화에서 실제로 그렇게 무지무지 많이 쓴다.

적어도 회화에서 영어 동사는,

be동사
그밖에 나머지 동사

로 구분해도 무리는 아닌 것이다.

사실 영어에서 '~이다' 같은 것이 동사란 사실이 좀 생소할 뿐, 그 부분 만 이해하면 be동사의 의미와 용도는 그리 어렵지 않다. '~이다', '~하다' 외에 '있다', '살다', '존재하다', '되다' 등의 의미로 쓰는데, be동사의 여 러 가지 의미를 숙지하고 있으면, 대개 문장을 보거나 말을 듣는 순간 직 관적으로 그 의미를 느낄 수 있다.

Is anybody here? / I am! 여기 누구 없어요? / 나 있어요!

To be or not to be, that's the question. 사느냐 죽느냐, 그것이 문제로다.

I want to be a doctor. 난 의사가 되고 싶어.

I think, therefore I am. 나는 생각한다, 그러므로 존재한다.

I'd rather be a sparrow than a snail. 나는 달팽이가 되느니 참새가 될래요. ('사 이먼 앤드 가펑클(Simon and Garfunkel)'의 노래 〈철새는 날아가고(El condor pasa)〉의 가사)

시제가 변화해도 마찬가지. 그리 이해하기 어렵지 않다.

They were in a big hall. 그들은 커다란 홀 안에 있었다.

She was a talented teacher. 그녀는 실력 있는 선생이었다.

Seoul has been a big city. 서울은 예전부터 쭉 큰 도시이다.

He's been good to me. 그는 내게 쭉 잘해줬어.

You have to be there by ten o'clock. 당신 열 시까지는 거기 가야 해요.

I've been sober since April. 난 4월에 술을 끊었어. (난 4월 이래 취하지 않은 말 짱한 상태로 있어.)

be동사의 '있다'라는 뜻을 이용해서 조금 추상적인 표현을 할 수도 있다.

I'm not at my best now. 난 지금 컨디션이 좋은 상태가 아냐.

나는 'at my best'에 '있지' 않다. 특정 장소에 있는 게 아니라 어떤 상태에 있는 것을 이런 식으로 표현할 수 있다. 다음 예문은 어떤가?

I've been there. 나는 그런 자리(입장, 상황)에 있었던 적이 있다.

물론 어느 장소에 가본 적이 있다는 뜻도 되지만, 어떤 입장이나 상황에 처해본 적이 있다는 얘기를 저런 식으로 표현하는 경우가 많다. 이를테면 중요한 시험에 떨어진 친구가 당신에게 마음의 고통을 호소하거나, 결혼을 앞둔 친구가 혼수 문제로 양가에서 다툼이 생기자, 당신에게 고민을 털어놓으면,

'주어 + be동사'의 발음과 동사 변화

영어로 말하면서 가장 많이 쓰는 패턴이 '주어 + be동사'이다. 그런데 be동사는 영어 동사치고는 변화도 심한 편이고, 실제로 말할 때는 발음을 생략할 때도 많은 게 문제다. 하지만 평소에 관련 문장을 자주 읽고, 미드 등을 보면서 되새기는 연습을 하면 그리 어렵지 않다.
하여튼 be동사 정도는 각 변화형이 필요할 때 자동으로 입에서 나올 정도로 연습해두어야 한다.

I am	I was	I have been	I had been
You are	You were	You have been	You had been
She is	She was	She has been	She had been
He is	He was	He has been	He had been
We are	We were	We have been	We had been
They are	They were	They have been	They had been

실제로 말할 때는 생략형을 쓸 때가 많다.

I'm (암)	I've been (압빈)	I'd been (아잇빈)
You're (유어)	You've been (윱빈)	You'd been (웃빈)
She's (쉬즈)	She's been (쉬즙빈)	She'd been (쉿빈)
He's (히즈)	He's been (히즙빈)	He'd been (힛빈)
We're (위어)	We've been (웝빈)	We'd been (윗빈)
They're (데아)	They've been (데입빈)	They'd been (데잇빈)

부정형일 때는,

I'm not (암낫)	
You're not (유어낫)	You arn't (유아안(트))
She's not (쉬즈낫)	She isn't (쉬이즌(트))
He's not (히즈낫)	He isn't (히이즌(트))
We're not (위어낫)	We aren't (위아안(트))
They're not (데어낫)	They aren't (데아안(트))

I haven't been (아이해븐빈)	I hadn't been (아이해든빈)
You haven't been (유해븐빈)	You hadn't been (유해든빈)
She hasn't been (쉬해즌빈)	She hadn't been (쉬해든빈)
He hasn't been (히해즌빈)	He hadn't been (히해든빈)
We haven't been (위해븐빈)	We hadn't been (위해든빈)
They haven't been (데이해븐빈)	They hadn't been (데이해든빈)

물론 천천히 모든 발음을 충실하게 내줘도 전혀 문제없다. 다만 남들이 저렇게 말하면 알아들을 필요가 있는 것이다. 그러니 평소 이 점에 유의하면서 영어 문장 연습을 하는 게 좋다. 특히 '나'로 시작하는 문장은 더욱 열심히 연습할 것! 아이엠(I am), 암~(I'm), 압빈(I've been), 아잇빈(I'd been), 압빈 웨이팅 포 유~(I've been waiting for you), 암 인 러브 나우~(I'm in love now~)…

I know what you mean. I've been there too.

라고 말하면서 위로해주는 게 보통이다. 대충 감이 잡히시는가? "그 기분 알아. 나도 그 자리(입장, 상황)에 있었던 적이 있어."

다시 말하지만 be동사야말로 영어 구사자들이 말하는 방식과 생각하는 방식을 연습할 수 있는 최적의 동사이다. 따라서 be동사를 정복하면 영어 동사의 절반을 정복한 것이나 마찬가지다. 또한 그리 어려운 목표도 아니다.

참을 수 없는 being의 가벼움

복습하는 의미에서 다음 문장들을 읽어보라.

He **was** a good boy.
She **is not** a teacher.
I'll **be** late.
The baby **is** sleeping now.
I'm going to **be** a doctor.
The dog **was** bought by a woman.
You are **being** naive.
Have you **been** to Korea?
I've **been** to Japan before.

우리는 앞에서 '~이다', '~하다(형용사형)', '살다', '되다' 등 다양한 뜻으로 be동사를 사용한다는 사실을 확인했고, 사실 한참 전에 수동태의 조동사, 진행형의 조동사 등으로 be동사를 사용한다는 것도 배웠다. 이로써 사실 영어에서 be가 쓰이는 용법 대부분을 배운 것이다.

그런데 영어를 공부하는 외국인으로서 여전히 까다로운 be가 있다면 다음 두 개가 아닐까 싶다.

being

been

형태상으로 being은 be의 현재진행형 혹은 동명사이고, been은 be의 과거분사이다. 사실 be의 의미를 감각적으로 체득하고 있으면 사용하기에 별로 불편하지 않은데, 아무래도 우리는 구조가 다른 언어의 네이티브이다 보니 그 '감각'을 얻기가 쉽지 않다. 우선 다음을 읽어보자.

I am being taken care of my family. 나는 가족의 보살핌을 받고 있어요.

당연히 be동사의 가장 흔한 용법은 be동사의 현재진행형이다. 위의 문장은 수동태의 조동사로 사용된 be동사를 현재진행형으로 바꾼 것이다. 현재진행형으로 써먹을 때는 다른 동사와 마찬가지로 '~ing'를 붙여서 진행의 뜻을 나타내면 된다.

She was being a fool then. 그때 그녀는 바보같이 굴고 있었다.

역시 이해하기 쉬운 진행형이다. 우리말로는 '굴고'라고 번역했지만, 그 순간 그녀는 '바보이다'를 진행형으로 하고 있었다. 이렇게 억지로 영어

식으로 다시 번역하니까 더 이상하지 않은가? 당연히 그냥 being은 be 의 현재진행으로 이해하는 게 낫다. 다음을 번역해보자.

The unbearable lightness of being

어디서 본 적이 있는 말 같지 않은가? 소설가 밀란 쿤데라(Milan Kundera) 의 팬이라면 금방 알아보았을 것이다. 그의 대표작이자, 다니엘 데이 루 이스(Daniel Day Lewis) 주연으로 영화화된 소설로,

『**참을 수 없는 존재의 가벼움**』

이란 제목의 책으로 우리나라에 번역되어 있다. 다시 말해 여기서 being 은 '존재'라는 뜻으로 써먹고 있다.

최근까지 우리나라에 유행한 말로 웰빙(Well-being)이란 게 있다. 참고로 '웰비~잉'이라고 길게 발음해주는 게 원칙적으로 맞다. 하여튼 무슨 뜻 인가? 잘 살기? 잘 있기? 참고로 '미리엄-웹스터' 사전에는 다음과 같이 나와 있다.

The state of being happy, healthy, or successful.

행복과 전반적인 건강 정도? 현실에서 우리가 쓰는 용법과 그리 다르지 않은 것 같다. 다음의 being은 무슨 뜻일까?

Are there intelligent beings on other planets?

"다른 행성에도 지적 생명체가 살고 있을까?"란 질문이다. 여기서는 '생명체' 정도의 의미로 쓰였다.

이렇게 계속 being 이야기를 하는 이유는 무엇일까? 우선 being을 명사로 쓸 때의 어감을 익혀보자는 뜻이다. being은 존재, 상태, 생명체 등을 의미한다. 그럼 다음의 being은 무엇일까?

His being there made me nervous. 그가 그 자리에 있으니 마음이 불안해졌다.

I don't mind his being my teammate. 나는 그가 팀 동료가 되는 것을 개의치 않는다.

I won't tolerate his being the president. 나는 그가 대통령이 되는 걸 가만두지 않겠다.

세 예문 모두 같은 용법이다. 문법 용어로는 '동명사', 즉 be동사의 동명사적 용법이다.

좀 특이하지만 be동사도 동사이니만큼 다른 동사들처럼 동명사란 형태로 명사적으로 써먹을 수 있다. ['동명사(gerund)'에 대해 들어본 적이 없는 분들을 위해 나중에 좀 더 자세히 설명하겠다.] 말 나온 김에 조금 더 연습해보자.

Stop being a fool! 바보같이 굴지 마!

I decided to quit smoking because it stopped being worth it.
난 담배를 끊기로 했는데, 그만한 가치가 없어졌기 때문이다.

참고로 'stop being'은 써먹기에 좋은 구문이다. 하지만 바로 위 문장 "it stopped being worth it"을 말로 하면 조금 꼬아서 말하는 것처럼 들릴 수 있다. 이럴 때는 그냥,

It didn't look good anymore.

정도로 말하는 게 좋다.

been to는 '간 적'

be의 과거분사인 been은 어딘가 독일어처럼 들린다. 사실 영어의 'I am'을 독일어로 'Ich bin(이히 빈)'이라고 하니 그 느낌이 완전히 틀린 건 아니다. 하여간 요지는 be동사 중에서도 가장 생소하게 들리는 동사 변화란 말이다.

하지만 쓰임새는 분명하다. 일단 과거분사니까 다른 과거분사처럼 완료형에 써먹으면 된다. 가장 흔한 쓰임새는 아마 이거 아닐까?

How have you been? 그동안 어떻게 지냈니?

조금 줄이면,

How've you been?

(문법적으로는 불완전하지만 "How you been?" 하는 사람들도 있다.)

오랜만에 만난 친구에겐 그냥,

How are you? 잘 지내?

보다는 좀 더 다정하게 "그동안 어떻게 지냈니?"라고 묻는 것이다. 이렇게 '한동안', '쭉' 정도의 느낌을 내고 싶을 때, be의 완료형인 have been을 쓰는 게 보통이다. 물론 상대도,

I've been fine, thank you, my dear! 잘 지냈지, 고마워, 친구!

역시 been을 써서 대답한다.
독자 여러분도 아시다시피 be는 수동태나 진행형의 조동사 역할도 한다. 그런데 조동사 역할을 할 뿐 원래는 보통 동사이므로 그대로 동사 변화를 할 수 있다.

She's been sexually harassed by her boss.
그녀는 상사에게서 성희롱을 받아왔다.

I've been waiting for a girl like you. 나는 너 같은 여자를 기다려왔어.

두 번째 문장은 프러포즈할 때 써먹어도 좋고, 여성을 유혹할 때 써도 무난할 듯.
그러나 회화에서 "그동안 잘 지냈니?" 다음으로 been을 많이 써먹을 때는 아무래도,

I have never been to Europe. 난 유럽에 가본 적이 없다.

Have you ever been to Korea? 한국에 가본 적 있어요?

I've been there, done that. 거기 가봤고, 그 일도 해봤어.

즉, 보통은 'to'와 함께 'been to'가 되어 '~에 간 적'을 의미한다. 바로 위 문장의 'there'는 'to some place' 정도 된다. 자, 이왕 나온 김에 연습해 보자. 빈투, 빈투, 빈투! 빈투(been to)는 '간 적'.
실제 대화에서는 "어디 간 적 있어요?"라고 물을 때 "Have you ever ~" 없이 그냥,

Been to 어디?

라고 묻는 것도 흔한 일이다.

Been to Korea? 한국에 간 적 있어요?
Ever been to United States? 미국 가본 적이 한 번이라도 있어요?
Been here before? 예전에 여기 온 적 있어요?

물론 대답은,

Yeah, been there once.
Been to Korea, many times.
No, never.
Never been there.

등으로 하면 된다.

be동사의 미스터리

be동사의 부정형들은 이미 알고 계실 터이고, 물론 축약형도 앞에서 배웠다. 복습하는 의미에서 간단히 짚고 넘어가면,

I'm not.

You're not / You aren't.

He's not / He isn't.

She's not / She isn't.

It's not / It isn't.

We're not / We aren't.

They're not / They aren't.

즉, is나 are를 주어에 붙이고 그에 따른 발음을 하면, ~'s not, ~'re not. is나 are를 not에 붙이면 isn't, aren't로 축약된다. 그렇다면 이걸 의문문으로 바꾸면?

영어로 말하다 보면 가끔 be동사를 의문문으로 말해야 할 때가 있고, 가끔은 부가 의문문으로 말해야 할 때도 있다.

Isn't he at home now? 걔 지금 집에 없어? (이즌히 에톰나우?)

Aren't they idiots? 걔네들 바보 아냐? (아안데이 이디엇츠?)

It's going to rain, isn't it? 비가 오겠지, 그렇지? (잇쓰고잉투레인, 이즌잇?)

I am OK, am I not? 나 (몸 상태 같은 것이) 괜찮죠, 아닌가요?

그런데 마지막의 "am I not?"은 축약할 수 없을까? 한다면 어떻게 해야

할까? 정답은,

Aren't I? 아안(트)아이?

가 맞다. 엥? 어째서 I am not의 의문형이,

Amn't I? 에엠타이?

가 아닌 것인가? 그 이유는 아무도 모른다. 문법적으로는 분명 이쪽이 맞겠지만 사람들이 잘 쓰지 않고, 문법적으로 이상해 보이는 "Aren't I?" 쪽을 선호한다. 필자는 이를 'be동사의 첫 번째 미스터리'라고 부른다. 독자들은 싫든 좋든 "I am not"의 의문형은,

Am I not?

혹은,

Aren't I?

라고 하는 수밖에 없다.

※참고로 스코틀랜드와 아일랜드의 일부 지역에서는 아직도 "Amn't I?"라는 표현을 쓴다고 한다. 그러나 결코 전 세계적 대세는 아닌 것이다. 일부 언어학자들은 "Aren't I?"가 실제로는 "Amn't I?"에서 유래했을 가능성을 제기한다. 즉, "앰트아이?" 혹은 "아암타이?"라는 발음이 점점 부드러워지면서 "아안타이?"로 변해갔고, 발음이 딱딱하고 까다로운 'Amn't' 대신 마침 존재하는 be동사의 변화형 'Aren't'를 차용하게 되었다는 설명.

만능형 be동사 부정형

영어라는 언어가 영국에서 유래했지만 전 세계로 퍼져나가면서 발음뿐 아니라 문법도 조금씩 변화(혹은 파괴)되는 경향이 있어왔다. 이를테면 영국의 식민지였던 미국에서 최근에는,

He don't do it. / She don't do it.

식으로 말하는 사람들이 많이 늘고 있다. 특히 도시 흑인들에게서 시작된 특유의 문법이 전 계층으로 확산되는 경향이다. 이를테면 saw 대신 seen을 사용해,

I seen him here. 나 여기서 그를 봤어.

라고 하는 등 비전통적인 문법을 사용한 언어 구사가 늘고 있다. 그중에서도 가장 오래되고 흔한 사례 중 하나가,

ain't

이다. 보통 '에인' 정도로 발음하는데, 한마디로 '만능형 be동사 부정형'이라고 할 수 있다. 왜 만능이냐고? 'ain't'은 다음과 같은 구문 대신 쓸 수 있다.

I'm not / I ain't (아에인)
you aren't / You ain't (유에인)

He's not / He ain't (히에인)

She's not / She ain't (쉬에인)

It's not / It ain't (이레인)

We're not / We ain't (위에인)

They're not / They ain't (데에인)

그런데 재미있는 건 언젠가부터 ain't을 haven't 대신으로도 쓰고, 일부 지역과 계층에서는 do not, did not 대신으로도 쓰기 시작했다는 것이다. 문법이란 게 많은 사람들이 말하는 것에서 규칙성을 뽑아내고 이론을 구축한 것이니만큼, 언젠가는 저런 용법들도 모두 영문법 속에 당당히 자리를 하나씩 차지할지도 모른다. 하여튼 다음 문장을 읽어보시라.

What do you got? 뭘 갖고 있어? (워루유갓?)

I ain't got nothin'. 아무 것도 안 가졌어. (아에인갓나씬)

보통의 문법대로 말하자면 첫 번째 문장은,

What do you have?

혹은,

What have you got?

이 맞다. 하지만 요즘은 회화에서 저런 식의 '문법 파괴' 문장들도 많이 등장한다. 도시 지역 흑인들만 쓰는 문장이 아니라 대학생들도 버젓하게 쓰고 있고, TV 드라마에도 나오는 문장이니까 기억해두는 게 좋다. 아래 문장도,

I don't have anything.
I've got nothing.

이 맞겠지만, 요즘엔 저런 식으로 대답하는 사람들이 많다. 물론 누차 강조하지만 이런 표현들은 '공식적인 문법'과 조금 거리가 있으므로 교양 있게 들리진 않는다. 아주 가까운 친구들끼리라면 몰라도 공식적인 자리에선 피하는 게 좋은 표현들이다.

사족이지만, 필자는 이 ain't을 'be동사의 두 번째 미스터리'라고 개인적으로 부르고 있다.

명사와 명사형들,
회화에 특히 중요한 이유

간단한 명사(형)로 의사 표현하기

가끔 영화나 미드를 보면 등장인물들이 굉장히 짧게 말할 때가 있다. 이를테면 장교가 사병들이 있는 내무반에 들어오면 누군가가,

Attention! 차렷!

하고 말한다. 일단 명사다. 물론 우리말에도 이와 비슷한 "주목!"이란 표현이 있다. 어쩌면 조직 생활에서의 효율성을 위해 짧은 말로 표현이 가능한 명사 하나둘을 쓰는 것일까? 하지만 영어 구사자들의 일상생활을 보면 그것도 아닌 것 같다. 이를테면 어머니가 아이를 혼내면서,

No toys today! 오늘은 장난감 갖고 노는 거 금지야!

당시만 해도 여름 블록버스터 아동물이었지만 지금은 고전이 된 1985년 작 영화 〈구니스(Goonies)〉의 마지막 장면 근처에서 미키와 브랜든의 아빠가 건설업자가 내민 계약서에 사인하려고 하는 순간, '구니스' 중 하나인 클락 마우스 디버럭스 어린이가 외친다.

No pen! No pen! 펜 쓰지 말아요! 쓰지 마세요!

교사가 학생들에게,

No cheating. Understood? 컨닝 금지야. 알았지?
No bullying! 친구들 괴롭히면 안 돼.

위의 문장에서 쓰인 명사형들은 동사에 '~ing'를 붙여 명사형을 만든 '동명사'들이다. 동사에 '~ing'를 붙이면 무조건 명사형이 되거나 현재진행형이 되는데, 앞에 be동사가 없으면 무조건 명사형이라고 보면 된다.
앞서 예의 바른 표현을 쓸 때,

I'd like to have a cup of coffee.

라고 하면 좋다고 했다. 물론 그러면 좋다. 하지만 단골 카페에 가서 아는 웨이트리스에게 저렇게 길게 말하는 사람은 별로 없다. 다들 그냥,

Coffee, please.

한다. 물론 그래도 "please"는 붙여야 예의 바른 사람이 된다.

확실히 영어에서는 우리말보다 명사나 명사형 구(phrase)만으로 의사 표현을 하는 일이 잦은 것 같다. 특히 친한 사이나 격의 없는 관계에서는 더욱 그런 듯하다.

독자가 직장에서 주최한 파티에 참석했다고 상상해보라. 술이 몇 잔씩 들어간 후, 평소 얼굴은 익지만 이름은 잘 기억나지 않는 동료에게 술잔을 들고 가서,

Whisky?

해보시라. 상대가 무뚝뚝한 사람이라면 그 잔을 받으면서 당신에게,

Thanks. Your name?

할지도 모른다. 어쨌건 whisky, thank, name 모두 명사다. 생각해보면,

Good morning!
Good afternoon!
Good evening!
Good night!

도 다 명사형이다.

이런 잡다한 이야기들을 늘어놓는 이유는, 영어 구사자들이 대화하면서 짧은 명사 하나둘 혹은 명사형으로 너무 많이, 자주 의사 표현을 하기 때문이다. 현실이 그러니 그들이 이런 식으로 말하면 바로 알아들어야 하고, 독자 여러분도 필요할 때면 비슷한 표현을 하면 좋다. 회화에서 간단한 명사형 단어들을 잘 활용하면 대화가 무척 부드러워지기 때문이다.

영어는 대명사도 사랑한다

영어는 주어를 사랑한다고 했다. 그런데 그 주어란 것이 대부분 사람 이름 아니면 대명사이므로 대명사 역시 사랑하지 않을 수 없다. 그래서 우리는 이미 앞서 be동사와 it 등을 공부할 때 웬만한 대명사들을 다 검토했다. 하지만 우리가 흔히 쓰지만 아직도 용법이 아리까리한 것들이 몇 가지 있으므로 이 자리를 빌려 확실히 해두자. 먼저,

❶ one

one을 그냥 '원, 투, 쓰리'의 '원'으로만 알고 계시는 분도 있겠지만, 실은 it과 함께 거의 '거시기' 급으로 이런저런 용도로 다양하게 써먹을 수 있는 대명사가 바로 one이다.

This is the one.

하면 "이게 바로 그거야". 이때 one은 '내가 찾던 거', '내가 네게 말했던 거', '내가 이야기했던 사람' 등 뭐든지 될 수 있다.

This one is better than that one. (둘 중) 이게 저거보다 나아.
This one is best. (여러 가지 중에서) 이게 최고야.

He is the one. 그가 바로 그 사람이야.

이때 그는 내가 말하던 그 사람일 수도 있고, 내 평생의 사랑일 수도 있고, 인류를 구원할 메시아일 수도 있다. 영화 〈매트릭스〉에서 사람들이 네오를 '더원(the one)'이라고 불렀죠.
하여튼 이 one이라는 대명사는 의외로 자주 쓴다. 왜냐고? 자주 써먹기 좋은 대명사니까. 우선 그냥 this(이거)라고 하는 것보다 this one이라고 하면 좀 더 구체적인 가리킴이 된다.

시장에 가서 여러 개의 과일 중에서 '바로 이거'를 달라고 할 때, this one 이라고 하면 의지가 좀 더 분명하게 전달되고 상대가 더 확실하게 알아듣는다. 물론 "This one and this one too, and this one and… that one too" 이런 식으로 골라도 상관은 없다.

식당에서 메뉴판을 보면서 "I'd like to eat this(이거 주세요)" 했는데 웨이터가 "Sorry, excuse me" 하면, 당신이 직접 손가락으로 글자를 가리키면서 "This one, please" 해주면 주문이 명확해진다.

그런데 'one'의 복수형은? 처음 보는 분에게는 좀 특이하게 보일지도 모르겠지만 'ones'다.

My glasses are broken. I need new ones.

내 안경이 깨졌어. 새 안경이 필요해.

Look at these photographs. The ones I took in Thailand.

사진들 좀 봐. 내가 태국에서 찍은 것들이야.

그럼 this one과 that one의 복수형은?

These ones and those ones!

It's not these chocolates but those ones I like.

내가 좋아하는 초콜릿은 이것들이 아니고 저것들이야.

❷ this와 that

this와 that이 뭔지 모르는 독자가 있을까? 쉽게 말해 '이것'과 '저것(그것)'이다. 그냥 '이', '저'일 때도 있다. 다들 아시겠지만 '가까운 것'을 가리켜 this라고 하고, '조금 먼 것'이나 '그것'을 가리켜 that이라고 한다.

This food is really delicious! 이 음식 정말 맛있어!
Is that so? 그게 그래?
Yeah, it is! What's this called? 응, 그래. 이걸 뭐라고 부르지?
That's called Jockbal. 그건 족발이라고 해.

우리말에서는 보통 생략하는 '그것'도 영어에서는 쓰는 일이 많다.

In West Africa, the risk of Ebola is far bigger than that of HIV.
서아프리카에서는 에볼라의 위험이 HIV의 그것(위험)보다 훨씬 크다. (한국어라면 "에볼라의 위험이 HIV보다 크다"라고 생략해서 말하는 경우가 많다. 참! 다들 아시겠지만, HIV는 에이즈 바이러스를 말한다.)

그런데 this, that은 다음과 같이 더욱 다양한 용법으로 쓴다.

like this, like that 이렇게, 저렇게
this way, that way 이쪽, 저쪽 혹은 이런 식, 저런 식
this big, that big 이만큼 큰, 그만큼 큰 혹은 이렇게 큰, 그렇게 큰

초보들은 이런 표현들을 글로 보면 별로 어렵지 않은데, 막상 말로 해야 할 때 잘 튀어나오지 않는 아픔이 있다.

Look at me and do it like this. You can't do it like that.

날 봐요. 그리고 이렇게 해봐요. 그렇게 하면 안 돼요.

You have to do it this way, you can't do it that way.

이런 방법으로 해야지, 그런 방법으로 하면 안 돼요.

The dog that you saw was this big?

네가 본 개가 (양팔을 벌리면서) 이만큼 컸니?

No, it wasn't that big. 아뇨. 그만큼 크진 않았어요.

마지막의 big 앞에 있는 that은 big이란 형용사를 꾸며주는 지시형용사 역할을 한다. 따라서 당연히 big 외에 어떤 형용사가 들어가도 상관없다. 지금 당장 여러 가지 형용사를 넣어보자.

this good, that good 이만큼 좋은, 그만큼 좋은

this high, that high 이만큼 높은, 그만큼 높은

this important, that important 이만큼 중요한, 그만큼 중요한

this easy, that easy 이렇게 쉬운, 그렇게 쉬운

this hot, that hot 이렇게 더운, 그렇게 더운

this cold, that cold 이렇게 추운, 그렇게 추운

❸ **these와 those**

this, that이 '이것'과 '저것'이면, '이것들'과 '저것들'은? 당연히 these와 those이다.

These are my friends. 얘네들은 내 친구들이야.

Those are my dogs. 그넘들은 내 개들이야.

그런데 these와 those는 this와 that과 마찬가지로 지시대명사 역할을 충실히 하는데, '이만큼(이토록, 이렇게)', '저만큼(저토록, 저렇게)' 등의 의미로는 잘 안 쓴다. 다시 말해,

these big, those high

식으로는 안 쓴다는 얘기다.

그런데 these보다는 those가 확실히 쓰임새가 많다.

참고로, 앞에서 배우기를 it도 '그것'이라고 했다. '그것'은 it일 때도 있고, that일 때도 있다. 그럼 언제 it을 쓰고, 언제 that을 쓰는가?

상호 교환이 가능하지만 대체로 좀 먼 것에 관해 이야기할 때는 it, 가까운 것은 that을 쓴다고 보면 된다. 꼭 어느 것을 써야 하는 분명한 규칙 같은 것은 없다는 뜻이다.

그런데 여기서 it의 복수형은? its는 당연히 아니고, 책을 보면 대부분 they라고 쓰여 있다. 형식적으로만 보면 they가 맞는데 대개 현실적으로, 그리고 회화적으로 those라고 써도 별 문제가 없다.

고전 팝송 중 〈지나간 시절(Those were the days)〉이라는 제목의 노래가 있다. 1968년 메리 홉킨(Mary Hopkin)이 부른 것인데, 매우 좋은 노래이니 지금 당장 유튜브(Youtube)를 열어 들어보시라.

Those were the days my friend
We thought they'd never end
We'd sing and dance forever and a day

We'd live the life we choose

We'd fight and never lose

For we were young and sure to have our way.

La la la la⋯.

그러니까 '그것들'을 영어로 하면 they일 수도 있지만 those일 수도 있고, 사실 those 쪽이 좀 더 구체적인 느낌으로 다가온다. 이참에 those의 다양한 사용법을 알아보자.

Those are my cats. ("They are my cats"와 거의 유사한 의미)

Heaven helps those who help themselves.

하늘은 스스로 돕는 자들을 돕는다.

Who are those people? 그 사람들 누구야?

그런데 회화할 때 확실히 this보다는 that, these보다는 those를 쓸 일이 많은 것 같다. 아무래도 우리가 말할 때 '이것', '이것들'보다 '저것', '그것', '저것들', '그것들'을 더 많이 쓰기 때문이 아닐까 싶다. 게다가 that은 가끔 관계대명사와 접속사로도 쓰니까 더욱 많이 사용하는 듯.

명사절을 잘 활용하자

요즘 사람들이 '번역투의 문체'가 너무 많다는 말들을 한다. 사실 그중에서도 영어의 명사구, 명사절을 그대로 한국어로 옮긴 듯한 번역체가 가장 흔하다. 독자 여러분 역시 한국어책을 읽을 때 "~한 것은 이러저러하여 ~한 것이다"라는 류의 문장들을 본 기억이 있을 것이다. 솔직히 필자도 그런 문체를 자주 쓰는 편이다. 그 때문에 읽기에 불편했다면 죄송하지만, 오랫동안 굳어온 습관이라 바꾸기가 쉽지 않다.

하여튼 여기서 포인트는, 영어는 명사구와 명사절을 자주 쓰는 언어라는 것이다(여기 줄친 부분이 명사절이다. 자세히 보면 이중 명사절이다). 이 문장을 좀 더 영어회화풍의 영어로 번역해보자.

What I am trying to say is, English is a language in which noun phrases and noun clauses are frequently used.

위 문장에서 컬러 글씨 부분이 전부 명사절이다. "내가 말하려고 하는 것", "명사구와 명사절이 자주 이용되는 것".

여기서 짐작할 수 있는 사실 하나! 우리말 '~ 것'으로 끝나면 대체로 명사절이나 명사구이다. 하지만 명사절·명사구인지 아닌지가 중요한 게 아니라, 뜻이 중요하고 내용이 중요하다.

그런데 한국어라면 보통은 이런 식으로 말하지 않는다.

그러니까 영어에선 명사구와 명사절을 자주 쓴다니까.

뭐, 이 정도 아닐까. 혹시 여러분 중 평소 말 습관으로 '~ 것'을 입에 달고 사는 사람이 있는가? 아마도 거의 없을 것이다. 한국어는 명사구나 명사절을 별로 좋아하지 않으니까. 하지만 영어라는 언어는 저런 식의 '명사구와 명사절'을 자주 쓰는 언어인 것이다.

우선 명사절부터 살펴보자. 위의 명사절은 문법적으로 관계대명사가 사용된 것이지만, 가장 흔한 명사절은 접속사 that으로 이어진 것이다.

I'm sure that she will like it. 나는 그녀가 그걸 좋아할 거라고 확신한다.

I believe that God exists. 나는 신이 존재한다고 믿는다.

The problem is that this hat is too expensive.

문제는 이 모자가 너무 비싸다는 거야.

Is it true that he made it to the final? 그가 결승에 진출한 게 사실인가요?

Is it that you want? 그것이 네가 원한 것이냐?

마지막 문장은 실은,

Do you want it?

이라는 단순한 문장에서 it(그것)을 강조하기 위해 it을 앞으로 빼낸 것이다. 하여튼 특히 회화에서는 that을 사용한 명사절을 쓸 일이 많다. 믿어도 좋다.

실제로 앞의 예문들이야말로 정말 회화에서 자주 사용하는 문형들이다.

T I P

구와 절, 문

구(phrase)와 절(clause)의 뜻 정도는 알아두는 게 좋다.

구는 형식적으로 주어, 동사가 다 있을 수도 있고 없을 수도 있으나 하여튼 미완결된 문장이다.

절은 주어, 동사가 다 있고, 완결된 문장이다.

쉬운 예를 들면 "I love you"는 절이다. "You are so pretty <u>like an angel</u>" 하면 전체로는 절인데, '<u>like an angel</u>' 하는 부분은 '천사처럼'이라는 뜻의 부사 역할을 하는 부사구이다.

그럼 문(sentence)은 뭘까? 우리가 흔히 말하는 문장이 문이다. 그리고 마침표(.)나 물음표(?), 느낌표(!)가 찍히면 한 문장이 끝난 거라고 생각하면 된다.

연습 삼아 다음 문장에 구, 절, 문이 각각 몇 개인지 맞춰보시라. 만약 틀린다 해도 영어로 말하는 데 별 지장은 없으니 부담 느끼실 필요는 전혀 없다.

We eat <u>in order to live.</u>

정답은 각각 한 개씩.

무언가 자신 있게 말하고 싶을 때면, 그러니까 이를테면 친구와 함께 쇼핑하다가 그녀에게 선물할 괜찮은 물건을 발견했을 때는 일단,

I am sure

한 다음 ('that'을 써도 좋고, 생략해도 무방하다) 한 박자 쉬고,

She will like this one.

다른 문장들도 다 마찬가지. 일단,

The problem is··· (that)
The truth is··· (that)
The thing is··· (that)
It is··· (that)

영어에서는 이런 식으로 시작하고 명사절에서 본뜻을 말하는 경우가 너무너무 흔하다.
물론 that으로 '~하는 것' 혹은 '~하다'는 뜻의 명사절 뿐 아니라 '~이므로', '~하기 위해서' 등의 부사절을 만들 때도 있지만, 회화에서만큼은 압도적으로 명사절을 만들어 쓸 일이 많다.

참고로 '~하기 위해서'라는 뜻으로 소위 'so that = in order that' 용법이란 게 있는데, 회화에서는 잘 쓰지 않으나 상식 차원에서 알아두자. 아래 네

문장은 같은 뜻이다. 회화에선 주로 마지막의 가장 짧은 문장을 쓰겠죠?

We eat so that we may live.

We eat in order that we may live.

We eat in order to live.

We eat to live.

명사구를 잘 활용하자

명사절은 대개 '~ 것'으로 번역되지만, 명사구는 '~ 것'일 때도 있고 아닐 때도 있다. 번역하기 조금 더 까다롭다고 할 수도 있겠다. 어쩌면 '명사구'는 명사절보다도 더욱 영어적인 표현인지도 모른다. 우선 다음을 보시라.

His being there made me a little bit nervous.

난 그 사람이 있으니 좀 신경이 쓰였다.

이걸 글자 그대로 직역해버리면?

그의 거기 있음이 나를 약간 불안하게 했다.

이건 좀 이상하다. 현실에서 한국말을 이런 식으로 꼬아서 말하는 사람은 없다. 지극히 영어적인 표현인 것이다.

명사구가 '~ 것'인 가장 흔한 경우는 간단한 동명사구나 부정사구이다.

문법책을 보면 다음 예문이 등장하는 경우가 많다. 둘 다 "보는 것이 믿는 것"이란 뜻이다.

Seeing is believing. (seeing과 believing이 동명사)

To see is to believe. (to see와 to believe가 부정사)

그런데 위 문장은 우리말이라면 어떻게 말할까?

봐야 믿지.

보면 믿지.

백문이 불여일견.

등으로 말하지 않을까? 필자는 한국 사람이 한국어로,

보는 것은 믿는 것이다.

라고 말하는 장면은 잘 상상이 안 된다. 하지만 영어로는,

I like walking in the rain. 나는 빗속을 걷는 것이 좋아.

She loves to watch movies. 그녀는 영화 보는 걸 좋아해.

To visit Thailand is always amazing. 태국을 방문하는 건 언제나 놀라워.

Taking a risk is crucial to make something worthwhile.

뭔가 가치 있는 걸 만들기 위해선 위험을 감수하는 게 필수적이지.

이렇게 "~하는 것"이라고 말하는 게 너무 자연스럽게 들린다.

그런데 명사구도 '~ 것'이고 명사절도 '~ 것'이면 어떻게 구분하느냐고? 자세히 보면 구에는 주어가 없다. 절이 되기 위해선 일단 주어와 동사가 적절하게 결합된 문장이 하나 튀어나와야 한다. 때때로 주어와 동사가 다 들어 있어도 절이 못 되는 경우가 있긴 한데, 문법학자가 아닌 영어 구사자가 되기 위해서라면 거기까지 공부할 필요는 없다. (게다가 자꾸 영어로 말하다 보면 감각적으로 그 차이를 느끼게 된다.)

그건 그렇고, 다음을 보라.

It's **my pleasure.**

I met **a pretty girl** at the school.

She photographed **street scenes.**

He married **the girl next door.**

The outburst of volcanos became more frequent.

Take care, **my dear.**

당연한 말이지만 동명사와 부정사만 명사구를 만드는 게 아니다. 위의 예문에도 잘 드러나 있지만, 여러 개의 명사 조합이나 형용사＋명사, 소유대명사＋명사 등, 명사구는 저렇게 쉽게 만들고 많이 쓴다. 물론 말할 때 특히 많이 쓴다.

그런데 마지막의 "my dear"도 명사구인가 하는 독자가 있을지도 모르겠다. 보통은 dear를 형용사로 사용하지만, 구어체에서 형용사를 명사형으로 전용해서 쓰는 건 흔한 일이다. 이를테면,

Hello, handsome! Give me a cold beer, please.

호텔 수영장 같은 곳에서 선탠하던 아주머니가 지나가는 잘생긴 총각 웨이터에게 맥주를 주문하는 모습이 떠오르지 않는가?

명사와 관련된 덜 중요한 문법

문법도 더 중요하고 덜 중요한 게 있냐고? 물론 있다. 특히 회화에서 더 중요하고 덜 중요한 문법은 확실히 있다.
바로 위의 예문에서 호텔 수영장에서 선탠하던 아주머니가,

Give me a beer.

라고 했는데, 문법 공부 좀 하신 분들은 'beer'는 불가산명사이니까 'a glass of beer'나 'a bottle of beer'로 하는 게 맞지 않을까 하는 의문을 품을 수도 있다.
물론 '그렇게 말하는 것이 문법적으로 더 정확하다'기보다는 좀 더 엄밀한 표현이다. 다만 현실에서는 모두들, "Give me a beer" 하면 맥주 한 병 달라는 말인 줄 알고,

Heineken or Budweiser?

혹은,

Big or small? 큰 병 아니면 작은 병?

이라고 되물어온다. 속된 말로 개떡같이 말해도 찰떡같이 알아듣는다. 군이 이런 상황에서 문법적으로 분석하자면, 이때 beer는 이미 불가산명사 '맥주'가 아니라 가산명사인 '병맥주' 정도의 뜻으로 바뀌었다고 생각하면 된다.

그러나 사실 그런 생각도 필요 없다. 셀 수 있는지 없는지 따져가며 영어를 말하다 보면 평생 가도 말 한마디 하기 어렵다. beer나 a beer나 일단 말을 시작하는 게 중요하다. 이런 부차적인 문법 사항을 외우는 것보다 말을 하면서 어감을 익히는 게 훨씬 중요하다는 뜻이다.

동사냐, 명사냐?

문법책을 펼쳐보면 명사, 관사, 동사⋯ 이런 식으로 차례가 나오는 경우가 많은데, 실제로 말할 때는 품사에 지나치게 민감할 필요는 없다. 현실에서는 동사를 명사처럼 쓰고, 명사를 동사처럼 쓰는 일이 흔하다. 특히 미국 영어는 점점 편하게 말하는 쪽으로 진화하는 중인 것 같다.

You need some help here? All you have to do is **ask**. 여기 도움이 필요해? 그냥 말만 해.
Give it a **try**. 한 번 해봐.

동사 다음엔 보통 목적어나 부사가 나와야 하지만 동사가 연달아 나오는 경우도 흔하다.

How about go grab a bite now? 간단히 요기나 하러 갈까?
Go get the newspaper. 신문 좀 가져와.

거의 모든 명사는 동사로 사용할 수 있다.

You have everything there. Beach, girls, booze⋯ you **name** it! 거기 뭐든 다 있어. 해변, 여자, 술⋯ 뭐든지 말만 해!
My mouth is watering now. 내 입에 침이 고였다.
You **bad-mouth** me? I'd kill you! 내 욕을 하고 다녀? 죽여버릴 테다!

심지어 부사도 동사로 쓴다.

The soldiers **downed** the helicopter. 군인들이 헬리콥터를 격추시켰다.

그런데 우리나라의 많은 영문법 책들이 첫 페이지부터 '명사'를 가르치면서, 가산명사/불가산명사, 집합명사/군집명사 등의 용어로 학생들을 괴롭힌다. 물론 그런 것 다 알고 외우면 좋지만, 몰라도 회화하는 데 큰 지장이 없다.

게다가 회화를 자꾸 하다 보면 감각적으로 뭐가 옳은지 느낄 수 있다. 문법적 원리는 잘 모르겠지만 이건 뭔가 이상한 단어, 이상한 문장이다 하고 느끼는 것이다. 그러니 사소한 문법 사항들에 너무 신경 쓰지 마시라. 공부하다가 병난다.

의문사와 관계대명사
잘 쓰는 법

의문사든, 관계대명사든 무슨 상관

Which, that, when, where, what, who, why, how, as 등 때로는 의문
사가 되고, 때로는 관계대명사, 관계부사, 심지어 접속사, 부사 등이 되는
정체성이 불분명한 단어들이 몇 개 있다. 대부분의 문법책에서 기능별로
챕터를 나눠 의문사에서도 배우고, 관계대명사에서도 배운다.

What을 의문사 편에서는 의문사로 배우고, 관계대명사 편에서는 관계대
명사로 배우는 것이다. 그러니 혼란스럽기 그지없다. 때로는 이게 의문
사인지, 관계대명사인지 구분하느라고 골머리를 싸맨다. 실제로 그런 학
생을 본 적이 있다. 어떤 문장에 나온 what이 의문사인지, 관계대명사인
지 몰라서 답답해 죽겠다는 것이다.

그러나 영어로 말하는 사람 입장에서는 **what**이 의문사든, 관계대명사든
무슨 상관이 있으랴. 써먹을 줄만 알면 되지! 우리는 이 단어는 이런 식

으로, 혹은 저런 식으로 써먹을 수 있다는 걸 알면 된다. 누가 그게 의문사냐, 관계대명사냐, 접속사냐 묻거들랑,

What the hell, I don't give a shit. 뭔 상관이야, 난 관심 없어.(웟더헬 아돈기버쉿.)

이라고 답해주면 된다. (아! 참고로 'shit'은 'fuck'보다는 약하지만 여전히 '욕'에 속하는 만큼 주로 친한 남성들 사이에서 쓰인다. 부드럽게 말하려면 그냥 "I don't care"나 "Who cares?" 정도가 좋다.)

그래도 접속사, 의문사, 관계대명사의 개념 정도는 알아두는 게 좋다.
접속사야 글자 그대로 앞뒤 단어나 문장을 '접속'시키는,

and 그리고
but 그러나
or 혹은

같은 단어들이다. 앞서 배웠듯이 that도 때때로 접속사로 쓴다.
의문사는,

who 누가
which 어느 것을
what 무엇을
how 어떻게
why 왜

when 언제

where 어디서

했냐고 물을 때 쓰는 단어들이다.

마지막으로 관계대명사는 '접속사＋대명사'로 설명하는 경우가 많지만 그보다는,

'관계시키는 대명사'

로 이해하면 편하다. 앞 단어와 뒷문장을 관계시키고, 가끔은 앞문장과 뒷문장을 관계시키기도 한다. 사실 영어회화에서 관계대명사를 쓸 일은 많지 않다. 그럼에도 불구하고 대화하면서 관계대명사를 끼워넣으면, 뭐랄까… 약간 '문어적으로' 들린다.

that과 which

먼저 관계대명사 that부터 살펴보자. that은 주로 대화할 때 '그거'라는 뜻으로 쓰고, 관계대명사로 쓸 때도 뜻이 비슷하다.

I have a watch. That is broken. 내게 시계가 하나 있다. 그건 고장 났다.

I have a watch that is broken. 나에게 고장 난 시계가 하나 있다.

내용상 같은 뜻이다. 그리고 자세히 보면 두 문장의 that은 같은 뜻이다. 둘째 문장을 좀 풀어서 읽으면 "내게 시계가 하나 있는데, 그건 고장 났다"라는 뜻 아닌가.

사실 실제 회화에서 위의 두 문장은 거의 차이가 없다. 중간에 마침표 하나 있고 없고의 차이이기 때문이다. 말하면서 중간에 한 번 끊어주고 말고의 차이란 말이다. 그런데 현실적으로는 별 의미 없지만 중간에 한 번 끊어주면 that이 보통 대명사이고, 안 끊어주면 관계대명사가 된다. 문법이란 그런 것이다.

다음 문장을 보라.

The only thing that I bought there was a scarf.

관계대명사는 바로 앞의 명사(구, 절 포함하여)와 동격이다. 이 문장에서 that은 'the only thing'이다. "내가 거기서 유일하게 산 물건은 스카프였다". 즉, 그 유일한 것, 그거(that), 내가 거기서 산 스카프였다.

이런 경우는 중간에 that이 없어도 뜻에는 변화가 없다. 그래서 생략해도 된다.

The only thing I bought there was a scarf.

전혀 문제없다. 순서는 조금 바뀌지만 다음 문장도 읽어보시라.

This is the watch. I bought that at the airport.
이게 그 시계야. 나는 공항에서 그걸 샀어.

This is the watch that I bought at the airport.
이게 내가 공항에서 산 그 시계야.

위 문장과 아래 문장의 that이 문법적으로는 다른 의미지만, 내용적으로는 모두 같은 걸 의미하고 있다. 뭐냐고? 그 시계.

그런데 소위 '선행사', 즉 that과 동격인 넘이 사람이 아니라 '물건'일 경우에는 which를 써도 된다고 되어 있다. 그런데 이 **which**란 넘이 평소 어떤 넘이냐 하면,

Which one do you want? (이중) 어떤 걸 원해?

Which is your watch? This one? 어느 게 네 시계니? 이거?

주로 이렇게 물을 때 쓰는 넘이다. 어느 거? 어떤 거? **what**으로 묻기에는 좀 꺼림칙한 거, 그런데 왜 what으로 묻기에는 꺼림칙할까? 이런 부분들이 소위 '네이티브'와 우리들의 차이다. 네이티브들은 감각적으로 이런 때는 which를 써서 물어야 한다고 '느낀다'. 하지만 우리는 그 이유를 '배워야' 한다.

결론은, '제한된 숫자의 대상들 중 선택할 때'는 which를 쓰고, '무제한의 대상 중 고를 때'는 what을 쓴다. 그러니까 일단 둘 중 하나를 고를 때는 무조건 which를 쓴다.

Which is better? This one or that one? 어느 게 나아? 이거 아니면 저거?

제한된 여러 개 중 하나를 고를 때도 which를 쓴다.

Which state are you from? 어느 주에서 왔니?

좀 더 쉽게 설명하자면, 우리말의 '어느', '어느 것'에 해당하는 질문일 때는 which를 쓴다고 보면 된다.

그럼 what은 어떻게 쓰는가? 간단히 말해 **what**은 '무엇'이다. '무엇'인가 물을 때는 what을 쓴다.

What's the matter?

What's your problem?

What can I do for you?

What do we have here?

What kind of person are you?

What time is it?

What do you want to do next?

What are you going to do tomorrow?

그러나 이론과 실전은 조금 달라서 둘 사이의 경계가 애매한 경우도 많다. 그럴 때는 역시 감각적으로 둘 중 하나를 선택하는 수밖에 없다. 또 그런 경우는 둘 중 어느 걸 써도 좋을 때가 많다. 이를테면,

What's your favorite Thai food? / Which is your favorite Thai food? 니가 제일 좋아하는 태국 음식은 뭐니?

What language do you speak in your country? / Which language do you speak in your country? 너네 나라에선 어떤 말을 쓰니?

처럼 말이다. 다만 어감이 좀 다를 뿐 모두 맞는 문장이다.

그건 그렇고… 참고로 한국인 영어 구사자들의 경우, 의문사로 which를 다룰 때 불편해하는 경우가 많다. 그래서 하는 말인데, 무언가 선택하는 질문일 경우에는 웬만하면 **which**를 쓰는 게 좋다. 대부분의 선택은 제한된 모집단 내의 선택이기 때문이다.

그런데 which를 관계대명사로 쓸 때는 어떤 때일까?

앞서 말했듯이 선행사가 사람이 아니라 물건일 경우는 which나 that 중 아무거나 써도 된다. 실제 회화에서도 둘 중 아무것이나 쓰는 편이다. 어감 차이도 별로 없다.

He wears a cap which(that) is made in China. 그는 중국산 모자를 쓴다.
The Gucci scarf which(that) I purchased last year turned out to be a fake. 내가 작년에 산 구찌 스카프는 알고 보니 짝퉁이었어.

다만 that 대신 which를 쓸 경우 in, to, of 등의 전치사를 함께 쓸 수 있다는 장점이 있다.

I found a cheap hotel in which you have everything. Double bed, bathroom, fridge, air conditioner, Wi-Fi… you name it.
저렴한 호텔을 얻었는데, 안에 뭐든지 다 있어. 2인용 침대, 화장실, 냉장고, 에어컨, 와이파이… 뭐든 말해봐.

which가 가진 또 하나의 장점은 앞서 나온 문장 전체를 선행사로 삼아, '그래서…' 정도의 의미로 뒷말을 이을 수 있다는 점이다.

The island is so beautiful, which is the reason so many tourists are there now. 그 섬은 무지 아름답다. 그래서 관광객들이 많다.

위 문장에서 which는 '그 섬이 무지 아름답다'는 사실 자체를 의미한다. 대충 감이 잡히시는가?

실제 대화에서 that이나 which를 이용한 관계대명사 문장을 쓰면 조금 문어적으로 들린다고 했다. 실제 대화체에서는 잘 쓰지 않지만 가끔 사용하는 사람들이 있고, 그래서 독자 여러분이 사용해도 아무런 문제가 없다. 가끔씩 쓰면 지적으로 보이는 효과도 있다. 무엇보다도 누가 이런 식으로 말을 하면 알아들을 수 있어야 한다.

선행사가 물건이 아니라 사람일 경우는 당연히 who를 쓴다. who는 이미 아시다시피 '누구'란 뜻의 의문사로 쓰는 단어이다.

Who are you? 너 누구니?

Who is the most famous politician in this country?
이 나라에서 제일 유명한 정치가는 누구?

With who(whom) have you come here? 너 여기 누구랑 왔니?

관계대명사로 쓸 때는 '앞에서 언급한 어떤 특정한 사람'을 가리키는 말이 된다. 그런데 자세히 보면 선행사가 사람으로 바뀌었을 뿐 that과 용법이 같다.

I met a girl who has green eyes. 난 초록 눈을 가진 소녀를 만났어.

The Russian guys who invaded Afghanistan made a huge mistake. 아프가니스탄을 침공했던 러시아 넘들은 큰 실수를 저질렀어.

역시 그렇다. that 쓰듯이 who 쓰면 된다. 어려운 점이 전혀 없다.

정말 자주 쓰는 관계대명사 what

일단 다음 문장을 읽어보시라.

What's most important right now is⋯ Take some rest.
지금 당장 가장 중요한 것은⋯ 좀 쉬는 거야. (문법적으로 정확하게 말하려면, 뒷부분을 "To take some rest"로 해야 하겠지만 회화체에서는 to를 생략해도 무방하다.)

이때 **what**은 **something that**의 뜻이다. 다시 말해 what 안에는 이미 something 정도 의미의 선행사가 들어 있어서 선행사가 따로 필요 없다는 말이다. 이 **what**은 뒷문장 전체를 묶어서 하나의 명사처럼 쓰게 해준다. 특히 이 경우는 좀 더 특이한 것이,

What's most important?

하면 "가장 중요한 게 뭐야?"라는 의문문이다. 똑같은 문장을 '가장 중요한 것'이란 뜻의 명사형으로 쓸 수 있는 것이다. 중간에 be동사가 있어서 가능한 일이다. be동사가 아닌 일반동사가 쓰일 때는 어떤지 다음 문장을 보자.

What I found in my purse was only a ten dollar bill and a few dimes. 내가 지갑에서 찾은 것은 겨우 10달러짜리 지폐 하나와 10센트짜리 동전 몇 개뿐이었다.

이때도 what이 뒷문장을 하나로 묶어 명사형을 만들었다.

What I found in my purse = 내가 지갑에서 찾은 것

실제 회화에서 이런 형태의 문장은 which나 that보다 더 자주 쓰이고, 실제로 익혀두면 써먹기 굉장히 편하다. 말 나온 김에 좀 더 연습해보자.

Show me what you've got now. 네가 지금 가진 걸 보여줘봐.

What made her cry was the news they told her.
그녀가 운 이유는 그들이 알려준 소식 때문이었다.

I can't understand what you said. 네가 한 말이 이해가 안 돼.

What I want to know is what they told you.
내가 알고 싶은 건 그들이 네게 말해준 거야.

이 외에도 유사 관계대명사 as, but, than 등이 있는데 회화에서는 잘 쓰지 않는다. 하지만 평생 회화만 하고 살 것은 아니니까, 다음 예문들을 읽고 이런 게 있다 정도는 알아두자.

I planned the day as follows : breakfast at a local noodle restaurant ; visiting the Royal palace with friends ; lunch with

friends. 나는 그날 일정을 다음과 같이 잡았다. …. ('as follows'는 작문할 때 흔히 쓰는 표현이니 외워두면 좋다.)

There is no rule but has exceptions. 예외 없는 규칙은 없다. (but을 관계대명사로 쓸 때는 앞에 부정적인 의미의 단어가 등장한다는 걸 꼭 기억해두시라.)

My wife spends more money than I make. 우리 마누라는 내가 버는 것보다 더 많이 쓴다구. (than 다음에 'the money' 등 선행사가 생략되었다고 상상하면 쉽다.)

의문사 + to + 동사 원형

I don't know what to say. 뭐라고 말해야 할지 모르겠어.

what을 사용하는 문장 중에 가장 흔히 쓰는 말 중 하나다. 친구를 위로하거나, 정말로 할 말이 없을 때 "I don't know what to say" 하면 그럴듯하다. 그런데 여기서 중요한 건 역시,

what to say.

라는 명사구이다. 다시 말해 회화에서 '의문사 + to + 동사 원형' 형태의 명사구를 사용하는 경우는 무지무지 많다.

Can you tell me how to do it?

위 문장 중 'how to ~' 패턴도 아주 많이 본 거 아닌가? 한국인 중에서도 영어 단어 많이 쓰는 사람들 중에는 '~하는 방법'을 아예 '하우투(how to)'라고 표현하는 걸 본 적이 있다. 하여튼 의문사 중에는 'why to ~'를 제외하고는 모두 이런 식의 표현이 가능하다. 다만 'who to ~'는 가능하긴 하지만 실제로 쓰는 경우는 많지 않다.

Did they decide when to go?

We still don't know where to stay.

He didn't tell me who to meet.

I know how to make a reservation.

She didn't decide which city to visit.

이중에서도 가장 많이 쓰는 건 'what to ~'와 'how to ~' 일 것이다. 특히 'what to do', 'how to do'는 마치 하나의 단어처럼 쓴다고 봐도 무방하다.

The problem is what to do. 문제는 무엇을 할 것인지야.

What to do is always hard to decide.

무엇을 할 것인지 결정하는 게 항상 어려워.

We are talking about what to do next.

우린 다음에 무엇을 할 것인지에 대해 이야기하고 있어.

Do you know how to do it? 너 그거 어떻게 하는지 알아?

How to do stuff for free. 공짜 매뉴얼 (하는 방법)

How to do is more important than what to do.

어떻게 하는지가 무엇을 하는지보다 더 중요하다.

"박쥐로 사는 건 어때?"

What is it like to be a Bat?

뜬금없이 무슨 소리냐고? "박쥐로 사는 건 어때?"란 질문은, 실은 미국의 유명한 철학자 토머스 네이절(Thomas Nagel)의 1974년 논문 제목이다. 그는 유물론과 객관주의 그리고 환원주의에 반대하여 주관적 의식은 결코 객관적으로 환원될 수 없는 실체라는 주장을 설명하기 위해 바로 저 질문을 던졌다.

유물론자들은 우리의 정신도 뇌를 구성하는 요소들을 모두 분석하면 알아낼 수 있는 객관적인 실체라고 생각하지만, 네이절은 아무리 우리가 객관적 실체를 다 분석한다 해도 박쥐 같은 작은 동물의 주관적 의식도 파악할 수 없다고 말한다.

참고로, 박쥐는 음파 탐지기 같은 감각 기관으로 어둠 속을 자유롭게 날아다닌다. 네이절의 주장은, 우리는 현재 발전한 기술을 통해 박쥐의 모든 감각을 이해할 수 있고 심지어 재현도 할 수 있지만, 박쥐로 살아가는 경험이 '주관적으로' 어떤 것인지는 말할 수 없다는 것이다.

물론 네이절의 철학적 주장을 검토하는 게 이 책의 목적은 아니다. 우리의 포인트는 '저 질문을 영어로 어떻게 썼나'이다. "~ 하는 건 어때?" 혹은 "어떤 기분이야?"라는 질문을 영어로는,

What is it like to ~

라고 한다. 따라서 제주도에 사는 사람에게 "제주도에 사는 건 어때, 괜찮

아? 살만 해?"라고 물을 때는,

What's it like to live in Jeju island? 웟쓰잇라익투 리이빈 제주 아일랜~드?

라고 묻는다. 뜻이 '어때?'이기 때문에 언뜻 'How'를 떠올리는 분들이 많은데 웬만하면,

What's it like to ~ 웟쓰잇라익투 ~

로 말하는 게 영어적인 발상이다. 물론 저런 질문에 대답할 때는,

It's like to live in a paradise! (잇)쓰라익투리비너 패러다이~스!

등으로 대답하는 게 좋다. 비슷한 질문을 몇 개 더 만들어보자.

What's it like to have Alzheimer's? 치매에 걸리면 증상이 어떤가?
What's it like to travel alone? 혼자 여행하는 건 어떤 느낌이야?
What's it like to grow up on a farm? (시골) 농장에서 자라는 건 어떤 걸까?
What's it like to live in France? 프랑스 생활이 어때?
What's it like to work at Google? 구글에서 일하기가 어때?

앞서 나온 "What is it like to be ~"도 흔하게 쓰는데,

What's it like to be a bat? 박쥐로 사는 건 어떤 느낌일까?

What's it like to be a spy? 스파이로 사는 건 어떤 생활일까?

What's it like to be a woman? 여자가 되면 기분이 어떨까?

우리말의 몇 가지 다양한 어감을 "What is it like to be ~"를 통해 표현할 수 있다. 물론 it 대신 구체적인 명사가 들어가도 된다.

What was the journey like? 여행은 어땠어?

"How was the journey?"와는 어감이 좀 다르다. 위의 예문이 "여행에서 어떤 재미있는 일이나 사람들을 만나서 잘 놀다왔느냐?"는 의도의 질문이라면, "How was the journey?"는 "여행을 안전하게 잘 끝마쳤냐?"는 의도의 질문에 가깝다.

그럼 다음은 무슨 뜻일까?

What's he like?

"그는 무엇을 좋아해?"가 절대 아니다!

그는 어떤 사람이야?

라고 물을 때 저렇게 말한다. 'how = 어떤', 'what = 무엇'을 바로 떠올리는 경우가 많은데, 꼭 그렇지는 않다는 게 핵심이다. 다시 말하지만 'what + ~ + like ~'는 '어떤', '어때?', '어떤 기분이나 느낌' 등이다.

그런데… "what's it like ~" 다음에 꼭 to부정사만 오는가 하면 그건 아

니다. 실은,

What's it like being a programmer? 프로그래머란 직업은 어떤 건가요?
What's it like being a mother? 엄마가 된다는 건 어떤 거죠?
What's it like getting shot? 총에 맞으면 기분이 어떨까?
What's it like getting high? 마약에 취하는 기분은 어떤 건가요?

라고 얼마든지 쓸 수 있다. 다만 역시 어감이 좀 다르고, 동명사를 쓰는
경우가 to부정사를 쓰는 경우보다 빈도가 상대적으로 적은 느낌이다. 어
감은 어떻게 다르냐고? 동명사를 쓰는 쪽이 좀 더 막연한, 즉 덜 구체적
인 느낌이다. 하지만 거의 서로 호환 가능하다 싶을 정도로 미세한 차이
라고 생각하면 된다.

why, when, where?

why, when, where. 이 세 단어는 의문사이면서 관계부사의 역할을 하
는데, 이 관계부사란 이름이 조금 까다롭긴 하지만 전혀 겁먹을 필요는
없다. 늘 말하지만 이름이 무슨 상관인가? 이해만 하면 그만이지.

I don't know why he acts like that. 나는 그가 왜 그렇게 행동하는지 모르겠다.
I don't know when she arrives. 나는 그녀가 언제 도착하는지 모른다.
This is the city where Michelangelo lived. 여기가 미켈란젤로가 살았던 도
시이다.

예문의 why, when, where를 'in which' 등으로 '분석'할 수도 있지만

그럴 필요가 없다. 왜냐하면 의문사로 쓸 때와 뜻이 똑같기 때문이다. 'why', 'when', 'where'는 의문사이건, 관계부사이건 언제나 '왜', '언제', '어디'이다. 다만 이들이 들어가 있는 위치를 잘 봐두면 그걸로 충분하다.

관사

관사에 대해서도 문법적으로 복잡한 이야기가 많지만, 독자들이 꼭 알아두어야 할 것은 다음의 몇 가지뿐이다.

- **a와 an** : '하나의' 정도 뜻으로 명사 앞에 붙는다. a는 빨리 말할 때는 '어', 천천히 말하거나 '하나'라는 사실을 강조하고 싶을 때는 '에이'라고 길게 말해준다.
- **the** : 쉽게 말해 '그'이다. 그 남자(the man), 그 나라(the country), 그 노래(the song)…. 대체로 한 번 등장했던 명사가 또 나오면 the를 붙인다.
  해당 명사가 발음상 모음으로 시작하면 '더' 대신 '디'로 발음한다. 이를테면,

  The others 디 아더즈
  The hours 디 아우어즈
  The honor 디 아너

  그런데 무언가 강조하고 싶은 명사를 말할 때도 '디'라고 발음한다.

  The principle is sacred! 디 프린시플 이즈 세이크리잇!

이 정도가 관사에 대해 꼭 알아두어야 할 몇 가지이다. 나머지는 실전을 통해 터득하는 게 제일 편하고 효과적이다.

NEW
PARADIGM
ENGLISH

핵심 어휘와
표현 정복

앞서도 말했듯이 '네이티브 스피커'들 및 전 세계의 영어 사용자들은 대부분 쉬운 단어와 문장을 최대한 활용하면서 대화하고 있다. 심지어 일부 연구자들은 보통의 미국인들이 일상생활에 주로 사용하는 단어는 500~1,000개 정도밖에 안 된다고 주장한다. 그 대부분의 단어들은 이미 우리가 알고 있는 것들이다.

그런데 왜 우리는 그들이 말하는 영어를 알아듣기도 힘들고, 비슷하게 말하기도 어려운 것일까? 이유는 발음 문제도 물론 있겠지만, 그보다는 우리가 자주 쓰는 간단한 단어들의 의미와 활용법을 제대로 모르기 때문이다.

실제로 '네이티브'들과 대화해보면 몇 개 안 되는 단어들을 상황에 따라 다양한 의미로 써먹고, 또 다른 동사나 전치사와 결합해 굉장히 다양한 방식으로 사용한다. 하지만 우리는 단어 하나하나의 첫 번째 의미는 알아도 두 번째 의미는 모르고, 간단한 전치사와 함께 쓰면 모르고, 그 단어를 쓰는 맥락을 놓쳐서 모른다. 즉, 우리는 알아도 부족하게 알기 때문에 영어가 안 통하는 것이다.

바로 그것! 독자들이 부족하게 알았던 부분을 마저 알도록 해드리는 게 이번 챕터의 목표이다. 먼저 가장 중요한 동사들로부터 시작하자.

동사 몇 개면 일상 회화는 OK

get만 알아도 실력이 두 배

수많은 동사들 중에도 가장 중요한 동사가 몇 개 있다면? 영어 좀 하는 사람이라면 다음과 같이 대답할 것이다.

get, have, make

이 세 개가 가장 중요하다고? 이 세 개뿐이라고? 그렇다! 수천, 수만 개의 영어 동사들 중에서도 가장 중요한 동사를 꼽으라면 딱 저 세 개다. 물론 앞서 배운 be, do까지 포함하면 다섯 개지만, 두 동사는 좀 따로 배울 이유가 있었다.

하여튼 **get**, **have**, **make**만 잘 써먹어도 영어회화 절반은 된 거나 다름없다. 안 믿기시면 주변에 영어 좀 한다 하는 친구에게 물어보시라. 다들 사실이라고 답할 것이다.

우선 get부터 시작해보자. 사실 get만 알아도 당장 회화 실력이 두 배로 늘 분들이 많다. "get만으로 회화 실력이 두 배가 된다니… 농담이겠지요" 하시는 분이 있습니까? 농담이 아니다. 약간 과장하자면, 말할 때 쓰는 문장의 반 이상에 get이 들어간다고 해도 과언이 아니다.

get을 그저 '가지다', '얻다' 정도로만 알고 있으면 영어 알아듣기가 정말 어렵다. 다음을 보라.

Get the paper. 신문 가져와.

I got there. 거기 갔어(도착했어).

Let's get going. 가자.

I gotta go. 나 갈래.

I got it! 알았어. 내가 받을게. 내가 잡을게 등등.

I got the picture. 감 잡았어.

I don't get what you mean. 뭔 소리여?

I got frozen. 난 꽁꽁 얼었어.

He got me to do it. 그 친구가 나보고 시켰어.

It's getting cold. 추워지네.

You gotta do what you gotta do. 우린 맡은 바 임무를 충실히 하면 돼.

We can't let him get away with it. 그가 벌을 받지 않고 쏙 빠져나가게 할 순 없어.

아무 때나, 아무 뜻으로나 막 쓰는 것 같지 않은가?

get의 용법 중에 제일 흔하고 제일 신기한 것이 gotta이다. have got to의 약자로 '가라' 정도로 발음된다. 그런데 이 gotta의 용법이 조금 묘하다. have to에 가깝지만 want to와도 좀 가깝다고나 할까. 그러니까 "I gotta go"는 "가야 해"에 가까운 "갈래"쯤 된다. 하지만 "You gotta do what you gotta do"에서 gotta는 분명 have to이다.

하여튼 gotta는 양키들을 비롯해 전 세계 영어 사용자들이 수시로 쓰는 표현이니 꼭 외워두시라. 따라해보시라. "아이 가라 고(나 갈래)", "아이 가라 고 투 레스트룸(화장실 갈래)", "유 가라 밋 미(나 좀 만나줘)".

get 자체의 뜻만 해도,

잡다

얻다

받아들이다

이해하다

가지고 오다

도착하다

등은 기본인데, 실제로 영어권 사람들은 회화에서 get에 이 많은 뜻을 담아서 쓰니 여러 용법을 연습해두어야 한다.

이 외에 좀 특이한 용법으로,

당하다

정도의 의미로 **get ~ed(p.p.)**를 쓰는데, 이게 의외로 중요하다.

I got mugged last night. 나 지난밤에 강도당했어.

그런데 자세히 보면 위 문장은 앞서 소개한 문장,

I got frozen.

의 구조와 똑같다. "I got frozen"은 글자 그대로는 "난 얼림을 당했다"의 의미인 것이다. 영어에서 이런 식의 표현은 너무나 많다.

He got killed in the war. 그는 전쟁에서 죽었다. (죽임을 당했다.)
I got caught by cold. 나 감기 걸렸어.
You can get addicted to this one. 넌 이것에 중독될 수 있어.
I want to get laid tonight! 난 오늘 밤 섹스하고 싶어!

'get laid'는 글자 그대로는 '눕혀짐을 당하다'이지만, 실제 뜻은 '섹스하다'가 된다.
get someone ~ed(p.p.) 형태도 있다. 이건 '누구를 당하게 하다' 정도 된다. 이를테면,

I got him killed. 나는 그를 죽게 했다.
They got me trapped. 나는 함정에 빠졌다.

이 두 가지 표현, 즉 '당하다[get ~ed(p.p.)]'와 '당하게 했다[get someone ~ed(p.p.)]'는 꼭 기억해두어야 한다.

저 위의 사례들 중 'be getting ~' 문형도 아주 자주 쓰인다. '점점 ~게 되다'는 뜻인데, 독자가 남성이라면 이쁜 아가씨에게,

You are getting more beautiful everyday.

라고 말해주시라. 그녀는 반드시 활짝 웃으며,

It's so nice of you!

하고 대답할 것이다. 진행형이 아닌 get만으로도 '~하게 되다'라는 뜻으로 쓸 수 있다. (잠깐! 여기서 "It's so nice **of** you!", 즉 'of'에 주목! It을 주어로 "당신 참 친절하네요!" 할 때 쓰는 전치사는 of!)

Things get messy whenever he comes here.
그가 여기 올 때마다 일이 어지러워지네.
He got old. 그가 나이 들어버렸다.

get을 '이해하다'라는 의미로 쓰는 건 이미 아시는 분이 많을 것이다. 만약 누가 독자에게 이것저것 이야기한 다음,

Do you understand what I said?

라고 물었는데, 독자가 그가 말한 걸 잘 이해하지 못했다면,

No, I don't understand.

혹은,

No, I don't get it.

이라고 하면 된다. "이해했어?"라는 의미로 "Do you understand?" 대신,

Do you get it?

혹은,

Got the picture?

라고 묻는 경우도 있다. 특히 이때 picture(그림)라는 말은 '이야기가 만들어낸 일종의 가상의 그림을 가리키는 것'이라고 생각하면 된다. 우리말에서 "내 이야기가 무슨 말인지 감이 오니?"라고 묻는 것과 비슷하다. 물론 이해했으면,

I got it.
I got the picture.

라고 대답하면 된다. 드물게,

Gotcha.

라고 대답하는 사람도 있다. "가챠" 정도로 발음한다.

만약 독자가 여행 중 만난 친구에게 한국의 전세 제도에 대해 설명한 후에,

You got the picture?

라고 물었는데 상대가,

I don't get it. How come is that kind of rent possible?

이라고 묻는다면, 역시 상대가 그걸 이해하지 못했다는 뜻으로 받아들이면 된다. 참고로,

How come?

은 'Why?'와는 좀 다른 '어떻게?'에 가까운 의문사이다. 여행 중 5~6개 국어를 구사하는 사람을 만나면,

How come do you speak so many languages?

라고 물으시라. "어떤 경위로 그렇게 많은 언어를 구사하게 되셨어요?"란 질문에서 "**Why** ~?"는 지나치게 추궁하는 느낌이다.

아무도 오지 않을 것 같은 오지에 왔는데 뜻밖에도 다른 나라에서 만났

던 배낭족이 당신을 기다리고 있다면,

How come you got here? 어떻게 이런 곳까지 오게 되셨어요?

라고 물어도 된다.

마지막으로 앞서 한 말을 보충하자면 수천의 영어 동사 중에서도 예외적으로 중요한 단 하나의 동사를 꼽으라면, 역시 **get**이다. 적어도 회화를 하기 위해서는 여기에 소개한 get의 용법을 하나하나 다 숙지해두어야 한다.

get 못지않게 중요한 have

영어회화에서 get 다음으로 중요한 동사를 꼽으라면 역시 have다. 물론 '가지다'란 뜻으로 가장 많이 쓰지만, 그 외에도 다양한 용도로 써먹을 수 있다.

I have a headache.

우리말에서 "나는 두통을 가지고 있다"는 굉장히 이상하지만 영어 have 는 그런 표현을 가능하게 한다.

What do you want to have for dinner? 저녁으로 뭘 먹을래?

우리말이라면 "저녁으로 뭘 가질래?"가 좀 이상하지만 영어에서는 전혀 상관없다. 답변도 당연히 have를 써서 하면 된다.

I'd have chicken, if you are OK with it. 네가 괜찮다면 닭 요리를 먹을래.

다음은 어떤가?

Do they have a movie theater in this town?

"이 마을에 영화관이 있니?"라고 물을 때도 have를 썼다. 우리말로 "이 마을에 그들이 영화관을 가지고 있니?" 하면 굉장히 어색하지만 영어에서는 자연스러운 표현이 된다. 영어의 'have'는 우리말의 '가지다'보다는 훨씬 넓은 의미의 '가지다'인 것이다.

※참고로 위 문장의 'they'는 비구체적인, 막연한 주체들을 가리키는 대명사이다. 뭔가 주어를 써야 하는데 마땅한 주어가 없을 때, 그 막연한 주어가 단수 느낌이면 it, 복수 느낌이면 they를 쓰면 된다. 가장 흔한 경우가 "They say, ~(소문에 따르면 ~)" 하는 것이다.

이렇게 have는 많은 상황에서 유용하게 써먹을 수 있는 간단한 동사이다. have가 사역동사적 기능을 가지고 있다는 사실을 알면 용도가 꽤 늘어난다.

I had my hair done today. It costed 100 bucks.
오늘 나는 머리를 했는데, 100달러나 들었어.

여기서 buck은 달러의 속어이다.
비슷한 용법으로 다음을 읽어보라.

They had the soldiers killed in the war. 그들은 전쟁에서 군인들이 죽게 했다.

어디서 봤던 표현 같지 않은가? 그렇다. 바로 앞 장에서 봤던,

I got him killed. (get someone ~ed)

와 같은 구조인 것이다. got 대신 had가 들어갔을 뿐이다. 이와 같이 have는 '~를 당하게 했다'라는 뜻으로 get과 똑같이 쓸 수 있다. have의 다양한 용법 중 특히 중요한 것이니 꼭 기억해두시라.

목적어가 있을 때는 웬만하면 have를 사용해도 좋지 않을까 싶을 정도로 have의 용법은 넓다.
이를테면 보통 "샤워를 하다"를 "take shower"라고 하지만, "have shower"해도 전혀 문제가 없고, 실제로 그렇게 많이 말한다. have 역시 get 못지않게 거의 만능형 동사인 것이다.
좀처럼 유추하기 어려운 의미로 쓸 때도 있다.

I've had it! 난 이제 지긋지긋해.
She's been had. 그녀는 사기에 당했다.

make와 전치사

make는 자체의 뜻도 다양하지만 'to', 'out', 'on', 'in' 등 다양한 전치사와 결합해서 생소한 뜻을 만들어낸다. 가장 흔한 용법은 다음과 같은 것들이다.

Samsung makes everything. Mobile phones, semiconductors, buildings, food, TVs and they even tried to make cars.

삼성은 뭐든지 다 만들어. 휴대전화, 반도체, 건물들, 음식, TV 그리고 심지어 자동차도 만들려고 했었지. (만들다)

This cold can **make** you **cough** a lot.

이번 감기는 기침이 많이 나는 거야. ('~하게 한다'라는 사역동사)

She will make a good teacher. 그녀는 좋은 선생이 될 거야. (되다)

3 and 6 make 9. $3 + 6 = 9$. (equal)

I don't **make** much **money,** but I can afford this trip.

난 돈을 많이 벌지는 못하지만 이 정도 여행을 올 정도는 돼. (돈을 '벌다')

Make bed when you get up! 잠에서 깨면 침대를 정리해야지! (침대를 '정리하다')

The news **made** me very **happy.** 나는 그 소식을 듣고 매우 기뻤다. ('~하게 하다'. 이 경우는 뒤에 동사가 아니므로 사역동사가 아님)

What **makes you think** so? 왜 그렇게 생각해? (사역동사. "Why do you think so?"보다 좀 더 구어체에 가까운 자연스러운 표현이다.)

Can you **make** yourself **understood** in English?

"영어 해요?"라는 말을 좀 복잡하게 꼬아서 한 질문이다. (그런데 가끔 이런 식으로 말하는 사람들이 있다. 'make oneself understood'란 표현을 기억해두시라. understood는 과거분사란 점도 중요! 즉, 수동태이다!)

- make out의 다양한 용도

I can't make out this last question. 나는 이 마지막 문제가 이해가 안 돼.

I can't make out his handwriting. 나는 그의 손글씨를 알아볼 수가 없어.

He makes out that he is a successful businessman.

그는 성공한 사업가 행세를 한다.

I made out with him at his place. 나는 그의 집에서 그와 애무를 나누었다.

– make up의 다양한 용도

Immigrants make up a large part of community.

이민자들은 지역사회의 큰 부분을 차지한다.

He made up that whole story. 그는 그 모든 이야기를 꾸며냈다.

He made that whole story up. 그는 그 모든 이야기를 꾸며냈다.

The two couples made up a foursome at golf.

두 커플은 골프에서 포섬 게임을 만들었다.

This money will make up for your trouble.

이 돈이면 자네의 고생에 보답이 될 걸세.

You'll have to make your mind up soon. 자네는 빨리 마음을 정해야 할 거야.

She made up the models and let them go out to the runway.

그녀는 모델들에게 메이크업을 해주고 런웨이로 내몰았다.

They finally made up after years of quarreling.

그들은 수년간의 다툼 끝에 마침내 화해했다.

그 외 다양한 숙어들

Sorry I couldn't make it to the party last night.

어젯밤 파티에 못 가서 미안해요.('make it to ~'는 굉장히 자주 쓰는 표현이지만, 글자 그대로는 이해가 잘 안 된다. to 다음에 나오는 명사인 무언가를 '해내는 것' 혹은 거기에 '가는 데 성공하는 것' 등을 의미한다. 이런 표현이야말로 예문들을 많이 읽고, 가능하면 대화를 통해 입에 익히는 게 필요하다.)

The young couple made love as often as possible.

그 젊은 커플은 시도 때도 없이 사랑을 나누었다. (make love = 섹스하다)

The information is not made public yet. 그 정보는 아직 공개적으로 알려지

지 않았어. (make public = 정보 등을 대중들에게 공개하다.)

I made it clear that I objected. 난 내가 반대한다는 점을 분명히 했다. ('make

clear'는 자주 쓰는 표현이다. make 없이 "Are we clear?" 하면 "내 말을 이해했나?"라는

뜻으로 쓸 수 있다.)

He made as if nothing bothered him.

그는 마치 아무 걱정거리가 없는 것처럼 행동했다. (make as if = 마치 ~인 양)

These kids will make good. 이 애들은 성공할 거야.

She likes to make believe when she is alone.

그녀는 혼자 있을 때 상상하기를 좋아한다. (make believe = 상상하다)

What do you make of what he said?

그가 얘기한 게 무슨 뜻이라고 생각하니? (make of = 이해하다)

We made for the barricade when we saw the police.

우리는 경찰을 보고 바리케이드를 향해 갔다. (make for = ~를 향해 가다)

The robbers made off with diamonds. 강도들은 다이아몬드를 챙겨 달아났다.

If those are the only soldiers we have, we'll just have to make do

with them. 우리가 가진 장병들이 그들뿐이라면, 그들로 어떻게든 해봐야지.

He makes good on his promises. 그는 약속을 지키는 사람이다.

He really seems to have made it. 그는 정말 성공한 모양이다.

Stop making like an idiot! 바보 흉내 좀 그만해!

The press tried to make much of his past.

언론은 그의 과거를 중요하게 다루려 했다.

Make sure to call mama. 꼭 엄마에게 전화해.

– 이중에서도 꼭 알아야 할 표현들

make가 그 자체로 혹은 전치사와 결합해서 이렇게 다양한 뜻을 표현하니 이걸 다 외우는 것도 스트레스다. 다 외우는 게 무리라면, 그중에서도 중요한 몇 가지만이라도 외워두자.

- **make money** 돈을 벌다. (돈 버는 걸 뭐라고 표현하는지 정도는 알아두어야 한다.)
- **make bed** 침대를 정리하는 게 '메익벳'이다. 해외여행 가면 가끔 듣거나 쓸 표현이다.
- **make sure to ~, make sure that ~** ~ 꼭 하도록 해. (지금은 잘 안 외워져도 당장 몇 번 발음해두면 나중에 미드나 영화를 볼 때, "아, 그거구나!" 하고 기억날 것이다.)
- **make out** 애인과 소파에서 혹은 자동차에서 서로 물고 빨면서 애무하는 걸 어떻게 표현하는지 잊을 수는 없다.
- **make it** 성공하는 게 '메이킷'이다. (make it to ~ : ~까지 가는 데 성공하다.)

일단 요 정도는 꼭, 꼭 기억해두자. 나머지는 지금 한 번씩 읽어보고 다음에 심심할 때마다 이 부분을 펼쳐서 읽어보라. 자꾸 보면 언젠가는 다 기억한다. 운이 좋으면 미드 볼 때 딱 나와서 바로 되새김질이 될 수도 있다.

이왕 아는 동사, 제대로 알자

이쯤 되면 get, have, make가 왜 중요하고, 또 그걸 제대로 알면 회화 실력이 확 늘어난다고 했던 이유가 이해되실 것이다. 이 짧고 단순한 동사들의 쓰임새란 정말 무궁무진하다. 저 삼총사만큼 용도가 다양하진 않지만, 그래도 우리가 보통 하는 것보다는 쓰임새가 많은 쉬운 동사들을 제대로 공부해두면, 또 한 번 회화 실력이 확 늘어난다.

회화에서 자주 쓰는 짧은 동사들은 대개 두 개 이상의 뜻을 갖고 있다. 문제는 우리가 보통 알고 있는 뜻과는 다른 뜻으로 사용될 때가 의외로 많다는 점이다. 이를테면 정말 흔히 쓰는 동사인 do를 '하다'라는 뜻으로만 알면, 누군가,

That'll do.

할 때 도저히 무슨 뜻인지 알 수가 없다. "그렇게 하면 될 거야(통할 거야)"라는 뜻이다. 저기서 do는 '~하면 충분하다', '~는 효과가 있다' 정도의 뜻이다. 그 외에,

Do dish 설거지를 하다.
Do hair 머리를 하다.

등 일상에서 비교적 흔히 쓰는 표현들이 있다. 좀 거시기하지만 다음과 같이 쓸 때도 있다.

Don't do my sister. 내 여동생(누나)이랑 자면 안 돼.

그래서 일본 야구 선수 후쿠도메 고스케가 메이저리그에 진출했을 때,

유니폼의 'FUKUDOME'라는 글자를 보고 박장대소한 팬들이 좀 있었다. 다음처럼 읽혔기 때문이다.

Fuk U Do Me

make 못지않게 용도가 많은 동사로 **take**가 있다. 대충 어떤 뜻으로 쓰는가 하면,

● **take** 가지고 가다, 잡다, ~ 걸리다, 잡다, 섭취하다, 복용하다, 사진을 찍다, 의자에 앉다, 받아들이다, 당하다, 참다, (특정한 방식으로) 이해하다, ~라고 여기다, (조치를) 취하다, (숨을) 들이마시다, 필요로 하다, ~의 용량이 되다, 수강하다, 속여먹다, 섹스하다, 교통수단을 타다….

이렇게 많은 뜻을 그냥 외우려고 하면 굉장히 어렵다. 그보다는 **take**라는 단어의 감각을 상상해야 한다. 자, 지금 머릿속에서 무언가를 **take** 해보라. 그리고 다음 문장들을 하나씩 읽어보라.

Don't take my baby from me! 데려가다
He took my hand and shook it. 잡다
I couldn't take his death. (마음으로) 받아들이다
They forbid hunters from taking more than one animal per month. 잡다
Do you take her to be your lawful wedded wife? 받아들이다
I will take chocolate. 먹다

Do you take sugar in your tea? 집어넣다

I took a hot bath. 목욕하다

I take pills for insomnia everyday. 복용하다

Won't you take me to Funky Town?

데려다주다 (디스코 곡 〈Funky Town〉의 가사)

We have to take a taxi. (교통수단을) 타다

The fire took many lives. (생명을) 앗아가다

I take a French course. (강의 등을) 수강하다

It takes courage to climb that mountain. ~를 필요로 하다.

Can't you take a joke? 참다

She took pride in her son. ~를 가지다

I take it that they won't do it. ~라고 간주하다

It takes only ten minutes to go there. (시간이) 걸리다

Take a seat. (자리에) 앉다

You have to take notes. (메모 등을) 쓰다

He wanted to take her every night. 섹스하다

I took him at his word. ~를 신용하다

The con man took us for two grand. 속여먹다 (grand는 thousand의 속어)

take가 들어간 다음 숙어들은 꼭 기억해두시라.

The waiter came and took away the food.

가져가버리다(매장에서 먹고 가는 게 아니라 들고 가는 걸 우리는 보통 take out이라고 하

는데, take away라고 하는 곳도 있다.)

The airplane took off. (비행기가) 하늘로 뜨다, 옷을 벗다

We have to take out the spy the rival company put in our team. 솎아내다(암살하다)

The enemy took over the strategic points. 장악하다, 정복하다

The meeting took place at the neutral zone. (사건 같은 게) 일어나다

She's got what it takes. 필요한 자질(자격, 경험, 노력 등) (한 단어처럼 쓴다.)

Don't take your privilege for granted. 당연하게 생각하다

두 개 이상의 뜻을 지닌 동사들

get이나 take에 비길 바는 아니지만, 두 개 이상의 뜻을 지니면서 사용 빈도가 꽤 높은 동사들이 있다.

• **turn** (어떤 나이가) 되다, (몸을) 돌리다, (~한 상태로) 변하다, 차례(순서), 책장을 넘기다 등등

I'm gonna turn thirty next week. 난 다음 주면 서른이야.

Just turn around and look at me. 뒤를 돌아 날 봐.

This milk is turned sour. 이 우유 상했네.

It's my turn! [(잇)쓰 마이터~언!] 내 차례야!

I was turning the pages of the Holy Book. 난 성경책을 뒤적이고 있었다.

Please turn on(off) the light. 불을 켜(꺼)주세요.

Turn me loose, please. 제발 나를 놓아주세요.

What's your turn-ons? 널 (성적으로) 흥분시키는 건 뭐니? (반대로 성적으로 가라 앉히는 건? turn-offs!)

• **hold** 잡다, 들다, (무게 등을) 지탱하다, (어떤 상태를) 유지하다, 잡혀 있다, (주식 등을) 소유하다, 개최하다

I was **holding** a box. 들다

She was **holding** a baby in her arms. 안다

I don't think this tree can **hold** my weight. 지탱하다

Hold still for a while, please. 잠깐 가만히 계세요.

He was **held** as a prisoner for 6 months. 그는 6개월 동안 죄수로 갇혀 있었다.

He **holds** 50 percent of the stocks. 그는 주식의 50퍼센트를 보유한다.

Hold on. 기다려, 멈춰, (전화 받으면서) 잠깐만 기다리세요, 바꿔드릴게요.

Hold on a second. (전화 받으면서) 잠깐만요.

The police **held back** from arresting the guy. 물러나다, 유보하다

These workers are **holding up** the economy of this country. 떠받치다

The man with a gun **held me up** and took my wallet. 노상강도를 하다

I have to **get hold of** some money before next week. 마련하다

I haven't **got hold of** Jane yet. 만나다, 연락이 닿다

• **see** 보다, 알다, (애인으로) 사귀다(주로 진행형으로), (집에) 바래다주다

She already went back home. / I **see.** 그녀는 이미 집에 갔어. / 알겠습니다.

Are you **seeing** anybody? 너 누구 사귀는 사람 있니?

I will **see** you home. 제가 집에 바래다드릴게요.

• **put** 놓다, 두다, 말하다

Put your hands off me! (푸츄어해엔즈 오프 미!) 내게서 손 떼요!

Let's **put** it this way. 이런 식으로 말해보죠.

Put it straight, I love you. 단도직입적으로 말해서, 난 널 사랑해.

• **set** 놓다, 설정하다, 맞추다, 정하다, (해나 달이) 지다, (불을) 지르다

Set the alarm before you go asleep.

('go asleep'은 'go to sleep'의 아일랜드 사투리)

Sun rise, sun set.

The mobs set fire to the shops. 폭도들이 상점들에 불을 질렀다.

I was set up by my enemy. 난 적의 모략에 당했다. (It's a set-up! 이건 모함이야!)

• **go** 가다, (안부 등이 어떻게) 되다, (~한 상태로) 하다, (응원하면서) 야! 가자

How did it go? 그 일은 어떻게 됐나요? ("하우릿고오?"처럼 들리기도)

How's it going? 잘 지내요? ("How are you?"와 같은 의미)

Let's go green! 친환경적으로 행동해요!

Go Dodgers, Go! 다저스, 이겨라!

The bomb went off before we arrived there.

('go off'는 액션 영화에 자주 등장하는 말이다. '고~ 오프'는 폭탄이 터지는 거)

• **come** 오다, (~를) 하게 되다, (오르가슴을) 느끼다

Come with me. 같이 가자. ("Let's go with me"보다 더 구어적으로 자연스럽다.)

I'm coming! 곧 갈게! (or 나 지금 가는 중!)

Did you come? (섹스 중) 느꼈어?

Not all women come when having sex with a partner.

파트너와 섹스할 때 모든 여성들이 오르가슴을 느끼는 건 아니다.

I came to think he was cheating on me.

나는 그가 바람을 피우고 있다고 생각하게 되었다.

Come to think of it! I got an idea.

(가만 생각해보니 무언가 떠올랐다는 듯이) 잠깐! 내게 아이디어가 하나 있어.

• **bring** 가져오다, (~을) 야기하다

Can you bring the beers to the party? 가져오다

The screams brought the police to the crime scene. 야기하다

The IMF crisis brought about higher unemployment. 초래하다

T I P

come on의 다양한 어감

"Come on!" 만큼 자주 쓰는 말도 드물다. 그런데 이 간단한 말이 상황에 따라서 다양한 뜻을 의미할 수 있어서 약간 거시기하다. 경상도 사투리의 "쫌!"쯤 된다고나 할까.
보통 손짓을 하면서 어디 가자고 할 때, "Come on!" 하면,

어서 가자!
서둘러!

쯤 된다. 이쪽으로 손짓을 하면서 "Come on" 하면,

여기로 와봐.

정도 될 것이다. 애절한 표정으로 갈구하듯이, "Come on" 하면,

Please.

의 뜻이겠죠?
못 믿겠다는 표정으로 손을 흔들면서 "Come on!" 하면,

설마? 너 장난하는 거지?

하는 겁니다.

Bring it on! 덤벼봐!

• **carry** 휴대하다, 운반하다, 임신하고 있다

I'll carry the bag home. 운반하다

She was carrying twins. 임신하다

I don't know if we can **carry on** this game now. (~를) 계속하다

They **carried out** the project that would change the city permanently. 수행하다

– bring과 carry의 어감

carry는 (항상) 휴대하는 것, bring은 (일시적으로 필요해서) 가져오는 것

The policeman always carries a gun.

He brought a sandwich for lunch today.

항공모함은 aircraft **carrier**임. 질병의 보균자도 **carrier**임. bringer는 뭔가 가져오는 심부름꾼 정도의 뜻으로 쓸 수 있기는 하지만, 실제 대화에서는 거의 쓸 일이 없을 것이다.

• **fix** 고치다, 고정시키다, 준비하다, (경기의 승부를) 조작하다, (중독 물질을) 복용하다

If it's not broken, don't try to fix it. 고치다

She fixed her eyes on the lipstick. 고정시키다

He fixed a poster on the wall.

I'll fix you a meal. 준비하다

Mafia even fixed World Series. (경기 등을) 조작하다

We hadn't **fixed on** a date yet. (날짜 따위를) 박다

When was your last **fix**? 마지막으로 (마약을) 복용한 게 언제니?

• **tell** 말하다, 알리다, (~하라고) 시키다, 알아맞히다

Now, **tell** me about yourself. 이제 당신 이야기를 좀 해봐요.

He was the man who **told** me about the accident.

(바로 '그 사람'이 알려주었다는 걸 강조하는 문장)

You're not my dad. Don't **tell** me what to do.

아빠도 아닌 주제에 내게 이래라저래라 하지 말아요.

You can't **tell** who is Korean or Japanese.

누가 한국 사람인지 일본 사람인지 알 수 없어요.

• **keep** 가지다, 계속하다(특히 keep ~ing 형태로), 보관하다, 고정하다, 기다리게 하다

Keep the change. 잔돈은 가져요. (물건을 사면서 흔히 하는 말이다.)

Can you **keep** a secret for me? 날 위해 비밀 하나만 지켜줄래?

I **kept** doing what I was doing. 나는 하던 일을 계속했다.

She **kept** her jewelry in the cabinet. 보관하다

I am sorry that I **kept you waiting** for so long. (keep someone ~ing)

Keep yourself **from** doing stupid things. 어리석은 짓은 삼가도록 노력해.

Keep your eyes on my belongings, please. (내가 잠깐 자리를 비우는 동안) 내 물건들 좀 봐줘요.

• **cut** 자르다, 베다, (연락을) 끊다, (헛소리) 하지 마, 몫

I had my hair cut. 난 이발을 했다.

She cut all the ties with her family. 그녀는 가족과의 인연을 모두 끊었다.

The kid cut his finger. 그 애는 손을 베었다.

You are not cut out for the academia. 넌 학계의 재목이 될 놈이 아냐.

Cut the crap! Where is my money? 헛소리는 그만하고! 내 돈 어디 있어?

This is your cut. 이게 네 몫이야.

• **hang** 걸다, 목을 매달다

A few pictures were hung on the wall. 걸다

They hanged a convicted murderer. 사형시키다

I used to hang out with my friends around here. 어울려 놀다

Hang in there, your work will pay off. 힘들어도 참고 계속하다

Hang on, we are almost there. 버티다

• **walk** 걷다, 달아나다, (걸어서) 배웅하다, (야구에서 투수가) 볼넷을 주다

The pitcher walked the next two batters.

I will walk you out. 바깥까지 나가서 배웅하다

He walked her home. 걸어서 집에 바래다주다

My home is just ten minutes walk from here. 걸어서 갈 정도의 거리

The thief walked away with diamond. (~를 가지고) 달아나다

– 'walk away with', 'run away with', 'get away with'
모두 '무언가를 가지고 달아나다', 혹은 '무언가를 저지르고 달아나다'라는 뜻을 가지고 있다. 하지만 어감이 좀 다르지 않은가? get away는 아

무 일도 없었다는 듯이 나쁜 짓을 한 혐의까지 벗어던지고 여유롭게 달아나는 것부터 후다닥 달아나는 것까지 모두 포괄하는 느낌이라면, walk away는 좀 여유 있게 도망가는 것, run away는 쫓아오는 사람들을 따돌리면서 서둘러서 달아나는 느낌.

• **run** 달리다, 운영하다, 선거에 출마하다, 콧물이 흐르다

Run, Forest, run! 뛰어, 포레스트, 뛰어! (영화 〈포레스트 검프〉의 유명한 대사)

This company is run by Jane's family. 이 회사는 제인의 가족이 운영해.

Mr. President is running for the second time.

대통령은 재선을 위해 노력하고 있어.

My nose is running because of cold. 난 감기 때문에 콧물이 흐르네.

The cat was run over by a motorcycle. (자동차 등이 무언가를) 치다

• **cover** 덮다, 가리다, 취재하다, 포함하다, (다른 가수의 곡을) 리메이크하다

Snow covered the city.

The news team covered the hostage situation.

뉴스 팀이 인질극을 보도했다.

Korean territory covers an area the size of Portugal.

대한민국 영토는 포르투갈 크기 정도이다.

This insurance covers all kinds of cancers.

이 보험은 모든 종류의 암을 보장한다.

My band covers Beatles. 우리 밴드는 비틀즈의 곡들을 연주해.

• **call** 부르다, (~라고) 칭하다, 전화하다(혹은 명사 '통화'), 결정하다

I thought you were calling me.

Call me Ishmael. (소설 『백경(Moby Dick)』의 유명한 첫 문장)

Give me a call tomorrow.

This is your call, not mine. 이건 내가 아니라 당신이 결정할 일이지.

Let's call it a day. 오늘은 그만하자. (좀 더 구체적으로는 "오늘 일은 이걸로 끝내는 걸로 하자"의 뜻)

• suppose 가정하다, 생각하다

"~ 한다면 어떨 것 같아?"라는 의미로 자주 사용한다. 다시 말해 가정법의 'if'처럼 써먹는다. (참고로 구어체에서는 suppose 대신 say나 imagine을 써도 비슷하다.) 그리고 앞서도 나왔지만 'be supposed to' 형태로 '~하기로 되어 있다' 정도의 의미로 역시 자주 쓴다.

Suppose you were born in Japan. 네가 일본에서 태어났다고 생각해봐.

Say you were president, what would you do?

네가 대통령이라면 뭘 할 거야?

Imagine there's no heaven. 천국이 없다고 상상해봐. (존 레논의 〈Imagine〉 가사)

What am I supposed to do in this situation? 이 상황에서 내가 뭘 해야 돼?

짧고 쉽지만 무지 자주 쓰는
단어와 표현들

"오늘 밤엔 나가고 싶지 않아"

친구 사이인 Jane과 Heather가 대화하고 있다. 오늘따라 Heather의 기분이 별로인 것 같다.

Jane : You are supposed to be with Mike by now? 넌 지금쯤 마이크

랑 같이 있어야 하지 않니? (be supposed to : ~ 하기로 되어 있다. 자주 쓰는 표현임.

"What am I supposed to do?"는 "난 뭘 하면 돼?")

Heather : I don't feel like going out tonight. 오늘 밤엔 놀러 나가고 싶지 않

아. (feel like ~ing : ~하고 싶은 기분이 들다)

Jane : Give me a break. Are you serious? 설마… 그 말 진심이야? (Give

me a break : 회화에서 매우 자주 쓰는 표현이다. 우리말의 "한 번만 봐줘요"부터 "설

마…", "잠깐만요" 등 다양한 어감으로 쓴다. 이때 'serious'는 '심각한'이 아니라 '농담이

아니라 진심'인지 묻는 표현임)

Heather : I am **serious**. I **mean it**. 당근, 진심이지. (mean 역시 진짜라는 얘기) **You say something here, you have to mean it.** 여기선 무슨 말이건 헛소리는 안 통해.

Jane : Then **make sure** to call him that you don't go out tonight. 걔한테 전화해서 안 나간다고 하는 거 잊지 마. [make sure (to 혹은 that ~)는 굉장히 회화적인 표현이다.] **I would go out with him.** 나라면 걔랑 데이트하러 나갈 텐데. ['~라면'이라는 뜻으로 would를 쓴 가정법(혹은 조건법)]

Heather : **He's not that into you.** 그는 널 그렇게 좋아하지 않아. (be into : ~을 좋아하다. 놀랍게도 into가 be동사와 함께 '좋아하다'란 뜻의 동사처럼 쓰인다. 심지어 into 앞의 that은 '그만큼'이란 뜻의 부사로 쓰이고 있다. be that into는 그만큼 좋아하다.)

Jane : **I'm just into dancing, you know.** 난 그냥 춤추는 게 좋을 뿐이야, 알지? **Oh, look at you, you ain't feeling well now. You're OK?** (look at you : 너 꼴이 좀…, 모습이 평소와 같지 않아서 놀랄 때 쓰는 말)

Heather : **The truth is… I am not myself today.** 음… 사실은 말이야, 난 오늘 제정신이 아냐. (the truth is…도 자주 쓰는 표현. be not oneself는 마치 정신을 잃어버린 듯 맛이 간 상태) **I don't know who I am, what I am, who you are, what you are.** 난 내가 누군지, 뭐하는 사람인지, 네가 누군지, 뭐하는 사람인지 모르겠어.

Jane : **What're you talking about? You're gonna break up with him?** 무슨 소리야? 너 걔랑 헤어지려구? ("워르유토오키너바~웃?" 역시 자주 쓰는 말이다. break up은 사귀다가 헤어지는 걸 말한다. 차버리는 건 dump! 같은 뜻이지만 어감이 좀 더 거칠죠. ㅎㅎ)

Heather : **Tell you what? The thing is…** 이야기 좀 들어볼래? 실은… (Tell you what? 얘기 좀 들어볼래? / You know what? 너 그거 아니? / The truth is… 실은…

/ The thing is… 실은… − 모두 무언가 이야기를 꺼내고 싶을 때 쓰는 말들이다.)

I think I got pregnant. 나 임신한 것 같아. (get pregnant는 임신하다)

Jane : **What? What do you mean by that?** 뭐라고? 그게 무슨 소리야? ("그
게 의미하는 바가 뭐야?" 뭔가 추궁할 때 쓰는 말투)

Heather : **I think I got pregnant!** 나 임신한 것 같다고!

Jane : **Oh, my God! You have a baby! How could it happen?** (How
could it happen? : 어찌 그런 일이?)

Heather : **Things happen.** 별일이 다 있는 거지. (당사자가 무척 태평하게 말하네요.)

Jane : **Yeah, sometimes shit happens.** 맞아, 때로 엿 같은 일도 생기는 거지.
(제인은 좀 얄밉게 말하네요. ^^;; shit happens : 안 좋은 일이 생길 때 툭 던지는 감탄사
같은 말입니다.)

Heather : **What's that supposed to mean?** 그게 무슨 말이야? (상대가 약간
말을 꼬아서 할 때, 혹은 듣기에 좀 찜찜한 말을 할 때 "너 진짜 뭘 말하고 싶은 거야?"
정도의 의미)

Jane : **Nothing. Just forget it. Anyways, what're you gonna do
with it?** (원래는 anyway가 맞는데 '에니웨이~즈'는 미국식 사투리라고나 할까요?)

Heather : **I don't have the slightest idea.** 아~무 생각 없어.

Jane : **By the way, you guys haven't got the protection?** (protection :
피임, 보통은 콘돔을 가리키는 말)

Heather : **No. But it was just once!**

Jane : **Oh, no. You asked for it.** 저런, 자업자득이네. (You asked for it : 자업
자득. You had it coming이라고도 한다.) **Don't take a chance when a life
is at stake.** 생명이 걸린 일에 모험을 하면 안 되지. (take a chance, take a risk 등
은 굉장히 자주 쓰는 표현이다. 여기서 chance는 '우연'이다. at stake는 '~가 걸린'이다.

stake는 '말뚝' 같은 건데요, 옛날에는 말뚝 앞에 내기의 상금을 걸어놓고 씨름 같은 걸 했나봅니다. 그래서 'something at stake' 하면 '내기에 건 무언가'를 의미합니다.)

Jane : Did you tell him?

Heather : No, not yet.

Jane : Maybe you have to ask him to **come over** and tell him.

[come over : '건너오다' 정도의 어감이다. 저쪽에 있다가 이쪽으로 오는 느낌. "Will you come over tonight?" 하면 "오늘 밤 우리 집에 올래?" (이 문장에서 '우리 집'이란 단어가 없는데도 그런 의미가 된다는 것에 주목! come over의 느낌이 그래요.)] **He also deserves to know what's going on.** (deserves to : ~할 자격이 있다, ~할 권리가 있다)

Heather : Yeah, he does. But I ain't ready to tell him (Heather도 '에인'이란 표현을 쓰네요.)

Jane : When are you gonna tell him?

Heather : I don't know. I'll **sleep on it.** 오늘 밤까지 그 문제를 고민해볼게. (sleep on it : 그걸 베고 자겠다? '오늘 밤 늦게까지 고민하다가 자겠다' 정도의 어감이다.)

Jane : **Keep it or get rid of it?** (get rid of : '제거하다'라는 뜻. 제인은 지금 혹시 낙태를 할 건지 묻는 것이다.)

Heather : What do you mean? Of course, I'll keep it.

한국어와 영어의 어감 차이

한국어와 영어의 어감 차이를 알 수 있는 에피소드 하나.
필자의 저서 『배낭여행 영어회화』에서 하나 빌려옵니다. (참고로 컬러 글씨 부분을 유의할 것!)

태국으로 배낭여행을 떠난 종훈, 배에서 제인을 만난다.

Jonghoon : Excuse me. **May I⋯?**

Jane : Of course. **Be my guest.**

Jonghoon : Thanks. **How are you?**

Jane : Fine. Thanks. And you?

Jonghoon : I'm also fine. I'm Jonghoon, from Korea. You can **call me Hoon.**

Jane : Oh, nice to meet you. I'm Jane from France. And⋯ you are from south or north?

종훈 : 실례합니다. 여기 앉아도 되나요?

제인 : 물론이에요. 앉으세요.

종훈 : 고마워요. 오늘 어떠세요?

제인 : 좋아요. 고마워요. 그쪽은요?

종훈 : 저도 좋아요. 전 한국에서 온 종훈이라고 해요. 훈이라고 불러주세요.

제인 : 오, 반가워요. 전 프랑스에서 온 제인이에요. 근데⋯ 남한인가요, 북한인가요?

번역해놓고 보니 구석구석 어색하기 그지없다. 그만큼 이 대화가 한국어와 영어의 차이를 많이 보여주기 때문이다.

맨 첫 문장 "Excuse me. May I⋯?"는 문장만 봐서는 도저히 뜻을 알 수가 없다. "실례합니다"는 알겠지만, "May I⋯?"는 도대체 무엇인가?

말이란 항상 어떤 특정 상황에서 말해지는 것이다. 이 경우는 배에서 옆자리에 앉아도 되냐고 묻는 상황이란 걸 알지 못하면 뜻을 알 수가 없다.

다른 말로 하면 그런 상황에서는 상대에게 그냥,

May I···?

해도 상대가 무슨 뜻인지 알아듣는다는 말도 된다. 상상해보라. 당신이
여러 좌석 중 하나에 앉아 있는데 어떤 사람이 오더니 옆의 빈자리를 가
리키면서,

May I···?

T I P

"Nice to meet you"에 대한 응답은?

상대가 "Nice to meet you." 하면 물론 "Nice to meet you too."하면 된다. 그런데 이걸 가장 짧
게 하면?

You too.

하는 거다. 가끔,

So am I.

I am too.

혹은,

Me too.

이러는 사람들이 있는데, "Nice to meet you"는,

It's nice to meet you.

의 줄임말이다. 이걸 더 줄이고 줄여서 다 줄이면, you 하나만 남는다. 그래서 대답은 "Me too"
가 아니라 "You too."가 되는 것이다.

It's been an honor to work with you.

이런 말을 들어도 역시,

You too.

물론 "I am glad to see you!" 같은 말을 들으면 당연히,

So am I.

하는 게 맞다.

3 핵심 어휘와 표현 정복

라고 묻는다. 그건 당연히 "여기 앉아도 될까요?"라는 질문인 것이다. 실제로 "메이아이?"는 꽤 자주 써먹는 문장이다. 물론,

May I sit here?

하고 길게 물어도 전혀 문제없다.

저 앞의 간략한 번역이 이상하게 느껴지는 두 번째 이유는 모두 존댓말이기 때문이다. 원래의 영어 문장은 존댓말도 반말도 아닌 평어체라고 할 수 있다. 하지만 한글의 반말체로 번역해도 이상하고, 존대체로 번역해도 이상하다. 이건 두 언어 자체의 차이에 기인한 어색함이다.

어색함의 세 번째 이유는, 한국어를 쓰는 문화에는 첫 만남에 "How are you?" 같은 질문을 하지 않기 때문이다. "안녕하세요?"가 그나마 비슷한 뜻이긴 하지만 어감은 완전히 다르다.

하지만 영어권에서는 첫 만남에서도 가끔 저런 인사말을 쓰고, 특히 여행자들끼리는 흔히 쓴다. 의외로,

How do you do?

라는 첫 인사말을 쓰는 이는 별로 없다.

그리고 자기 이름을 소개할 때는,

I'm Hoon.
My name is Hoon.

Call me Hoon.

등으로 하는 게 일반적이다.

Jonghoon : South. Hey, there's no North Koreans **around here.** They can't travel like us.

Jane : Of course. ^^ So··· Are you traveling alone?

Jonghoon : Yes, every time. And you?

Jane : Me too, every time. I love traveling alone. It's OK to go with a friend **for a while.** But I usually prefer being alone.

Jonghoon : So do I. 'Two for a while' is OK. But **all the time**? I say No. By the way, Jane. **Been to** this island before?

Jane : No, have you?

Jonghoon : Actually once. 2 years ago.

Jane : Wow. Maybe I can get some information from you.

종훈 : 남한이지. 헤이, 이 근처에 북한 사람은 없어. 그치들은 우리처럼 여행 못 다니지.

제인 : 당근 그렇지. ^^ 그런데··· 넌 혼자 여행하니?

종훈 : 응, 매번 그래. 넌?

제인 : 나도 그래, 항상. 난 혼자 여행하는 게 좋아. 잠깐씩은 친구랑 둘이 다니는 것도 괜찮지만.

종훈 : 나도 혼자 다니는 게 좋아. 잠깐씩 둘이 다니는 건 나도 괜찮아. 하지만 늘 그러는 건 싫어. 그런데 제인. 저 섬에 가본 적 있니?

제인 : 아니, 너는?

종훈 : 실은 2년 전에 한 번 가봤어.

제인 : 와. 그럼 너한테 미리 정보를 좀 들으면 좋겠네.

존댓말로 번역하니까 너무 어색해서 이번에는 반말체로 번역해보았다. 존댓말보다는 원어의 느낌에 가까운 것 같다.

하여튼 해외에서 "한국에서 왔어요" 하면 남한이냐, 북한이냐 묻는 사람들이 꽤 많다. 그때마다 대답해줄 수밖에.

그건 그렇고 첫 문장에서,

around here.

에 주목하라. around는 역시 '근처', '주변'의 느낌이다. "See you around!" 하면 "오다가다 또 봐!" 정도의 뜻이 된다. 그리고 중간의,

for a while

도 주목하라. '한동안'이라는 뜻인데, 정말정말 자주 쓰는 구문이니까 지금 당장 입으로 몇 번 말해보시라. '포러와일', '훠러와일'. F를 한글로 표시할 수 없으니 참으로 답답하도다!

Been to this island before?

는 "Have you been to this island before?"에서 'Have you'를 생략한 것이다. 앞서 be동사 할 때 공부했던 부분이니만큼 복습하는 의미에

서 다시 읽어보시라. 하여튼 그래서 대답이 "Yes, I have" 혹은 "No, I haven't"가 된다.

마지막으로 두 사람이 아직 서로에게 나이를 묻지 않은 것에 주목하라. 앞으로도 한동안 둘은 서로의 나이를 묻지 않을 것이다. 그게 국제적인 예의이다. 아주 친해지기 전까지는 나이를 묻지 마시라. 영원히 묻지 않아도 된다. 특히 독자가 남성이고, 상대가 여성이라면 첫 만남에서는 절대 묻지 마시라!

Jonghoon : Sure. Why not. I can be your personal tour guide **if you want me to.**

Jane : That's nice. Thank you **in advance.**

Jonghoon : You are totally welcome, **in advance.** And your English is very good.

Jane : Your English is good too.

Jonghoon : Oh, thank you. But you know what? **It's** quite hard **for** me **to** talk in English. This language is so **different from** Korean.

Jane : Yeah, I know. It's not easy for me, too. **The accent,** the English accent is hard for us.

Jonghoon : I see. Anyway, **thanks to English,** we can talk to each other. Isn't it nice?

Jane : **Absolutely.** So nice!

종훈 : 물론이지. 내가 너의 전용 가이드가 돼줄 수도 있어. 만약 네가 원하면 말이지.

제인 : 그거 좋네. 미리 고마워.

종훈 : 나도 미리 완전 웰컴이야. 근데 너 영어 되게 잘한다.

제인 : 너도 잘하네.

종훈 : 아, 고마워. 실은 있잖아. 나 영어로 말하는 거 꽤 힘들어. 한국어랑 너무 다르거든.

제인 : 알 것 같아. 나도 영어 하는 거 어려워. 발음이 달라서… 우리 프랑스인들에겐 영어 발음이 어려워.

종훈 : 그렇구나. 어쨌거나 영어 덕분에 우리가 서로 대화할 수 있네. 좋지 않아?

제인 : 물론이지. 너무 좋아.

"Thank you in advance(미리 감사)"라는 표현은 제인이 반 농담으로 쓴 것이다. 대답으로 "You are welcome in advance" 하면 더 재치 있게 들릴 것이다. 컬러 글씨로 된 부분들은 중요하니까 다시 한 번 읽으시라. 참고로 프랑스, 이탈리아, 스페인 등 유럽 남부권 사람들이 상대적으로 영어에 약하다. 반면 독일, 네덜란드, 덴마크, 스웨덴 등 북부쪽 사람들은 거의 네이티브가 아닌가 할 정도로 영어 잘하는 사람들이 많다.

한국인이 특히 어려워하는 단어와 표현들

우리는 보통 공부할 때 사전에 나오는 용례를 끝까지 읽지 않는 버릇이 있고, 때때로 사전이 너무 오래돼 최근의 의미 변화를 반영하지 못하는 경우도 있다. 그래서 한국 사람들이 특히 그 의미를 오해하고 말할 때 실수하는 단어와 표현들이 있다. 의미상의 사소한 차이가 오해를 낳을 수도 있으니 한 번 짚고 넘어가자.

• **embarrass** 당황스럽게[어색하게/쑥스럽게] 만들다

보통 사전에는 이렇게 되어 있는데, 실은 '부끄럽고 당혹스럽게 만들다'라는 뜻에 더 가깝다. 그래서 "I was embarrassed" 하면 시쳇말로 "쪽 팔렸다"이고, "It's embarrassing"은 "부끄러운 일이다"가 된다.

I embarrassed my sister when I told stories about her childhood.

여동생에게 어릴 적 얘기를 해줬더니 부끄러워서 어쩔 줄 몰라 하더라.

다음은 어떤 뜻일까?

Be careful what you say during this meeting so that you don't embarrass yourself.

'embarrass oneself'는 특히 미국인들이 자주 쓰는 표현인데, '스스로 부끄러운 상황에 빠지게 하다'를 의미한다. 따라서 위의 문장은,

Try not to say anything stupid or too obvious during the meeting.

쯤 되는 뜻이다.

• **obvious** 분명한[명백한]

바로 위의 문장에 이 단어가 있는데, 보통은 '명백한' 정도의 뜻으로 쓰지만, 때로는 '(지나치게) 뻔한' 혹은 '겉보기에(속은 다르다는 뜻이 아니고 '일단 겉으로 보기에' 정도)'라는 뜻으로 쓴다. 위에 나온 obvious는 '지나치게 뻔한' 정도의 의미다.

obviously 하면 '명백하게'일 수도 있지만, '보다시피' 정도의 의미일 때도 많다.

obvious와 비슷한 단어로 'apparent'가 있는데, 역시 '겉보기에 확실한'이지만 obvious보다 조금 덜 확실한 느낌이다. 'apparently' 하면 '일단

겉으로 보기에' 정도.

• **happen** 발생하다, 벌어지다

사전에도 분명히 '(특히 계획하지 않은 일이) 발생하다'라고 쓰여 있는 경우가 많지만, 우리가 워낙 바쁘다 보니 괄호 안에 있는 문장들까지 잘 기억하지 않아서 문제다. ^^

하여튼 그래서 이 단어는 다음과 같이 흔히 쓴다.

You happen to visit Seoul, let me know please. 혹시 서울을 올 기회가 생기거들랑 내게 알려주세요.

He happened to be there when the bomb went off. 폭탄이 터졌을 때 그는 (하필이면) 거기에 있었다.

Shit happens. 살다 보면 안 좋은 일도 생기는 거지. (영어 구사자들이 자주 쓰는 시니컬한 표현이다.)

• **compromise** 타협하다. 위태롭게 하다

'타협하다'는 뜻은 다들 아는데, compromise가 '위협하다'는 뜻으로 자주 쓰인다는 사실은 모르는 경우가 많다. "이 건물 건설은 우리 안전에 위협이 된다"는 다음과 같이 써도 된다.

This building construction compromises our safety.

의미의 미묘한 차이

틀린 건 아닌데 의미를 미묘하게 다르게 알고 있는 경우도 있다. 일전에 어느 일본인 학생과 이런저런 주제를 두고 한참을 이야기한 적이 있었는데, 이야기가 거의 끝날 무렵 그 학생이 필자에게 이렇게 말했다.

You are very clever. I respect you.

글자 그대로만 해석하면 "당신은 매우 똑똑합니다. 저는 당신을 존경합니다"란 뜻 같지만, 실은 어감이 조금 다르다.

clever가 '똑똑한', '현명한'이긴 한데, 약간 얄미운 느낌이 있다. 여우같이 영리하다고 할 때의 그 '영리함'의 느낌. 그래서 이럴 때 쓰는 건 적절하지 않은 것이다. 또 respect는 물론 '존경'의 뜻으로 쓸 수 있긴 한데, 역시 우리말의 '존경'보다는 '존중'의 의미에 가깝다. 여기서는 admire나 look up to 정도를 쓰는 게 낫다.

그 친구가 진짜 하고 싶었던 표현은 아마,

You are very smart, and I admire you.

정도였을 것이다.

틀린 건 아닌데 현실에서는 다른 단어를 더 많이 사용하는 경우도 있다.

우리가 보통 '고추' 하면 떠올리는 단어는,

pepper

아닌가요? 물론 틀린 건 아닌데, 실제로 영어 구사자들을 만나보면, 세계에는 고추를 pepper로 부르는 사람보다는,

chili

라고 하는 사람들이 훨씬 많다. 식당이나 시장에서 '치일리이'라고 조금 길게 발음해주면 우리가 '고추'라고 알고 있는 그 매운 식물을 가져온다. 그리고 '맵다', 이것도 문제인데…. 우리는 보통 '맵다'를,

hot

이라고 생각하는 경우가 많다. 하지만,

spicy

라는 단어를 더 많이 쓴다. spice는 그냥 '양념'인데, spicy 하면 '맵다'란 뜻이 된다. 그래서 "이 고추 열라 매워!"는,

This pepper is very hot!

이 아니라,

This chili is so spicy! 디스 치~일리 이즈 쏘오오 스빠이씨!

※참고로 미국 영어에서 s 다음에 오는 'k', 'p', 't'는 발음이 약간 경음화되는 경향이 있다. 즉, 'ㄲ', 'ㅃ', 'ㄸ' 발음이 된다는 말이다. 그래서 스까아이(sky), 스빠아이(spy), 스따아일(style) 등으로 발음한다.

형용사 느낌의 동사

앞서 배운 'be into'는 '좋아한다'라는 동사 느낌이 나는 특이한 조합이었다. 그런데 영어에는 꼭 형용사 느낌이 나는 동사들이 몇 개 있다. 회화

에서 자주 쓰고, 물론 한국 사람들이 좀 어려워하는 동사들이다.

● **suck** 물론 '빨다'라는 뜻의 동사지만, '~에 젬병이다', '~는 나쁘다', '~는 지랄맞다' 등의 뜻으로 매우 자주 쓴다. 슬랭 느낌이 있으니 자리를 가려서 쓰자.

We suck at making beer. 우린 맥주 만드는 데는 젬병이야.

Capitalism sucks! 자본주의는 개판이야.

● **rock** 명사로는 '돌'이자 '록 음악'이지만, 동사로는 '록 음악을 하다', '기분을 내다', '최고다' 등 몇 가지 의미의 슬랭으로 사용하고 있다. 교양스러운 말은 아니니까 예의가 필요한 장소에서는 피하는 게 좋다.

Lady Gaga rocks! 레이디 가가는 짱이야!

This place rocks! 이곳 죽이는데!

You rock! 당신 멋진데!

● **count** 당연히 '세다'란 뜻이다. 하지만 '중요하다', '포함하다' 등으로 쓸 때도 있다.

Every point counts in this game. 이 게임에서는 모든 점수가 중요해.

● **top** '꼭대기'이므로 제일 위에서 아래를 누르는 느낌이 있다. 따라서 그런 의미의 동사로 쓰는데, 한국말로 해보면 형용사 느낌이 난다.

I've seen some weird things before, but this tops everything.

난 예전에 이상한 걸 많이 봤어. 하지만 이만큼 이상한 건 없었어. (이게 다른 걸 다 눌러.)

• **talk** 말을 하는 건데, 때때로 '누군가 혹은 주변에 영향을 끼치기 위해 말을 한다'는 의미가 있다. 이를테면 "I will talk him to do that" 하면 "내가 그에게 그거 하라고 말을 할게". 그래서인지 'talk'이라는 단어에는 힘이 좀 실린다.

Money talks 돈이 말을 하지. (돈이 중요하다는 뜻)

메움말의 세계

미국의 스팟나잇(Spotnight)이라는 IT 회사의 대표로 데이빗 베일리 (David Bailey)라는 아저씨가 있다. 취미가 외국어 공부인 이 사람은 휴가 기간 동안 프랑스어를 배우기로 결심한다. 그리고 나중에 시사 주간지 〈타임(Time)〉에 기고한 글에서 자신이 프랑스에서 단 17일 동안 프랑스어를 배우는 데 성공했다고 말하는데… 비결이 뭐냐고?

몇 가지 비결이 있는데, 그중 하나는 메움말(filler words)을 잘 활용하는 것이란다.

Another good tip is to learn the filler words. These are the words and phrases people say then all the time between sentences (alors, en fait, etc.) but have no real meaning ; allowing you to buy time in a conversation and increase your confidence.

또 다른 비결은 사람들이 항상 문장들 사이에 메움말(filler words)로 쓰는, 별 의미는 없지만 대화할 때 시간을 벌어주고 자신감을 길러주는 간단한 단어나 구를 익히는 것입니다. 프랑스어에는 'alors', 'en fait' 등이 있습니다.

이건 정말 맞는 말이고, 또한 비결이다. 외국어를 할 때 '시간을 번다'는 게 얼마나 중요한지는 외국어로 말해본 사람이라면 누구나 안다. 외국어로 무언가 말하고 싶은데 그걸 먼저 생각할 시간이 필요할 때가 얼마나 많은가. "음…" 같은 말이 별거 아닌 것 같지만, 그럴 때 필요한 게 바로 이런 것이다. 우리말에서는? "음…", "그러니까…", "글쎄…", "보자…", "잠깐…" 등 수도 없이 많다. 영어에서는 가장 흔히 쓰는 말이,

Well…

혹은,

Well, let me see.

하고 좀 늘려도 된다. 아니, 초보들은 가능하면 아무 때나 이렇게 늘리는 게 좋다.
이 외에도 '실질적으로' 메움말 역할을 하는 단어나 구는 아주 많고, 문장 앞이든, 뒤든, 중간이든, 어디든 쓸 수 있다.

It's kind of a New York style. 이건 그러니까, 뉴욕 스타일이지.
I kinda feel like trying a new place. 난 그러니까, 새로운 곳에 가보고 싶네.
He is sort of a bastard, I mean. 그는 그러니까, 개자식이라고 할 수 있지.

kind of('kinda'는 약자. '카인다' 정도로 발음), sort of는 '어떤 종류의'란 뜻도 되지만, 우리말의 "~ 같아"처럼 별 뜻 없이 말을 늘리는 메움말로 쓰기도 한다. 여기서 'kind of', 'kinda', 'sort of', 한 다음 한 박자 쉬어주

어도 무방하다. 실제로 말할 때는 많이 그렇게들 한다.

Do you wanna go out for a movie or something?
영화라도 보러 가지 않을래?

Are you in a hurry or something? 너 좀 바쁜 거니?

이때 'or something'도 별 뜻은 없고, 그냥 상대를 좀 떠보는 듯한 어감이 있을 뿐이다.
다음 커플의 대화를 들어보자.

You've been weird for like a month. 넌 거의 한 달 동안 이상하게 굴었어.

It's like⋯ going out with a stranger.
마치⋯ 낯선 사람이랑 데이트하는 기분이었다니까.

Like I said, I've been quite busy doing some petty works for my boss. 내가 말했잖아, 보스가 시킨 잡일 때문에 꽤 바빴다고.

여기서 like는 조금씩 다른 뉘앙스로 쓰였지만, 모두 나름 '메움말'의 기능을 하고 있다.

Looks like she got a new boyfriend.
Sounds like he made it, huh?

이런 말투도 가능하다.
앞서 예문으로 나온,

The truth is, I got pregnant

The thing is, I have no money now.

등도 물론 훌륭한 메움말들이다.

우리는 외국어를 할 때 때로는 상대방의 말에 맞장구를 치면서 생각할 시간을 벌기도 한다.

Right. that's right.

Totally agree with you.

I couldn't agree more.

something의 발음

nothing(나씽)은 비교적 '나씽'처럼 다 발음해주거나 최소한 '나씬', '나쓴' 정도는 해주는데, '썸씽'은 안 그러는 사람들이 꽤 있다. 즉, something을,

써믕

하고 만다. 심지어 우리 귀에는,

써므

정도로 들릴 때도 있다. 그래서,

something good
썸씽굿
써믕굿
써므구-

사람에 따라 이렇게 다르게 발음하는 것 같다.
하지만 물론 우리는 가능한 '썸씽굿'이라고 다 발음해주는 게 좋다.

대화의 주제를 바꾸고 싶을 때는,

By the way…

Well, let me think…

한국 사람들(과 일본 사람들)이 특히 좋아하는,

I think… He already got away with it.

제가 생각하기에는… 그는 이미 달아나버렸어요.

도 훌륭한 메움말이다. 비슷한 걸로,

I guess… that's why they call it blues.

제 짐작에는… 그 음악을 블루스라고 부르는 이유가 그거에요.

I mean… I am not a minor. 제 말은… 전 미성년자가 아니라구요.

I swear, I'm telling the truth. 맹세컨대, 난 사실만 말할 거라구.

등이 있는데, 이중 'I swear'는 메움말 성격이 제일 적다고 보면 되겠다.
때로는 단순한 부사들이 메움말 역할을 하기도 한다. 다음 대화를 들어
보자.

Hoon : **What did you do today?** 오늘 뭐했니?

Jane : **Technically, I went shopping.** 일단, 쇼핑을 갔다고 할 수 있지.

Hoon : **What did you really do?** 실제로는 뭐했는데?

Jane : **Actually, I didn't buy anything.** 실은, 아무것도 사지 않았어.

Hoon : Then **basically, you just walked around the mall?**

그러니까 기본적으로, 그냥 쇼핑몰을 걸어다닌 거네?

Jane : **Obviously, yes. But substantially, I was gathering information about recent fashion trend.**

겉보기엔 확실히 그렇지. 하지만 내용적으로 보면, 난 최신 유행 정보를 모은 거야.

Hoon : **presumably, you didn't have money.** 짐작컨대, 돈이 없었나보군.

참고로 'technically'는 '기술적으로'가 아니라 우리말로 치면 '형식적으로는', '외형적으로는' 등의 의미로, 내용적으로는 좀 다르다는 의미를 함축하고 있다.

위의 대화에서 부사들을 빼면 의미상으로 큰 변화는 없지만 대화의 뉘앙스는 꽤 달라질 것이다. 저런 부사들을 적절하게 사용하면 '시간을 벌 수 있을' 뿐 아니라 보다 세련되고 위트 있는 대화가 가능해진다.

전치사의 어감 익히기

'전치사'란 이름

외국어로 영어를 배우는 입장에서 전치사란 것만큼 골치 아픈 존재도 드물다. 네이티브들은 감각적으로 전치사의 의미가 와 닿겠지만, 우리는 그 많은 용법을 일일이 하나하나 외워야 한다. 하지만 그걸 다 외우는 게 가능하기나 할까 싶다.

그러고 보니 용어 자체도 좀 이상하다. 전치사(前置詞), 앞에 오는 말이라니. 뭐 앞에 온다는 말인가? 전치사 앞에는 다른 단어가 없나? 다른 단어 뒤에 오면 후치사(後置詞)인가? 의미상 연결되는 단어 뒤에 올 때는 부사라고 부르기도 하는데… 결론적으로 전치사건, 부사건 이름에 연연하지 마시라. 그렇지 않아도 골치 아픈데 그런 이름까지 신경 쓸 필요는 없다. 말할 때 전치사니, 부사니 따지면서 말하는 것도 아니니까.

그리고 전치사의 모든 용법을 다 외울 필요도 없다. 중요한 건 물론 외워 둬야겠지만 나머지는 특정 전치사들의 '어감'을 익혀두면 그걸로 충분하다. 그리고 실제로 대화를 하면서, 혹은 남들의 대화를 들으면서 의미를 확인하고 체화하는 게 가장 효율적인 방법이다.

가장 먼저 어감을 알아볼 전치사는,

– to

일단 어딘가로 향하는 방향의 느낌이 있다. '~로', '~에게', '~ 향해', '~까지', '~쪽으로',

She went to the university. 그녀는 대학교에 갔다.

Give it to me. 그걸 내게 줘.

From Monday to Friday. 월요일부터 금요일까지.

10 minutes to five. 5시 10분 전. 5시가 되기까지 10분.

방향의 느낌이 있다 보니 '~에' 붙거나, '~에 따라' 무언가를 할 때 쓴다.

Put your hands to the wall!

Everybody was dancing to the rock music.

역시 '~ 때문에 ~한' 결과가 나올 때도 쓴다.

I'm starving to death now. 나 지금 배고파 죽겠어. (배가 고파서 → 죽는 것임)

스포츠의 점수 표기할 때도 쓴다. 이를테면,

The score is 3 to 1.

상대에 '대한' 이쪽 팀의 입장이 들어 있기 때문이 아닌가 한다.

– of

일단 '소유'와 '소속'의 전치사다. 우리말의 '~의' 하는 느낌이 강하다는 말이다.

A friend of mine. 내 친구.

The swing of Lee Seungyop. 이승엽의 스윙.

A cup of coffee.

of는 대부분의 경우 '~의'이지만, 가끔 예외가 있다.

The city of Seoul (the city = Seoul, 좌우가 동일함)

Speak to me of love 사랑에 대해서 말해주세요. ('about'과 비슷한 의미)

He died of hunger. 그는 아사했다. (원인)

– on

무언가 한 사물의 표면에 붙어 있는 걸 상상하자. 붙어 있긴 하지만 그 사물은 아니므로 명백히 두 개의 실체이다. 그 연결은 상황에 따라 떨어질 수도 있으므로 유동적이다. 때때로 그 표면 위에서 쭈~욱 미끄러지면서 움직이기도 한다. 하지만 그 표면을 벗어나지는 않는다. 이 정도가 on의 어감이다.

The beer is on the table. 맥주는 테이블 위에 있다.

I'm on it! 내가 맡아서 하고 있어! (내가 그 위에 있어!)

I'm working on the new project. 나는 새 프로젝트를 맡아서 연구하고 있다.

I have no money on me now. 난 지금 돈이 없어. (돈이 나의 몸체 위에 붙어 있지 않다!)

The cottage is on the lake. 그 오두막은 호숫가에 있어. (호수 물 위가 아니다! 가끔 이럴 때도 있다. -_-)

What's on the TV now? TV에서 지금 뭐 하니? (지금 TV 화면에 붙어 있는 영상이 뭐냐?)

It depends on what he has. 그가 가진 게 무엇이냐에 달려 있지. (그가 가진 것 위에 의존한다.)

The tax on alcohol. 술에 붙는 세금.

A ban on porn. 포르노 금지.

A study on marijuana. 대마초에 대한 연구. (연구 주제를 위에서 노려보는 모습을 상상하라.)

On your knees! 꿇어! (글자 그대로는 "무릎 위에!"라는 뜻인데, 무릎 위에 몸을 두라는 얘기니까 "꿇어!"가 된다. 그럼 "On your back!"은? "누워!")

I traveled on the plane / bus / motorcycle.
(교통수단을 이용하는 것도 on이다.)

Try it on. 그거 한번 입어봐. (글자 그대로는 "몸에 붙여봐".)

Sleep on it. 내일 아침까지 한번 생각해봐.

Think on that. 찬찬히 한번 생각해봐.

무언가를 기본적으로 섭취하면서 지내는 것도 on이다.

I am on the sleeping pills. 나는 수면제를 복용한다.

Koreans live on rice. 한국 사람은 밥을 먹고 산다.

Sherlock has been on opium for a while. 셜록은 한동안 아편중독이었다.

'~ 하고 있는 중'도 on이다.

I'm on duty now. 난 지금 근무 중이야.

I'm on a journey to Europe. (여행 중)

Hyundai workers are on strike now. (파업 중)

쭉 미끄러지면서 움직이는 것도 on이라고 했다. 그 느낌이 가장 잘 사는 경우가,

I'm gonna keep on loving you. 난 널 계속 사랑할 거야. (keep on ~ing)

You gotta move on! 이제 다른 사람 만나야지. ('move on'은 어느 한 지점에 미련을 떨치고 다른 지점으로 이동하는 걸 말한다. 직장을 옮기거나, 남녀 관계가 파탄 났을 때 다른 사람을 찾는다는 의미로 많이 쓴다.)

Dream on! 꿈 깨! (직역하면 "계속 꿈꿔!"지만, 우리말에서는 반대로 말하지요.)

He's working on a new project. 그는 새 프로젝트에 열중하고 있다. (be working on)

이 외에,

It's on the house tonight. 오늘 밤은 공짜야. (술집에서 손님들에게 공짜 술을 돌

릴 때)

We are going to meet on Sunday. (요일도 on이다.)

Turn on / off the light. 불을 켜라 / 꺼라.

I'm on your side. 나는 네 편이야.

Bring it on! 덤벼!

– off

on이 표면에 붙는 거라면 off는 떨어지는 거다. 그래서 불을 끄는 건 turn off이고, 비행기가 땅 표면에서 떨어져 이륙하는 건 take off. 무언가 내게서 떨어져나가면 통제 불능이 된다. 그래서 go off는 '폭발'하는 거다.

Can't take my eyes off from you. 당신에게 눈을 뗄 수가 없어요.

Take your clothes off. 옷을 벗어요.

The guy fell off the bus. 그 남자는 버스에서 떨어졌다.

Keep off the grass! 잔디밭에 들어가지 마시오.

I'm off today. 나 오늘 비번이야. [일에서 떨어진(off) 것을 말한다.]

My house is off the main street. 우리 집은 대로에서 떨어져 있어.

Get off my back! 날 좀 귀찮게 하지 마! (직역하면 "내 등에서 떨어져!")

I have to put him off. 그와의 약속을 취소해야 해. (put someone off : ~와의 약속을 취소하다)

They set off fireworks on Loi Krathong Festival.
(태국의) 러이 끄라통 축제(강에 연꽃 봉오리 모양의 등불을 띄우며 소원을 비는 의식) 때는 폭죽을 터뜨린다. (set off도 go off와 마찬가지)

– in

in은 일단 안쪽이다. 즉, '안', '속', '안으로' 등을 의미할 때가 가장 많다. 문제는 '안'이라는 게 공간적·시간적·물리적·상징적으로 다양한 것을 의미한다는 사실. 다음 예문들 속의 'in'은 모두 일종의 '안'을 가리키는데, 단 하나 예외가 있다.

He is in the building

Let's go in my house.

Come on in! 어서 들어와!

My baby is in bed now.

I fell in love with her.

Woman in red. 빨간 옷을 입은 여인.

There are 28 days in February.

Are you in a hurry? 너 바빠?

I haven't seen him in years. 난 (지난) 수년 동안 그를 보지 못했다.

I'll be back in a week. 일주일 후에 올게. (이게 바로 그 예외이다. 이런 문장에서 'in ~'은 '~ 안'이 아니라 '~ 후'라는 사실을 명심해야 한다! 따라서 'in an hour'는 '한 시간 내'가 아니라 '한 시간 이후')

Speak in English, please. 영어로 말해주세요. ("Speak English, please"와는 무엇이 다를까?)

Are you in or not? 할래, 말래? ("어떤 일 '속에' 들어올 건가?" 자주 쓰는 표현이다.)

요일을 제외한 시기는 전부 in

The World Cup I'm talking about was held in 2002.

She will visit me **in May**

This book was written **in 19th century.**

I will go to Thailand **in winter.**

See you **in the morning!**

– out

out 하면 어떤 느낌이 드는가? 일단 '바깥'이라는 뜻이 떠오를 테고, 야구에서 타자가 아웃되는 것? 사실 야구의 아웃도 뭔가 정해진 것의 바깥으로 새나갔다는 의미에 가깝다.

다른 어감으로는 바깥쪽으로, 혹은 끝까지 쭉 뻗는다는 느낌. 즉, stretch out의 느낌이 있다.

Are you out of mind? 너 미쳤니?

Get out of here! 여기서 꺼져! (친한 친구끼리 농담으로, "와, 정말?" 하고 놀라는 기분을 표현하기 위해 쓸 때도 있다.)

Stay out of trouble. 말썽 부리지 마라.

You've got 9 out of 10. 넌 10점 만점에 9점 맞았어.

I used to go out with her. 난 예전에 그녀와 사귀었어. (여기서 go out은 데이트하러 나가는 걸 의미한다.)

I wanna hang out with my friends tonight. 오늘 밤 친구들과 놀고 싶어.

Can you help me out? 나 좀 도와줄래요? (일시적이 아닌 '어떤 일이 끝날 때까지 한동안 쭉' 돕는 걸 말한다.)

We can't rule out the possibility. 우리는 그 가능성을 배제할 수 없다.

I have to figure out what's really going on here. 난 여기서 진짜 무슨 일

이 일어나고 있는지 알아봐야 한다.

They were making out at the back seat of my car.

('make out'이 왜 '애무하다'란 뜻이 되었는지는 아무도 모른다. -_-;;)

speak out / hear out / think out : 끝까지 말하다 / 듣다 / 생각하다

– by

by는 쉬운 편. '~으로', '~에 의해', '~옆에', '~즈음' 정도의 어감이 있다.

By the river of Babylon, there we sat down.

우리는 바빌론 강가에 앉아 있었네.

He was run down by a car. 그는 차에 치였다.

Song by Beatles. 비틀즈의 곡.

Do you want to pay by cash or credit card?

현금, 신용카드 중 어느 것으로 지불하시겠어요?

She met him by chance. 그녀는 우연히 그를 만났다.

I broke it by mistake. 나는 실수로 그것을 깼다.

She changed the flat tire by herself. 그녀는 혼자서 구멍 난 타이어를 갈았다.

('by oneself'는 옆에 자기 자신만 있으므로 '혼자'다.)

Can you arrive here by 10 in the morning?

아침 10시까지 여기로 올 수 있어요?

What do you mean by that? 그게 무슨 말이에요? (무슨 뜻으로 하는 말이에요?)

Divide 48 by 4 (= 48 ÷ 4)

Day by day 매일매일, 나날이

Case by case 건건마다

Piece by piece 하나하나

– with

독자도 이미 알다시피 with는 우선 '함께'이다. 공간적·시간적·감정적으로 '함께'이다. 그래서 무언가 '도구와 함께', '도구를 써서'라는 뜻도 지닌다. 가까운 무엇인가에 '대해'일 때도 있고, 감정적으로 '함께'니까 '동의'를 의미할 때도 있다.

I wanna be with you. 나 당신이랑 함께 있을래요.

Are you with me on this issue? 이 문제에 대해 나와 같은 입장이세요?

He resisted with a knife. 그는 칼을 들고 저항했다.

Are you satisfied with the result? 결과에 만족하세요?

He sleeps with his eyes open. 그는 눈을 뜨고 잔다. ('뜬 눈과 함께' 잔다.)

He was shaking with rage. 그는 분노로 떨고 있었다. ('분노와 함께' 떨고 있었다.)

Koreans work with diligence. 한국 사람들은 성실하게 일한다. ('성실과 함께' 일한다.)

I'm not good with kids. 난 애들을 잘 못 다룬다. (이거 중요! "난 영어로 말하는 것에 서툴러요"인 "I'm not good at speaking in English"와의 차이를 느껴보라.)

good with와 good at

I am good with kids - the kids like me.

I am good with people - the people like me.

I am good at English - I speak English well.

I am good at baseball - I play baseball well.

차이가 감이 잡히시는가?

– over

한국인들이 가장 까다로워하는 전치사 중 하나이다. 우리의 감각으로는 '끝나다' 혹은 '위' 정도까지는 딱 떠오르는데, 그 외에도 '다시', '~쪽으로' 등 영어 구사자들은 over를 다양한 의미로 사용하기 때문이다.

The game is not over until it's over.

게임은 끝날 때까지는 끝난 게 아니다. (유명한 야구 속담)

A hornet is flying over your head. 말벌 한 마리가 네 머리 위를 날아가네.

The tornado must have blown over the trees.

토네이도가 나무들을 쓰러뜨린 게 틀림없어.

Somewhere over the rainbow, way up high.

저 무지개 너머 한참 높은 곳에. [영화 〈오즈의 마법사(The Wizard of Oz)〉 주제가죠.]

I like that over everything else. 난 그게 무엇보다도 좋아.

I want to travel over all of Europe. 난 유럽 전역을 돌아다니며 여행하고 싶어.

I'm over him now. But he's not over me yet.

난 그를 이미 잊어버렸어. 하지만 그는 아직 날 잊지 못했지. ('be over someone'은 연애 관계가 끝나고 마음에서 정리하는 걸 말합니다.)

Over a year ago, he told me he would come back.

1년도 더 전에, 그는 내게 돌아오겠다고 말했다.

It was an argument over nothing. 아무 실속 없는 논쟁이었다.

They like to discuss business over golf.

그들은 골프를 치면서 비즈니스 이야기하는 걸 좋아한다.

Everybody can **start over** here. 여기선 누구나 새로 시작할 수 있어.

If I could **do it over.** 다시 해볼 수 있다면.

He told me the same story **over and over again.**

그는 같은 이야기를 몇 번이고 계속했다.

Will you **come over** my place tonight?

오늘 밤 내 숙소(집일 수도 있고, 호텔일 수도 있고)에 올래?

Yahoo can be **taken over** by MS? 야후가 MS에 인수될 수 있을까?

The rebel army **took over** the capital. 반군이 수도를 장악했다.

Hongkong was **handed over** to China in 1997. 1997년 홍콩은 중국에게

넘어갔다. [영국이 홍콩의 임대 기간이 끝나자 중국에게 '건네준(hand over)' 것임]

– from

from은 좀 쉽다. '~로부터', '~에서'. 우리가 흔히 쓰는 "Where are you
from?"의 그 from 아닌가. 그러니까 from은 '고향', '출발지', '출처', '시
작점' 등을 말하는 전치사다. 가끔 다른 동사와 결합하여 '~로부터 달아
나다' 혹은 '~에서 떼놓다' 등의 뜻으로 쓰이기도 한다.

The thing must have come from hell. 그건 지옥에서 온 게 틀림없어.

DMZ is only 50 kms from here. 비무장지대는 여기서 50km밖에 안 떨어져 있어.

He was excluded from membership in that private club.

그는 프라이빗 클럽의 멤버십을 잃었다. (멤버십으로부터 축출되었다.)

We have to escape from the wild wolves.

우리는 야생 늑대들로부터 달아나야 해.

Nothing can prevent him from doing his job.

그가 자기 일하는 걸 막을 수 있는 건 아무 것도 없어. (일로부터 떼어낼 수가 없어.)

This train runs from Seoul to Busan ; from 6 am. to 10 pm. everyday. 이 기차는 매일 오전 6시에서 오후 10까지 서울에서 부산을 달린다.

The late Roh Moo-hyun lived from 1946 to 2009.

고(故) 노무현은 1946년에 태어나 2009년에 사망했다. (명복을. ㅠㅠ)

From my point of view, this is totally new.

내가 보기엔, 이거 완전 새로운 거야.

– about

about은 크게 '대략'과 '~에 대해'이다. 하지만 때로는 'around'와 비슷하게 쓰일 때도 있다. 즉, 'walk', 'go' 등과 결합해서 '여기저기' 등을 의미한다.

Tell me all about it. 내게 그것에 대해 다 말해줘.

It'd cost about 1 million dollars to build that house.

그 집을 짓는 데는 백만 달러는 들 거야. ('d cost는 would cost, 즉 가정법임)

What's the book about? 그 책은 어떤 이야기야? ("그 책은 무엇에 관한 거야?" 영어 구사자들은 백이면 백, 이런 식으로 물어본다. 그럼 대답은 "It's about love and hate…" 혹은 "It's about a 19th century soldier who fought for Napoleon army" 식으로 내용에 대해 말해주면 된다.)

What's all this fuss about? 이 모든 소동은 도대체 뭐 때문이야? (바로 위 예문에도 있지만 'what's ~ about?'은 굉장히 흔히 쓰는 표현이니 기억해두는 게 좋다.)

It's about 10 now. 지금은 열 시경이야.

She was about to jump off the cliff.

그녀는 벼랑에서 막 뛰어내리려 하고 있었다. ('막 ~하려고 하다'라는 의미의 숙어)

The homeless guy walk about to keep warm.

그 노숙자는 체온을 유지하려고 여기저기 걸어다녔다.

– around

around의 가장 중요한 용법은 앞에도 소개한 **"See you around"**라고 해도 과언이 아니다. 좀 성의 없는 "다시 만나자" 하는 인사인데, 그도 그럴 것이 "돌아다니다 보면(go around), 또 만나겠지(see)" 정도의 느낌인 것이다. 단어 자체만 보면 '둥글게 모인', '대략', '주변에 있는', '둘러싼' 등의 어감이 있다. 다음 예문들을 읽고 around의 어감을 확실하게 캐치하자.

The crowd gathered around and watched the fight.

군중들이 싸움을 둘러싸고 구경했다.

You'd better wrap papers around the fish. 생선을 종이로 싸는 게 좋을걸.

They traveled around together. 그들은 함께 여기저기 여행했다.

I'll be around for an hour or so. 난 한 시간 정도 근처에 있을 거야.

Ask around. 주변에 물어보고 다녀.

There's nothing around here. 이 근처엔 아무것도 없어.

I will be around for you. 내가 네 옆에 있을게.

Visit Seoul. I will show you around. 서울에 와. 내가 여기저기 구경시켜줄게.

There aren't many birds to see around now.

지금은 볼 만한 새들이 주변에 많지 않아.

핵심 단어 마무리

기타 전치사와 부사

– 'Cuz

영화 〈Love story〉의 대사 중 이런 말이 있다.

Why do you love me?

Just because….

위의 대화가 무슨 뜻일까? "왜 날 사랑해요?"라고 묻는데, "그게 왜냐하면…" 하고 대답하다가 만 걸까?

그보다는 우리말의 "그냥, 이유는 잘 모르겠지만…" 혹은 "그냥…" 정도에 해당하는 말이다. 독자도 누가 이유를 묻는데 잘 모르겠지만 꼭 그렇게 하고 싶은 게 있거들랑,

Just because···.

혹은,

Because···.

라고 대답해주면 된다. 이런 농담도 있다.

George W. Bush! Why'd you start damn wars?
Just because.

"그냥···"이란 뜻이 아니고 정식으로 "왜냐하면···"이라고 할 때는, 구어체로 " 'Cuz(커즈)"라고 말하기도 한다. 그래서 위의 농담을 다음처럼 해석하는 사람도 있다. -_-;;

George W. Bush! Why'd you start damn wars?
'Cuz I could.

– Between you and me
"Between you and me"란 구절이 유명해진 첫 번째 이유는 16세기 말 셰익스피어가 그의 희극 〈베니스의 상인(The Merchant of Venice)〉에서 "between you and I"라는 구절을 썼기 때문이다.

*Sweet Bassanio, ··· all debts are cleared **between you and I** if I* *might but see you at my death.* 친애하는 바사니오, … 내 죽기 전에 자네를 한 번 볼 수 있다면, 자네와 나 사이의 빚을 깨끗이 없는 걸로 할 수 있네.

이후 수많은 작가, 문법학자들이 이 구절이 문법적으로 맞느냐 틀리느냐를 놓고 논쟁을 벌였고, 아직도 그 논쟁은 계속되고 있다. 필자가 보기엔 논쟁 자체가 과도한 문법 집착에 기인한 일종의 '헛소동(Much Ado about Nothing)' 같다. 하여튼 논쟁의 요지는 '너와 나 사이'라면 'between you and I'가 아니라,

between you and me.

가 문법적으로 맞지 않느냐는 것이다. 물론 우리는 이 논쟁에 끼어들 필요가 전혀 없다. 필자가 이 이야기를 꺼낸 이유는 오직 'between'의 어감을 확인하기 위해서이다. 즉, '~ 사이'이다. 그리고 회화할 때 자주 쓰는 표현으로,

Just between you and me. 너와 나만 아는 거야. ("아무한테도 말하지 마." 친구들끼리 비밀 이야기를 할 때 자주 나옴)

이런 게 있는데, 이건 꼭 알아두는 게 좋다.

- besides
회화에서 써먹기 좋은데, 잘못 써먹는 대표적인 단어 중 하나이다. '~ 외에도', '게다가' 정도의 뜻으로 쓴다.

We have a lot in common besides favorite books.

우린 책을 좋아하는 것 외에도 공통점이 많아.

I'd really like to go and besides, I promised them I would come.

난 정말 가고 싶어. 게다가 난 걔들에게 갈 거라고 약속까지 했거든.

– either / neither

A는 오늘 조카들을 봐주기로 했는데 주머니 사정이 별로이다. 조카 B, C, D를 데리고 중국집에 가서 "짬뽕, 짜장 중 골라봐"라고 말한다. 물론 제일 싼 메뉴들이다.

A : **Either of them sounds nice, isn't it?** 둘 다 근사하지 않아?

B : **I don't want to eat any of them.** 난 둘 다 먹기 싫어요.

C : **Neither do I.** 나도 싫어. (앞에서 B가 "I don't"라고 했기 때문에 "neither do I"로 받은 것이다.)

D : **Me neither.** 나도. ("Neither do I"와 같은 뜻의 구어체)

그래도 A는 막무가내로 둘 중 하나를 고르라고 시킨다.

A : But you gotta choose one of them. **Either** Champong **or** Chajang. 그래도 하나 골라야 돼. 짬뽕이나 짜장 중.

B : I **neither** like both of them **nor** feel like eating anything now.
난 둘 다 좋아하지 않을뿐더러, 지금 뭘 먹고 싶은 생각도 없어요.

C : I want to eat **either** Tangsuyook **or** Rajogi. 난 탕수육이나 라조기.

D : Yeah, I love the idea! **Either** would be delicious!

야, 좋은 생각이야. 둘 다 맛있을 것 같아요!

삼촌도 너무했지만, 참 골치 아픈 아이들이죠?

– behind

behind는 '뒤'다. 그래서 속된 말로 엉덩이도 behind라고 한다. 하여튼 '뒤'와 관련된 이야기에 많이 써먹는 단어이다.

Who is the boy standing behind you? 네 뒤에 서 있는 애는 누구니?

I'm way behind now. 난 한참 뒤쳐져 있어. (여기서 way는 '한참', '많이', '대단히' 등의 부사)

He was left behind. 그는 혼자 뒤에 남겨졌다.

Are you behind me in this? 이 일에서 넌 날 지원할 거니? ('뒤'를 받친다는 의미 에서 '지원'으로 쓰기도 한다.)

The military-industrial complex was behind the war.

군산복합체가 전쟁의 배후였다. ('뒤'니까 당근 배후)

Mr. Yoon Changjoong grabbed her on her behind.

윤창중 씨는 그녀의 엉덩이를 붙잡았다.

– far

It's far away from home.

How far is that city?

Dr. Hwang has gone too far. 황 박사는 너무 멀리 갔어. (문제는 'go too far'를 상징적인 의미로 자주 쓴다는 것! 황 박사가 우리가 알고 있는 황우석 박사라면 저 말이 좀 다르게 느껴지지 않는가?)

This one is far better than that one. (far는 much 등과 같은 의미의 부사로 쓴다. 저 자리에 much나 way 등을 넣어도 의미는 거의 똑같음!)

It's OK so far. 아직까지는 괜찮아.

As far as I know, a polar bear is far bigger than a black bear.

내가 알기로는(as far as = as long as), 북극곰이 검은 곰보다 훨씬 더 커.

– otherwise

'가정법'에도 나오지만, 한 번 더 공부해둘 필요가 있다.

Give me all you got, otherwise you'll be dead in a second.

가진 거 다 내놔. 안 그러면 바로 죽을 거야.

The thief took my wallet. Otherwise nothing was stolen.

도둑은 내 지갑만 가져갔다. 그거 외에는 아무 것도 훔쳐가지 않았다.

You know what I mean. Why pretend otherwise?

넌 내가 무슨 말하는지 알아. 왜 모르는 척하니?

– instead

instead는 'instead of'의 형태로 자주 쓴다. 의외로 회화에서도 자주 나오는 단어니까 꼭 알아두자.

Having planned to drive, I took a flight instead.

원래 차를 몰고 가기로 했었지만, 대신 비행기를 탔다.

Instead of Thai food, how about Chinese?

태국 음식 대신 중국 음식은 어때?

– together

together가 '함께'라는 건 모든 독자분이 다 아실 것이다. 그래서 go together / work together / answer together 등등 온갖 것을 함께 together한다고 표현할 수 있다. 그런데 실은 그냥 together보다,

put together

라고 할 때가 더 많으니 그걸 좀 배워보자. 이 숙어는 기본적으로 무언가 조각들을 끌어모아 맞추는 걸 의미한다.

I **put** the pieces **together.** 나는 조각들을 끌어모았다.

I **put together** a model plane. 나는 장난감 비행기를 조립했다.

They **put together** a book about backpacking.
그들은 배낭여행에 관한 책을 편찬했다.

My mom **put together** a meal. 엄마가 (이것저것 후루룩 모아) 식사를 만들었다.

I **put together** materials for the next meeting.
나는 다음 회의를 위해 자료를 모았다.

그런데 실은 together의 가장 중요한 뜻은 다음이 아닌가 싶다.

You guys **are together**, aren't you? 너네 둘 사귀는 거지, 아냐?

How long **have you been together?** 너희들 얼마나 오래 사귀었나?

즉, 'be together'는 애인 혹은 배우자로 함께 있는 걸 뜻하기도 한다.

"정신 차려"라는 의미로 "Put yourself together!" 하는 수도 있는데, 이건 "Pull yourself together!"의 오용이 아닌가 싶다. 하지만 전자를 쓰는 사람들이 많아지면 그것도 결국 같은 뜻으로 인정받겠죠. -_-;;

– near / close

near와 close는 둘 다 '가까운'으로 거의 같은 뜻이지만 용법이 조금 다르다. 물론 close를 '닫다'로 쓸 경우는 논외로 한다. 일단 아래를 보시라.

My house is **near** the river
My house is **close to** the river

'near the river'는 되지만 'close the river'는 안 되고, 꼭 'to' 같은 전치사가 들어가야 한다.
'가까운'이란 뜻으로 명사를 수식할 때도 조금 느낌이 다르다.

I will come back home in the near future.
There's a close resemblance between you and me.

사격장에 가서 과녁을 맞히면 곰 인형을 주는데, 그만 살짝 빗나가고 말았다. 옆에 있던 애인이 하는 말,

It was really close! (○)

It was really near! (×)

위만 맞고 아래는 틀리다. 하지만 다음과 같이 말하면 또 맞다.

It was a near-perfect shot! 거의 완벽한 쏘기였는데!

여기서는 near가 '거의'라는 부사가 되어 perfect를 수식한다. 하지만 "It was close-perfect"는 이상하다. 즉, close는 직접 형용사를 수식하는 부사로 쓸 수 없다는 말이다.

'거의'라는 뜻으로 쓸 때는 near를 쓴다고 생각하자. 그래서,

He visits me nearly everyday.

He visits me almost everyday.

이런 말은 자연스럽다. 물론 nearly 대신 almost를 써도 의미가 같고, 어감도 거의 같다. 하지만,

He visits me closely everyday. (×)

이런 건 이상하다. 이런 말을 들으면, '삐!' 하는 벨 소리가 머릿속에 울려야 한다.

near가 '거의'라는 뜻에서 '가깝다'라는 의미가 유추되었다면, close는 거리상 빽빽하고 촘촘하게 가깝다는 어감이 있다. 그래서,

He is my close friend. (○)

He is my near friend. (×)

결론적으로 near와 close는 비슷하면서도 다른 형용사다. 이런 건 많은 문장을 읽고, 말하고, 들으면서 감을 익히는 수밖에 없다.

– too / also / as well

한국 사람들이 영어로 말하면서 가장 혼란스러워하는 것 중 하나다. 도대체 어떨 때 'too', 'also', 'as well' 등을 써야 하나?

일단 too와 as well은 거의 같은 용법으로 쓴다고 생각해도 된다.

I like Mr Kay. Do you like him too?

Do you like him as well?

하지만 also가 들어가면,

Do you also like him?

이 된다.

I like Thai food too.

I like Thai food as well.

I also like Thai food.

일단 똑같은 뜻이라면 위치가 달라진다.

위치에 따라 의미도 살짝 달라지는 경우도 있다.

I too, like beer. (다른 사람들처럼) 나도 맥주가 좋아.

I also like beer. (위와 같은 뜻일 수도 있지만), "(나는 와인이나 위스키도 좋아하지만) 맥주도 좋아"라는 뜻이 될 수도 있음.

두 가지 이상의 의미를 지닌 단어들

우리가 어려워하는 단어들은 거의가 길고 복잡한 단어들이 아니다. 짧고 친숙한데 이상하게 문장 속에 들어 있으면 뜻이 잘 파악이 안 된다. 그 이유는 대부분 우리가 뜻을 '하나만 알고 둘을 모르기 때문'이다.

이를테면 우리는 'switch(스위치)' 하면 보통 스위치 버튼만 생각하지, 이 게 원래 '바꾸다'란 의미가 있다는 걸 잘 떠올리지 못한다. 하지만 지금부터라도 '바꾸다'란 의미로 써보라.

When I switch from Korean to English, it takes time.

난 한국말 하다가 영어로 바꿀 때 시간이 좀 걸려.

물론 이 외에도 우리는 평소 자주 못 보고, 못 듣지만 네이티브들은 심심 치 않게 사용하는 단어들이 있다. 여기서 그런 단어들을 체크하고 가자.

• way 당장 '길', '방법' 등이 떠오르지만, 의외로 '아주', '매우' 정도의 의 미로 사용할 때가 많다.

This fish is way better than that one. 이 생선이 저 생선보다 훨씬 좋아.

- **suit** 남자들이 입는 양복도 수트(suit)지만 '어울리다'라는 뜻으로 매우 많이 사용하는 단어다.

Jane dyed her hair blond, but I don't think it suits her.

제인은 머리를 금발로 염색했는데, 내 생각엔 별로 안 어울려.

우리가 익히 아는 'fit'은 조금 더 뜻이 좁다. 역시 사이즈가 맞는 게 fit.

- **balls** 'ball'은 공이지만 'balls'는 '불알'이다. 물론 속된 말이지만 '용기', '배짱' 등의 의미로 이걸 사용한다. 친근한 사이에서 흔히 들을 수 있는 말이다.

Yeah, you got the balls. 너 배짱 있는 놈이야.

He is a man with balls. 그는 용기 있는 녀석이다.

- **hurt** 원래 '다치게 하다'지만 '어디가 아프다'는 뜻으로 많이 쓴다.

T I P

회화에서 'many', 'much' 중 뭘 써야 할지 헷갈릴 때

'many', 'much' 대신 무조건 '얼라아롭', 안 헷갈려도 웬만하면 '얼라아~롭'이라고 말하는 게 편하다. 실제로 대화하면서 써 버릇하면 정말 편하다는 걸 느낄 수 있으니 한번 믿어보시라. ^^
'lots of(랏쯔업)'도 비슷한 뜻이지만 이상하게 '얼라아~롭'이 더 편하다.
연습 심아 다음을 읽어보자.

I met a lot of people today.
It took a lot of money to buy the ticket.
I have a lot of time these days.
A lot of dogs ran after me!

다만 'a lot of' 다음에 단수형이 올 때와 복수형이 올 때의 의미가 조금 다를 때가 있다.

I've waited a lot of time. (긴 시간을 기다렸다는 뜻)
I've waited a lot of times. (여러 번을 기다렸다는 뜻)

My back hurts. 등이 아파.

● **miss** '빠뜨리다', '그리워하다' (이건 너무 쉬운가요?)

I miss you so much. 당신이 너무 보고 싶어요.

● **book** 역시 쉬운 단어. '책'이지만 '예약하다'는 의미도 있다. 'book in (at)' 하면 호텔 같은 곳에 체크인하는 걸 말한다. (이것도 너무 쉽죠?)

I booked a flight to London.

I booked in at Hilton today.

● **bug** '벌레'란 뜻이지만 '도청하다'라는 뜻도 있다.

This phone is bugged. 이 전화는 도청되는 거야.

● **buck** 원래는 '수사슴'이지만 'dollar'의 속어로 쓸 때가 훨씬 많다.

Lend me 50 bucks till Saturday. 토요일까지 50달러만 빌려줘.

● **charge** '책임'이자 '충전'이다.

Who is in charge here?

I need a battery charger.

● **company** 보통 '회사'라고만 알고 있는 경우가 많은데, '손님'이나 '함께 있음' 정도의 의미로 사용할 때도 많다.

I enjoyed your company. 당신과 함께 있어서 좋았습니다.

We've got company here. 여기 우리 말고 또 누가 있군. (스릴러 영화 등에 자주 등장하는 대사다. 잠시 후 적과의 총격전이 벌어진다.)

• **deal** '거래', 동사로는 '다루다' 정도이지만, 구어체에서는 확 다른 느낌의 의미로도 쓴다.

It's no big deal. 별일 아냐.

Yes, it's a big deal! 큰일 맞아!

• **draw** '(그림을) 그리다' 혹은 '끌어당기다' 정도의 의미이지만, 의외로 '무승부'라는 뜻도 있다.

The game ended in a draw. 게임은 무승부로 끝났다.

• **lift** '들기', '올리기' 등의 뜻. '엘리베이터'라는 뜻으로도 쓴다. 그런데 차 등으로 '데려다주기'라는 의미로도 아주 흔히 쓴다. 참고로 'lift' 대신 'ride'를 써도 된다.

I will give you a lift(ride). 내가 차로 데려다줄게.

• **ring** 당근 '반지'란 뜻이고, 때때로 '벨을 울리다'로 쓰인다. 그런데 이게 다음과 같이 쓰이기도 한다.

Does this name ring a bell to you? 이 이름에 대해 아는 게 있나?

• **pretty** 이미 아시는 독자가 많겠지만 pretty는 '아름답다' 외에도 '아주', '매우' 등의 부사로 쓴다. 그런데 매우 자주 쓴다.

We use 'pretty' pretty often when we talk.

우리는 말할 때 'pretty'란 말을 꽤 자주 쓴다.

It's pretty amazing!

Don't you think you are pretty old?

• **drive** '운전하다' 혹은 '강요하다'지만, 의외로 '충동', '욕구' 정도의 의
미로 쓸 때도 많다.

His drive for the presidency was growing up repeatedly.

대통령직에 대한 그의 욕구가 계속해서 자라나고 있었다.

• **leave** '떠나다', '남기다', '짧은 휴가' 등의 의미로 쓰인다.

I felt left out. 나는 혼자 남겨진 기분이 들었다.

I've got a leave during Christmas. 크리스마스 동안 휴가를 얻었다.

He is on leave now. 그는 지금 휴가 중.

• **string** '끈'이다. 그런데 영어 사용자들은 우리말의 '백(back)'이란 뜻

T I P

발음이 두 개인 단어들

자주 쓰는 말인데 사람에 따라 조금씩 다르게 발음하는 단어들이 있다. 하나만 알면 가끔 가우
뚱하는 경우가 생길 테니, 중요한 몇 가지를 소개한다.

- **often**(오펀 / 오프턴) : 공식적으로는 '오펀'이 맞는 발음이라고 하는데 '오프턴'이라고 하는 사
  람도 꽤 많다.
- **suggest**(서제스트 / 석제스트) : 둘 다 맞다.
- **schedule**(스케줄 / 쉐줄) : 이것도 둘 다 맞다.
- **either**(이더 / 아이더) : 이것도 둘 다 맞다.
- **tiny**(티니 / 타이니) : 이것도 둘 다 맞다. "티니, 타이니 리를 걸~" 하면서 애 앞에서 재롱부리
  는 부모들도 있다.
- **Herb**(허어브 / 어얼브) : '허어브'란 발음이 틀린 건 아니지만 우리나라 밖으로만 나가면 '어얼
  브'에 가깝게 발음하는 사람들이 압도적으로 많다.

으로 이 단어를 사용한다.

He pulled a few strings to get the job.

그는 그 일자리를 얻기 위해 몇 군데 백을 넣었다.

• **somebody & nobody** '누군가', '아무도'가 일반적인 뜻이지만, 때로는 '큰 인물', '범부' 정도의 뜻으로도 쓴다.

Everybody wants to be a somebody, not a nobody.

모두들 범부가 아니라 큰 인물이 되고 싶어 한다.

동의어의 어감 차이

앞에서 영어란 언어가 원래 게르만어에 속하지만, 11세기 노르망디 공의 정복 이후 로만어인 프랑스어의 영향을 많이 받았다고 했다. 게르만어와 로만어에서 유래한 단어가 공존하고 있기 때문에 전혀 다르게 생긴 동의어들이 많다. 실은 게르만어도 소위 '저지 게르만'와 '고지 게르만'등 여러 갈래가 있어서 서로가 조금 다르다. 하여튼 영어의 동의어들은 의미는 비슷해도 어감이 조금씩 다른 경우가 있다. 대표적인 것이,

begin (고지 게르만어)

start (북부 게르만어)

commence (로만어)

세 단어 모두 '시작하다'라는 뜻이지만 유래가 다르고 어감이 좀 다르다. 다음을 보라.

I'm starting a new job next week. (보통)

I'm beginning a new job next week. (이렇게 말하면 좀 어색하다.)

I will commence my new employment next week. [굉장히 격식 있는
(very formal) 말투]

I start a car. (보통)

I begin a car. (이것도 좀 어색하다.)

대충 감이 오시는가? 보통은 start, begin은 호환 가능하지만, 아주 가끔
씩 둘 중 하나는 안 어울리는 경우가 있다. 다만 commence는 굉장히
격식 있는 느낌이어서 군대나 엄숙한 조직에서 쓰는 말이라고 생각하면
된다. 아무래도 한때 영국을 지배한 왕가에서 쓰던 말에서 유래했기 때
문인 것 같다. 참고로, 지금도 프랑스어로 '시작하다'는 'commencer'이
다. '코망세' 정도로 발음한다.

– look vs. seem

It's easier than it looks.

It's easier than it seems.

위 두 문장의 어감 차이가 느껴지시는가? 필자가 보기에는 거의 다르지
않다. look은 '(눈으로) 보인다'는 것만 의미하고, seem은 '(여러 면으로, 생
각하기에) 보인다'까지 의미한다는 어감이 조금 있지만 현실적으로 그닥
차이를 실감하기는 어렵다. 물론 둘 다 맞는 표현이다. 하지만 문장이 길
어지면 좀 다르다.

It's easier than it looks like. (○)

It's easier than it seems to be. (○)

It's easier than it looks to be. (×) (이건 어색하다.)

It's easier than it appears to be. (○) (차라리 이게 낫다. 물론 위에 동그라미 친 두 문장을 쓰는 게 더 낫다. 즉, 웬만하면 looks like, seems to be를 쓰자!)

– trust vs. believe

이 두 개는 비교적 구분하기 쉬운 편이다. 간단히 말해 trust 쪽이 훨씬 심각한 뜻이다. 누군가 당신에게,

I don't trust you.

하면 그 사람은 당신과 꽤 심각한 문제가 있는 것이다. 당신을 인간으로서 신뢰하지 못한다는 뜻이니까. 그래서 '신뢰 문제(trust issue)'란 말도 따로 있다. 하지만,

I don't believe you.

는 친구들끼리도 흔히 쓰는 말이다. "난 방금 네가 한 말을 못 믿겠어" 정도의 느낌이라고나 할까. 농담이나 과장기 있는 말을 들으면 나오는 반응이다.

이 두 단어에는 다른 측면도 있다. '신뢰'라는 말에서 떠오르듯 trust는 한 인간, 반려동물 등에 대한 믿음이라는 느낌이 강하고, believe는 특정 진술에 대한 믿음이라는 느낌이 있다.

하지만 신에 대한 믿음은 꼭,

I believe in God.

라고 한다. 'believe **in**'이라는 점에 주목하자. 물론 사람에 대해서도,

I believe in you.

라고 쓸 수 있다. 이럴 때는 'trust' 이상의 수준으로 상대를 '믿을' 때 쓰는 거라고 보면 된다.

– center vs. middle

이것도 별로 구분이 어렵지 않다. center 쪽이 좀 더 엄밀한 거라고 보면 된다. middle이 '중간 어디쯤'이라고 하면 center는 '확실한 중간'이라고나 할까. 한창 바쁜 와중에 전화가 오면,

Sorry, I'm in the middle of something.

이라고 하지, "I'm in the center of something"이라고 말하지는 않는다. 무엇인가 하는 중이긴 한데 정확한 중간은 아니니까.

– apartment vs. flat

둘 다 우리 식으로 말하면 아파트인데, 미국식 영어와 영국식 영어의 차이일 뿐이다.

미국식 **apartment**

영국식 **flat**

미국인들 중에는 condo(콘도)나 co-op(코우압)이라고 말하는 사람도 있다. 아파트가 '건물'을 강조하는 용어라면, 콘도나 코우압은 '소유권(ownership)'을 강조하는 용어라고 하는데, 현실적으로 회화에서 그런 디테일을 느끼기는 어렵다.

Pad라고 하면 좀 더 광범위한 의미의 숙소, dwelling은 더 광범위한 의미에다가 공식적(official)이기까지 한 느낌이어서 꼭 시청 문서에나 나와 있을 것 같다.

일반적으로 대화에서 '우리 집' 하는 건 그냥,

My place

가 가장 무난.

– toilet, bathroom, loo, lavatory, men's room, restroom, WC

화장실을 의미하는 다양한 단어들이다. 미국에서는 보통 bathroom, restroom을 많이 쓰고, 영국에서는 toilet과 loo를 많이 쓴다. 미국에서는 toilet 하면 '변기'로 알아듣는 경우가 많다.

엄밀하게 따지면 bathroom은 bath(욕탕)와 shower까지 있는 room을 의미하지만, 현실에선 그냥 '화장실'로 통용된다. Men's room, Ladies' room 등은 공중화장실, lavatory는 법률 용어처럼 딱딱하게 들리는 화장실, WC(Water Closet)는 표지판용 단어 같은 느낌이다.

– big, large, huge

회화에서 흔히 쓰는 '크다' 의미의 단어들. 대체로 어느 걸 써도 큰 상관 없으나 어감은 조금씩 다르다.

big은 크기가 큰 것, large는 크고 수용성이 높은 것, huge는 big보다 더 큰 아주 큰 것 정도. 다음 사례 정도라고나 할까. 다만 회화에서는 large 보다는 big을 쓰는 경우가 훨씬 많다. 예외적인 경우로 'at large(범인이 달아나서 아직 못 잡았다)'란 표현은 회화에서도 잘 쓴다.

I have a big problem. (오늘 소개팅인데 갑자기 뾰루지가 났어.)
I have a huge problem. (오늘 회사에서 잘렸어.)
I have a big huge problem. (오늘 회사에서 잘렸는데, 카드가 정지 먹었어.)
The terrorists are still at large. 테러리스트들이 아직 잡히지 않고 있다.

말 나온 김에 '큰' 단어들과 '작은' 단어들의 순서를 정해보자. 아래로 내려갈수록 커진다.

miniscule

minute

tiny

little

small

big

large

huge

enormous

gigantic

vast

– high vs. tall

원칙적으로 tall은 사람, 건물, 나무 등의 키가 큰 걸 말하고, high는 산이 높다거나 기온이 높다는 등을 의미한다. 그러나 그보다는 tall은 좀 더 구체적인 것을 말하고, high는 구체적인 것도 말하지만 보다 추상적인 것을 말할 때도 많다.

a tall man

the tallest building in the world

a man six feet tall

world's highest mountain

The tree is 20 feet high.

high speed / high prices

high moral principles 높은 도덕적 원칙

high notes 고음

a high government official 고위 관료

high society 상류 사회

– mad vs. crazy

둘 다 '미치다'인데 살짝 다르다. 제일 다를 때가 'get mad'와 'get crazy' 일 것이다.

I got mad. = I got angry.

I got crazy. = I got insane.

보통 get crazy는 a little을 붙여서 쓴다. 지나치게 미치면 곤란하니까.

She was getting a little crazy at the party. 그녀는 파티에서 조금씩 미쳐갔다.

get 대신 go를 쓰면 어느 쪽이나 무난하게 '미치다'로 통한다. 물론 어감 은 살짝살짝 다르다. insane은 좀 더 진지하게 미친 것이고, nuts는 일시 적으로 맛이 간 것을 뜻한다.

go crazy / go mad / go insane / go nuts.

또,

She is mad at me. (○) 그녀는 내게 화가 났다.

She is crazy at me. (×) (이렇게는 안 쓴다.)

She is crazy about me. (○) 그녀는 날 미치도록 좋아해.

– hard vs. difficult

'어렵다'는 뜻으로 둘 다 쓰는데, 느낌상으로는 difficult 쪽이 조금 더 어렵다. 그리고 hard는 '힘이 들기 때문에 어렵다', difficult는 '복잡해서 어렵다'라는 어감도 있다.

언어의 의미는 결국 어감!

언어의 의미란 게 결국 어감과 떼놓고 말할 수가 없다. "잘났어, 정말"을 글자 그대로 해석하면 '너 잘났다'는 말이 되지만, 저 어감을 아는 사람들은 결코 그렇게 해석하지 않을 것이다. 영어에서도,

That's great!

하면 상황과 맥락에 따라서 "그거 멋진데"가 아닌 반대의 뜻을 의미할 수도 있다. 그래서 영어(특히 회화!) 공부를 위해 문장을 연습할 때는 그 어감을 이해하고 잘 살리기 위해, 마치 독자가 연극배우가 된 것처럼 연기하듯이 연습하는 게 좋다는 말이다.
말 나온 김에 다음 문장들의 의미와 어감을 음미해보라.

먼저 '보기'

I watched her dance like an angel.
I watched her dancing on the floor.
I saw her dance.
I looked at her when she was dancing.

이번에는 '듣기'

Can you hear me?
Can you listen to me?
Listen to me.
Hear me.

사실 저 문장들을 제대로 해석하고 어감까지 느끼려면 어떤 상황에서 나온 말인지 알아야 가능하다. 그러나 저 문장들만으로도 분명히 미묘한 뉘앙스 차이는 있다. 그 차이가 느껴지면 이제 영어 좀 되는 것이다.

그냥 중요한 단어와 간단한 어구들

이 책을 쓰면서 회화에서 특히 중요한 단어와 숙어들은 구석구석에 한 번씩은 등장시키도록 노력했지만 그래도 빠뜨린 것들이 좀 있다. 여기서 그런 것들을 짚고 넘어가려고 한다.

• **afford** ~할 여유가 있다

I can't afford the new iPhone. 새로 나온 아이폰을 살 여유가 없어.

• **blame** 비난, 비난하다

Don't blame it on me. 그건 내 탓이 아냐.

I don't blame you for that. 난 그거 때문에 널 비난하진 않아.

• **shame** 수치, 창피

What a shame! 이런 창피할 때가!

Shame on you! 부끄러운 줄 알아야지!

• **give up** 포기하다

Don't give up until it's over. 끝날 때까지 포기하지 마.

I gave up on you. 난 널 포기했어.

• **fuck** '섹스하다'의 속어, 욕할 때 넣는 감탄사

What the fuck is going on here? CBal(^^;;), 여기 도대체 무슨 일이야?

• **have fun** 즐기다

I wanna have some fun here. 여기서 재미 좀 보고 싶소만.

- **due** 정해진, 정해져서 필요한
- **due to** ~ 때문에

With all due respect, I'd like to say ~ (필요한) 모든 경의를 표하면서~

The accident was due to the typhoon Maemi.

그 사고는 태풍 매미 때문에 일어났다.

- **easy** 진정하다

Easy, easy. 진정해.

- **extra** 추가의 무엇

extra money 가욋돈

extra charge 추가 요금

- **given** ~를 고려해볼 때, 주어진 것

Given the situation, they couldn't go far.

상황을 볼 때, 그들이 멀리 가지는 못했을 것이다.

Given the givens, we have to start over right here.

주어진 요소들을 고려해볼 때, 우리는 바로 이 지점에서 다시 시작해야 한다.

- **worth** ~의 가치의
- **be worth ~ing**(혹은 명사) ~할 만한 가치가 있는

This house is worth about 1 million dollars. 이 집은 약 백만 달러짜리야.

It's not worth doing it. 그런 일은 할 만한 가치가 없어.

• **bother** 신경 쓰다, ~를 귀찮게 하다

Don't bother. 신경 쓰지 마. (굳이 그런 거 할 필요 없어.)

Am I bothering you? 바쁘신데 제가 폐를 끼치는 건 아닌지…. (글자 그대로 하면 "혹시 제가 님을 귀찮게 하나요?"이다. 이럴 때 보면 영어는 굉장히 직설적이다.)

• **join** 합류하다(친구들끼리 놀 때 자주 쓰는 말이다.)

Join us tonight. 오늘 밤에 우리랑 같이 놀자.

• **kick** 물론 '발로 차다'이지만 'kick ass'란 속어 형태로 '~를 이기다', '~를 형편없이 굴복시키다' 등의 뜻으로 많이 쓴다. 〈킥애스(Kick-Ass)〉란 제목의 영화도 있죠?

Bring it on! I'll kick your ass all the way down the block.

덤벼봐. 니 엉덩이를 걷어차서 이웃 동네까지 굴려줄 테니.

• **lose** '잃다'는 뜻인 건 모두들 아시겠지만, 다들 워낙 다이어트에 관심이 많아서인지 살 뺀다는 이야기할 때 제일 많이 쓰는 듯.

You look very different! Did you lose some weight?

너 굉장히 달라 보이네. 살 좀 빠진 거야?

• **spend** 돈을 쓰다, 시간을 보내다. spend sth(something) ~ing, spend on 주목!

I spent my life protecting my family!

나는 인생을 가족을 지키는 데 바쳤어! (영화 〈대부 3〉에서 알 파치노의 대사)

She doesn't spend much money on cosmetics.

그녀는 화장품에 돈을 많이 쓰지 않는다.

• **personal** 글자 그대로는 '사적으로'란 뜻인데, '사적인 감정이 담긴'에 더 가깝다.

Don't take it personal. 자네에게 사적으로 감정은 없어. (갱 영화를 보면 이런 말을 하면서 사람을 죽이는 킬러가 가끔 등장하죠. -_-)

This war is getting personal to me.

나는 이 전쟁을 점점 감정적으로 대하고 있어.

• **picky** 고르기 좋아하는. 당연히 pick에서 유래한 형용사이다.

She is too picky with guys. 걔는 남자 보는 눈이 너무 높아.

• **quite** 꽤, 상당히. 사람들이 의외로 자주 쓰는 부사로, 미리 말하는 연습을 해두는 게 좋다. 물론 기회가 있을 때마다 써먹자. 나중에 명사가 올 때는 'quite a 형용사 + 명사' 순서로 말한다.

It's quite cold today!

He is quite old now.

It's quite a different problem.

• **faith / faithful** 보통 faith는 '믿음(특히 종교적 믿음)'이지만, faithful은 '바람 안 피우고 배우자에게 충실한 것'을 말한다. 물론 종교나 신념에 대해서도 faithful할 수 있지만, 자주 쓰는 용도가 그렇다는 것이다.

I am faithful to my wife. 난 마누라밖에 몰라.

He's been faithful to the cause of freedom. 그는 늘 자유의 정신에 충실했다.

● **stay** 꽤 다양한 용법으로 쓰는 동사이다.

I stay here tonight. 나는 오늘 밤 여기서 묵어.

He stayed up late last night. 그는 어젯밤 늦게까지 자지 않았어.

Stay put there! 꼼짝 말고 거기 있어!

● **lesson** 수업, 교훈

● **lessen** 줄이다

발음은 같지만 뜻이 다르다.

● **wonder** 명사로는 '경이'지만, 주로 동사로 '궁금해하다'로 쓴다.

I wonder if he already came back from States.

그가 미국에서 벌써 돌아왔는지 궁금하네.

● **screw up** 일을 망치다

He screwed up every job he started. 그는 시작하는 일마다 망쳐버렸다.

● **stick** '막대기'도 되지만 '~에 들러붙다'라는 의미의 동사로 많이 쓴다.
그래서 <u>sticky</u>는 '끈적끈적한'이란 뜻!

The stamp won't stick to the letter. 우표가 편지에 잘 안 붙네.

He was stuck on the girl next door. 그는 옆집 소녀에게 완전히 꽂혀버렸다.

I like <u>sticky rice</u> better than common white rice.

난 일반 백미보다 찹쌀이 더 좋아. (찹쌀이 sticky rice란 데 주목! 외국 나가서 식당에서 밥 시키면, 'sticky rice' 먹겠냐고 묻는 경우가 많다.)

• **material** 마돈나의 〈material girl〉이나 materialism의 '물질적인', '물질' 등으로만 알고 있으면 대화 시 이해되지 않을 때가 좀 있을 것이다. 물론 그런 뜻도 있지만, '직물', '재료', '~감', '중요한' 등의 뜻으로도 쓴다.

I couldn't find material for Korean food in Malaysia.
난 말레이시아에서 한국 음식 재료를 구할 수 없었다.

I bought some material to make a dress. 나는 드레스 만들 천을 샀다.

He is certainly a president material. 그는 틀림없이 대통령감이야.

• **make a scene** 소동을 부리다
Don't make a scene out of it. 그런 걸로 소동 부리지 마.

• **take a rest** 쉬다. 자주 쓰는 말이니, 몰랐다면 이번 기회에 외워두자.
I wanna take a rest! 난 쉬고 싶어!

• **mess** 엉망, 망치다, 어지럽히다
Everything's <u>messed up</u>. 모든 게 엉망이야.
Don't <u>mess around</u>. 빈둥대지 마.
I don't wanna <u>mess with</u> him. 나는 그와 다투기 싫어.

• **depends** 상황에 따라 다르지. "It depends on something"의 약자라 고 보면 된다.

- **DUI** (보통은) 음주운전[driving under the influence (of alcohol, drug 등)] 의 약자

- **weed / pot** 대마초. 누가 '위이드'나 '팟'이라고 말할 때, 무슨 뜻인지 모르고 무심코 받아서 한 대 피우지 않도록 하자.

- **rat out** (동료를 배신하고 경찰에게) 꼰지르다 (얄미운 쥐의 이미지를 떠올리면 된다. 미드 액션물에 자주 나오는 대사)

- **zip it!** 입 꼭 닫고 있어 (입에 지퍼를 꽉 잠그라는 뜻. 이렇게 말하면서 보통 손을 들어 입의 지퍼를 채우는 모양을 흉내 낸다.)

- **lame** 후지다, 서투르다
- **refund** 환불. 외국에서 쇼핑할 때 알아두어야 할 단어
- **gas** 자동차 기름, 가솔린의 약자
- **general** 장군, 일반적
- **fake** 가짜
- **line** 줄, 선, 영화나 연극의 대사
- **drop** 방울, 떨어지다, 들르다
- **Fair enough** 그럴 만해, 이해돼, OK 등의 뜻
- **chance** '기회'이자 '우연'
- **break** 동사로는 '부수다'지만 명사로는 '휴식'
- **bill** 지폐, 청구서
- **block** 구역, 막다

- **move** 움직이다, 이사하다, 감동을 주다

- **feel** 느끼다, 만지다

- **check** 수표, 살피다, 확인하다. 호텔 등에 check-in, check-out

- **class** 수업, 계급

- **clear** 깨끗한, 청소하다

- **case** 가방, 경우, 재판

- **last** 마지막, 지난번

- **period** 마침표, 기간, 생리

- **step** 밟다, 계단

"I don't know"와 "I have no idea"

"난 몰라요"를 저 두 가지로 많이 표현하는데, 둘은 어떻게 다를까?

일단 대부분의 경우 비슷한 뜻으로 쓸 수 있다. 다만 늘 그렇듯이 어감이 좀 다르다.

"지금 베네수엘라 대통령 이름이 뭔지 알아?"

I don't know.

아느냐고 물었으니까 그냥 "모른다"는 좀 더 즉답하는 느낌.

I have no idea.

쪽이 좀 더 구체적으로 대답하는 느낌.

즉, 어떤 구체적인 것에 대한 지식이 없다. 대답할 말이 없다 등. 이를테면,

The boss is mad at me. What should I do now? I have no idea.
I have no idea what happened here.

참고로 영국 사람들은 전혀 모른다는 뜻으로,

I haven't the foggiest (idea).

라는 표현을 자주 쓴다.

I haven't the foggiest notion of where she went.

NEW
PARADIGM
ENGLISH

한국어 사용자를 위한
영어 발음 강의

우리나라에는 영어 '발음' 때문에 고민하는 사람들이 많다. 심지어 〈프렌즈〉나 〈모던 패밀리〉에 나오는 미국 중산층처럼 촬촬 굴러가는 발음을 동경해서 애들 혀 늘리는 수술이 유행한 적도 있었다.

하지만 분명한 사실은, 영어는 전 세계 사람들이 쓰는 세계어이고, 전 세계 영어 발음은 다 다르다는 것이다. 그래서 다른 지역에서 온 사람들끼리 만나서 영어로 이야기할 때면, 그걸 감안해서 서로의 말을 이해하려고 노력하는 것이 세계적인 관행이자 예의이다.

그럼에도 불구하고 "이것만은 틀리면 상대가 잘 못 알아듣는다" 하는 발음은 분명히 있다. 또한 '한국 사람들이 특히 잘 틀리는 발음'도 있다.

문제를 해결하려면 문제가 무엇인지 파악하는 게 우선이다. 이 챕터의 목표는 바로 우리가 안고 있는 '발음 문제'를 정확하게 파악하고 해결하는 것이다.

영어 발음의 원칙

'발음'이 영어로 뭔가?

우리가 흔히 '미국식 발음', '영국식 발음'을 말할 때 '발음'은 영어로 pronunciation이 아니라 accent라고 한다. 악센트! '엥?' 하고 놀라실 독자가 있을지 모르겠으나, 역시 '프로넌세이션'이 아니라 '악센트'가 맞다. 그래서,

재는 영국식 악센트가 있어.

전 미국식 악센트로 이야기해요.

싱가포르 악센트는 정말 독특하지요.

보통 이런 식으로 말하지,

우리는 텍사스 식 프로넌세이션으로 말해요.

하는 사람은 아무도 없다.

그러면 pronounce는 뭐냐. 이게 좀 묘한데, pronounce는 '발음하다'가 맞다. pronunciation도 발음이고. 엥? 아까는 아니라고 했는데…. -_-;;

이런 문제가 생기는 이유는 우리가 '발음'이란 한국말을 이중적으로 사용하고 있기 때문이다. 흔히 미국식 발음, 영국식 발음 등으로 말할 때는 어떤 언어 사용의 전체적인 발음 경향을 말하지만, "herb는 어떻게 발음하냐?" 식으로 말할 때는 구체적이고 특정한 단어를 발음할 때를 가리키는데, pronounce는 후자를 의미할 때 쓰는 용어이다.

다시 말해 "그 사람은 호주식 발음이야, 한국식 발음이야?" 할 때는 "~ Australian accent, Korean accent?"지만, "herb를 어떻게 발음하냐?"일 때는 "How do you pronounce 'herb'?"이고, 'herb의 발음'이라고 말할 때는 'accent of herb'가 아니라 'pronunciation of herb'이다.

다시 한 번 말하지만 우리가 흔히 말하는 '발음'은 영어로 악센트(accent)이다. 인토네이션, 프로넌세이션이 아니고 악센트! 아니, 그럼 우리가 이제까지 '악센트'라고 불러왔던 건 영어로 뭐냐? 그건 stress라고 한다. 따라서 "첫 모음에 악센트를 주어라"는 "첫 모음에 스트레스를 주어라"가 맞다.

※참고로 herb는 보통 '어얼브'라고 발음한다. '허브'가 아님에 주의! 허브티, 허브 향 등 우리는 거의 '허브'로 쓰지만 '어얼브'로 발음하는 게 대세이다. 사족을 덧붙이자면, '허브'로 발음한다고 '틀렸다'라고 할 수는 없다. 다만 '대세'가 아니라는 거. 오래 전에는 '허브'라고 발음하는 사람들이 더 많았을 수도 있고, 지금도 일부 지역에서는 '허브'로 발음하고 있다. 영어 발음이란 게 '표준'이 없어서 그런지 어느 것이 '옳다', '그르다'라고 무 자르듯 구분하기 힘든 경우가 많다.

미국 발음과 영국 발음

미국식 발음은 혀를 굴리고, 영국식 발음은 혀가 부러질 듯 딱딱하게 들린다. 미국식 발음은 't' 발음을 하지 않고 생략하는 경우가 많고, 영국식 발음은 자음 하나하나를 다 발음해준다.

영국식은 귀족 발음이고, 미국식은 서민 발음이다? 이런저런 말들이 있는데 대체로 1/3쯤은 진실이지만, 나머지 2/3는 전설이고 환상이다.

일단 미국식 발음, 영국식 발음이라는 범주 자체가 분명하지 않다. 아시다시피 영어 발음이란 게 전 세계가 다 다르다. 미국 역시 그 넓은 영토 안에서 지역마다 발음들이 많이 다르고, 영국은 상대적으로 작은 나라 같지만 그 안에서도 무지 다르다. 개인적으로 브리스톨 사람과 이야기해보기 전까지는 '특이한 발음'에 대해 논하지 마시라고 말하고 싶다.

영국식 발음에서는 't'를 안 빼먹는다고? 혹시 다음에 영국 사람을 만날 기회가 있다면, "This is what we have" 같은 문장을 말해보라고 부탁해보라. 상당수가 "디시이즈 워 위 해브" 정도로 말할 것이다. What의 t 발음은 어디 갔지?

영국 발음은 귀족 발음이라고? 물론 영국에는 아직 귀족이란 직함을 지닌 사람들이 살고 있다. 자기들끼리 주로 다니는 학교도 있고, 자기들끼리 주로 어울리니까 발음도 조금 다르게 들린다. 그러나 걔들이 몇 명이나 된다고? 대부분의 영국 사람들은 존 레논이나 폴 매카트니가 쓰는 노동자들의 발음으로 영어를 말하고 다닌다.

일부 미국 소녀들이 영국 발음을 좋아하는 건 그게 '귀족 발음'이어서가 아니라, 그냥 '익조틱(exotic)'해서 좋아하는 것이다. 그리고 미국인들이 좋아한다는 영국 발음은 미드 〈왕좌의 게임(Game of Thrones)〉이나 〈페니 드레드풀(Penny Dreadful)〉에 나오는 미드용 영국 발음이다. 진짜 브리스톨이나 글래스고 사람이 자기네 식으로 말하면 미국인들에게 사랑받는다는 보장이 전혀 없다.

물론 미국 발음과 영국 발음의 경향성은 있다. 그래서 "어떤 사람의 발음이 영국식, 미국식 중 굳이 고르라면 어느 쪽이냐?"라고 물으면 "우리가 듣기에 아무래도 저 발음은 영국식 (혹은 미국식) 같아" 하는 대답이 나올 수 있는 것이다.

그러나 필자가 예전에 비슷한 실험을 해본 적이 있다. 외국에 나가서 여러 나라 사람들과 영어로 대화를 나눈 다음, 필자와 함께 있던 한국 친구에게 "내 발음이 영국식, 미국식 중 고른다면 어느 쪽이냐?"고 물었다. 그 친구, 단호히 "영국식"이라고 대답했다. 그 직후 그 대화에 참여했던 미국인 친구에게 똑같은 질문을 했다. 그러자 그 미국인 하는 말, "내 생각엔 미국식도, 영국식도 아니지만, 굳이 더 가까운 쪽을 고르라면 미국식 발음이다."

미국식, 영국식 발음의 차이란 고작 이런 것이다. 보통의 어느 한국인이 듣기에는 영국식이지만, 미국인이 듣기에는 미국식일 수도 있는 그런 것이란 말이다. 즉, 어느 쪽이든 별로 중요하지 않다. 중요한 건 의사소통이지 어떤 발음을 하는지가 아니라는 게 가장 중요한 사실이다.

어떤 발음을 공부할 것인가

영어가 세계어이다 보니 많은 한국인들의 상상과는 달리 '표준 영어' 같은 건 없다. 도대체 어느 나라에서 쓰는 영어를 표준으로 삼는단 말인가? 미국 영어를 표준으로 삼는다면 영국 사람들이 화낼 것이다. 사실 미국 영어라는 게 하나의 단일체도 아니지만 말이다.

'표준 영어'가 없다 보니 '표준 발음'이란 것도 없다. 영어의 종주국이라고 할 수 있는 영국은 RP(Received Pronunciation)라는 '표준 발음' 비슷한 걸 정해놓고 있는데, 실제로 조사해보면 RP를 사용하는 영국인의 숫자는 전체의 3퍼센트 정도밖에 안된다고 한다. 한마디로 유명무실한 것이다. 게다가 세계의 영어를 통합하는 기구 같은 건 없다. 굳이 비슷한 걸 찾아보자면 할리우드가 그나마 전 세계 영어를 '균질화'하는 데 가장 큰 역할을 하고 있다. 아마 가상의 표준 발음이란 게 있다면 할리우드와 미드에서 쓰는 발음이라고 해도 무방할 것이다.

그러나 아시다시피 미드에 나오는 인물들이 쓰는 영어 발음도 꽤 다양한 걸 어떡하나…. 심지어 뉴스 앵커들 발음도 티 나게 다양하다. 의심스러우면 지금 당장 CNN을 켜보라. 다양한 국적과 배경의 앵커와 리포터들이 다양한 발음으로 다양한 소식을 전하고 있을 것이다.

다시 말해 영어의 악센트란 건 배리에이션(variation)이 꽤 심하고, 발음 기호상 같은 발음이 허용하는 변화의 범위도 넓다. 그럼에도 불구하고 전 세계 영어 발음에는 어느 정도의 교집합이 있고, 이것만은 지켜야 한다 싶은 넘지 말아야 할 선도 있다. (발음보다는 좀 덜하지만 영어 '문법'도 그런 측면이 조금 있다.)

우리가 배워야 할 영어 발음은 바로 그 교집합이다. 그리고 전 세계 영어 구사자들이 웬만하면 지키고 있는 그 선을 넘지 않는 법도 배워야 한다. 그런데 그 교집합을 어디서 찾남? 제일 쉬운 방법은, 사전에 나오는 발음 기호대로 발음하는 것이다. 정말 그게 정답이다.

발음 기호											
모음	**단모음**	[i] 이	[e] 에	[ɑ] 아	[ə] 어	[æ] 애	[ʌ] 어	[u] 우	[ɔ] 오		
	장모음	[ɑ:] 아–		[ə:] 어–		[i:] 이–		[u:] 우–		[ɔ:] 오–	
	이중 모음	[ai] 아이	[ei] 에이	[ɔi] 오이	[au] 아우	[ou] 오우	[iə] 이어	[uə] 우어	[ɛə] 에어	[eə] 에어	

자음	**무성음**	[p] ㅍ	[k] ㅋ	[t] ㅌ	[f] ㅍ	[s] ㅅ	[θ] ㅆ	[ʃ] 쉬	[tʃ] ㅊ	[h] ㅎ

	유성음	[b] ㅂ	[g] ㄱ	[d] ㄷ	[v] ㅂ	[z] ㅈ	[ð] ㄷ	[ʒ] ㅈ	[ʤ] 쥐	[m] ㅁ	[n] ㄴ	[ŋ] ㅇ	[r] ㄹ	[l] ㄹ	반자음 = 반모음 [j] 이 [w] 우

한국인 특성에 맞는 발음 연습

한국 사람이 꼭 연습해야 할 발음

그런데 사실 발음기호에 나오는 발음 중 우리가 따라하기 힘든 발음들이 몇 개 있다.

"What's this?" 할 때, th   [ðɪs]
"What do you think?" 할 때, th   [θɪŋk]

소위 유성음인 '돼지꼬리 발음(ð)'과 무성음인 '번데기 발음(θ)'은 우리말에 없다. 한국말만 써온 사람들은 이 발음을 해본 적이 없다고 봐도 된다. 그렇다면? 좀 시간이 걸리더라도 열심히 배우는 수밖에 없다. 혀를 치아 사이에 넣고 "더~", "떠~" 식으로 자꾸 발음하면서 미드나 할리우드 영화에 나오는 사람의 발음처럼 나올 때까지 연습해보시라. 정말 자꾸 하면 된다.

그리고 안심이 될지는 모르겠지만… 실은 this를 dis, that을 dat이라고 발음해도 맥락이 정확하면 알아듣는다. 물론 그래도 FM대로 배우는 게 제일 좋다.

friend 의 'f'
victory의 'v'

역시 둘 다 한국말에는 없는 발음이고, 같은 입모양에서 내는 무성음과 유성음이다. 윗니로 아랫입술을 살짝 물면서 "프~", "브~"하면 된다. 이 것도 처음에는 어려운데 자꾸 연습하면 된다. 어쨌든 이 두 발음만은 제 대로 나올 때까지 철저히 연습할 필요가 있다. 이게 안 되면, 'feeling(감정)'이 'peeling(껍질 벗기기)'이 되고, 'love(사랑)'가 'l' 발음 난조와 함께 'rub(문지르기)'가 되는 수가 있다.

I love you(난 널 사랑해)의 'l'
I rub you(난 널 문질러)의 'r'

바로 위에 예로 든 l과 r은 우리말에도 있지만 구분하기 힘든 발음이다. 예를 들어 설명하자면,

사람(saram) : 이 발음이 'r'이고,
올레길(Olekil) : 여기서 두 발음이 'l'이다.

이렇게 보면 쉽게 구분되는데, 문제는 한글에서는 둘 다 'ㄹ'로 표기하기

때문에 헷갈리는 것이다. 그래서 "I love you"를 "I rub you"로 읽는 사람들이 의외로 많다.

해결 방법은 하나뿐이다. 맨 처음 단어를 외울 때 확실히 외우는 수밖에. 혀가 윗입천장에 닿는 소리 'l'과 혀가 입 안에서 또르르 구르는 소리 'r'을 확실히 구분하면서 단어를 외워야 한다.

구분이 정 안 되면 'love'는 '을러V'로 발음하면서 외우는 것도 한 방법이다. 즉, 단어 처음에 오는 'l'은 '을ㄹ'로 외워두란 뜻이다.

참고로 한국 사람들이 가장 어려워하는 'l' 발음은 'milk'의 'l'이다. 특히 미국 영어에선 대개 '미~' 한 다음 혀를 입천장에 살짝(정말 살짝) 붙였다 떼면서 'ㅋ' 발음을 하기 때문에, 우리 귀에는 '미윽' 혹은 거의 '미역' 정도로 들린다. 실제로 '밀크' 대신 '미역' 하는 편이 더 잘 통한다. 하여튼 l 발음이 생각보다 어렵다. 혀를 윗입천장에 살짝 붙였다 떼면서 발음하는 연습을 꽤 많이 해야 한다.

출신 지역에 따라 끝에 오는 'l'을 '이으' 정도로 발음하는 사람들도 좀 있다. 즉, 'hill'은 '히~으', 'kill'은 '키~으'. 프랑스어에서도 비슷하게 발음하는데 그 영향인가 싶기도 하다. 다들 아시는 프랑스의 항구 도시 마르세이으(Marseille)의 끝 발음이 이와 비슷하다.

year　미국식 [jɪr]　영국식 [jɪə(r) ; jɜ:(r)]

ear　미국식 [ɪr]　영국식 [ɪə(r)]

분명히 위 두 단어는 뜻이 다른 단어이고, 사전을 보면 발음도 다르다고 나와 있다. 그런데 우리나라에서 저 두 단어를 구분해서 발음하는 사람은 많지 않다. 사실 우리말에도 저 두 발음이 모두 있지만 한글에서는 구분하지 않기 때문이다. 다음을 읽어보라.

이조시대
이빨

두 '이'의 차이가 느껴지지 않는가? 사실 한국인 중에서도 경상도 사람들이 저 두 발음을 잘 구분한다. 한때 인터넷에서 유행했던 '2/e' 구분이 바로 그것이다.

재미있는 건 최근 들어 네이티브 스피커들 중에서도 저 발음 차이가 불분명해지고 있다는 점이다. 물론 두 발음을 분명히 구분하면서 말하는 사람들도 많지만, 거의 차이를 알아볼 수 없이 발음하는 사람들도 점점 늘어나고 있다.

또 하나 우리가 어려워하는 구분이,

man [mæn]

men [men]

즉, '애'와 '에'이다. 이 구분은 우리말에도 분명히 존재하지만 점점 희미해져가고 있다. "난 네가 좋아" 대신 "난 니가 좋아"로 말하는 이유가 그 때문이다. 예전에는 '내'와 '네'의 구분이 뚜렷했지만 요즘은 '네' 발음을 따로 구분하기 힘드니까 대신 '니'로 대체하는 중이다.

하여튼 발음의 기술적인 부분을 말하자면, '애' 발음은 '에'를 발음하는 입모양에서 입을 조금만 더 벌려서 발음하면 된다. 다시 말해 입을 조금 더 큰 모양으로 해서 '에' 하면 저절로 '애' 발음이 나온다는 말이다. 그런데 사실 이건 네이티브들도 어려워하는 구분 중 하나이다. 그래서 네이티브들도 발음 하나하나보다는 맥락에 근거해서 '애'와 '에'를 구분할 때가 많다.

마지막으로 다음 두 개는 꼭 구분해주어야 한다.

Jew   [dʒuː]

zoo   [zuː]

우리말로는 둘 다 '쥬우'라고 쓸 수 있지만 전자는 '유태인'이고, 후자는 '동물원'이다. 이것도 자꾸 연습하는 게 최선인데, 요령은 물론 있다. 일단 'j'는 대부분의 경우 우리가 보통 말하는 'ㅈ'과 발음이 유사하다. 그래서 그냥 한국말로 '쥬우' 하면 대체로 유태인이다. '동물원'이라고 말하려면 일단 벌이 붕붕대는 소리를 흉내 내면서,

---

T I P

'애'와 '에'가 헷갈리면

glass 글라아스
bathroom 바아쓰룸
hand 하안드
last 라아스트

등 'a' 발음을 '아아'로 하는 습관을 들이는 것도 한 방법이다. 특히 네이티브 스피커들이 잘 알아 듣는다.

ㅈㅈㅈㅈㅈㅈㅈ….

소리를 내보라. 그러다가,

ㅈㅈㅈㅈㅈㅈㅈ…우

하면 된다. 즉 'z'는 혀가 떨리는 그 소리다. 우리말의 'ㅈ'보다는 차라리
'ㅅ'에 가깝기 때문에, 실제로 'ㅅ' 소리가 나는 혀 모양을 한 다음 유성음
을 만들듯이 울려주면 'z' 소리가 난다. 지금 당장 해보시라. 일단 '스…'
하고 발음한 다음, 그 발음을 유성음으로 바꿔보라. 유성음이란 성대가
울리는 소리다. 성대를 울려보란 뜻이다.
'z' 발음 연습하기에 제일 좋은 단어는 역시,

Brazil [brəlzɪl]

이다. '브라ㅅㅅㅅㅅㅅ질~' 하면서 연습하자.

한국어의 특징 때문에 어려운 발음
's' 는 모음 앞에 올 때 대체로 'ㅆ' 정도로 발음된다. 그런데 우리말로 표
기할 때 보통 'ㅅ'으로 표기하다 보니 초보의 경우 실수하기가 쉽다. 특히
'쌀'을 '살'로 발음하는 경상도 출신들은 더욱 어렵다.
이를테면 'sing'은 '싱'이 아니라 '씽'이고, 'song'은 송강호의 '송'이 아니
라 '쏭'이다. 이런 단어들은 평소에 이런 식으로 발음해주는 게 좋다.
그리고 다음의 단어들을 읽어보라.

Starbucks

Batman

보통 '스타벅스', '배트맨'이라고 쓰고, 우리나라 대부분의 사람들이 그렇게 발음한다. 하지만 한국 사람과 일본 사람들 외에는 거의가 'ㅅ타아벅ㅅ(표기가 좀 이상하지만 할 수 없다. 우선은 이렇게 표기하자)', '뱃맨('밴맨'이 아님!)'이라고 발음한다. 다시 말해 끝 'ㅡ' 발음은 묵음이다. 그런데 한글은 자음만 가지고 음절을 표시할 수 없으므로 '스', '트' 등의 표기가 생기는 것이다. 이렇게 표기하면 'ㅡ'도 아니고 'ㅜ'도 아닌 중간쯤의 모음이 발음되기 마련이다. 그 모음을 과감히 빼버리는 연습을 하라. 평소에 '뱃맨' 'ㅅ타아벅ㅅ' 식으로 발음해보라.

즉, 필요 없는 'ㅡ' 발음을 과감하게 생략하는 습관을 들여라.

Hulk is a very big man. 헐크는 무지 큰 사람이다.

독자는 위의 영어 문장 정도는 쉽게 이해했을 것이다. 그런데 어떻게 발음했는가? 혹시,

헐크 이즈어 베리 빙맨.

하지 않았는가?

우리말에는 '말음법칙'이란 게 있어서 가끔 이런 경우가 생긴다. 즉, '박는다'는 '방는다'로 발음하고, '학문'과 '항문'의 발음은 둘 다 '항문'이다. 그러니 '빅 맨'이 '빙맨'이 될 수밖에….

하지만 불행하게도 영어에는 이런 게 없다. 따라서 'big man'은 '빙맨'이 아니고 '빅 맨'이다. 그런데 '빅 맨'을 발음해도 말음법칙 때문에 자꾸 '빙 맨'으로 발음된다. 미치고 환장할 노릇이다. 결국 자꾸 연습하는 수밖에 없다. 우선 '빅' 한 박자 쉬고 '맨' 하는 연습을 해보시라. 익숙해지면 빨리 말할 때도 말음법칙을 떨쳐버릴 수 있다. 이 외에도,

Henry 헨니 (×)
　　　　 헨리 (○)

lonely 론니 (×)
　　　　 론리 (○)

우리나라 말에는 '구개음화'란 것도 있다. 이것 때문에 '미닫이'가 '미다 지'로 발음된다. 영어에도 완전히 똑같지는 않지만 비슷한 게 있다. 다음 을 발음해보라.

drive

try

tree

보통 '드라이브', '트라이', '트리'로 발음한다. 이걸 '틀린' 발음이라고 하 기는 어렵다. 하지만 보통의 미국인이라면 '쥬라이브', '츄라이', '츄리'에 가깝게 발음할 것이다. r 앞에 d나 t가 오면 이상하게 '쥬', '츄'에 가까운 발음이 된다. 우리가 꼭 이렇게 발음해야 한다기보다는, 이들의 발음을

알아듣기 위해서 이 점을 명심해두자.

우리나라 말에는 또 '연음법칙'이라는 현상이 있다. '집이'가 '지비'가 되고 '끝을'이 '끄틀'로 발음되는 것이다. 영어에도 이런 연음법칙이 있다. 이를테면 "It is a book"은 "이티이저북"으로 발음한다. it의 경우 앞의 i가 자주 생략되어, 이 경우 "티이저북"으로 들릴 때가 많다. 심지어 쓸 때도 "'Tis a book"으로 쓰기도 한다.

T I P

미국 영어 발음의 특징 몇 가지

지역에 따라, 계층에 따라, 각자의 개성에 따라 발음이 조금씩 다르긴 하지만, 다른 나라 사람들의 영어와 비교할 때 미국인들만의 발음 경향이 있다. 가장 두드러진 몇 가지가 다음이 아닐까 한다.

❶ ing를 'in'으로 발음하는 경향. 그러니까 일상생활에서 '~잉'이 아니라 '~인'으로 발음하는 경향이 있다.

You are bein' so nice to me. 유어 비인 소오 나이쓰 터미.
Everybody's goin' out! 에브리바리즈 고이나웃!

❷ film, milk 등 'l' 다음에 자음이 나올 때 'l' 발음을 우리가 듣기에 '이으'에 가깝게 발음하는 경향. 그래서 milk는 때때로 '미윽' 혹은 '미역'처럼 들린다.

❸ 't', 'd' 발음을 뭉개는 경향. 이미 아시다시피 미국인들은 대부분 water를 우리가 듣기에 '워러'로 발음한다. (재미있는 건 한국인들이 '워러' 하면 못 알아듣는 미국인들이 많다는 사실!) 우리는 가능하면 '워터'로 발음해주자. 그게 어느 나라 사람이든지 알아듣기 쉽다. 't' 발음뿐 아니라 빨리 말할 땐 'd' 발음도 뭉개는 경향이 있다.

What'd you do yesterday? 워르유두 예스터데이?

❹ 일부 계층과 청소년들 사이에 'th'를 그냥 'd'로 발음하는 경향이 커지고 있다.

That's it! → Das it! 다쓰잇!
I don't wanna dat. 아론워너닷.

연음되면서 발음이 조금씩 변하기도 한다. "What are you doing?"은 "워타유두잉"이라고 해도 상관없지만, 미국인들은 대체로 "워라유두잉?"으로 발음한다. 또 "Would you?"는 "우쥬?"로 발음한다.

한국말도 마찬가지겠지만 영어도 빨리 말할 때는 연음이 많이 되기 때문에 알아듣기 어려운 경우가 많다. 익숙해질 때까지 듣는 연습을 많이 할 수밖에 없다. 자꾸 듣다 보면 잘 들리게 된다. 그리고 특히 실제 회화에서는 걱정할 거 하나도 없다. 잘 안 들린다면 다시 물어보면 되지 않나. "Speak slowly, please." 천천히 발음하면 다 들린다.

그런데 한국말 표기의 특징 때문에 이상한 연음이 발생하는 경우가 있다. 다음을 보라.

MacArthur   [məká:rθər]

우리는 보통 '맥아더'라고 쓰고, '매가더'라고 발음한다. 하지만 Mac과 Arthur는 따로 발음해야 하므로 '매카써'로 발음하는 게 맞다. (사실은 '머카아써'가 가장 유사한 발음이다.)

영국식 발음 연습이 필요한 이유

실은 독자가 '영국식 발음'이라고 생각하고 내는 발음이 실제 영국식 발음과는 상당히 다를 수도 있다. 하지만 이왕이면 우리가 흔히 생각하는 미국식 발음보다는 '각자가 생각하는 영국식 발음'으로 영어를 말하려고 노력하는 게 낫다. 간단히 말해, 그 편이 훨씬 안전하다.

좀 길게 말하면 첫째, (대부분의 한국인 본인이 생각하는) 영국식 발음으로 발음할 때, 다른 나라의 영어 구사자들이 그 사람의 영어를 더 잘 알아듣는 경향이 있고, 둘째, 그게 우리로서는 발음하기 더 편하다.

재미있는 건 대부분의 경우 우리는 '영국식'이라고 생각하고 발음했는데, 소위 '네이티브'들에게 물어보면 그 발음이 굳이 선택하라면 '미국식'에 가깝다고 하는 경우가 많다는 사실이다. 아무래도 우리가 학교에서 배운 게 미국식 영어이고, 평소에 보는 게 미드와 미국 영화이니 우리도 모르는 사이에 미국식 영어가 배어 있는 게 아닌가 싶다.

사실 최소 중학교 때부터 배운 영어 발음을 지금 와서 '영국식'으로 바꾼다는 게 쉽지 않고, 또 그럴 필요도 없다.

당장 "doctor"를 "독터"로, "I'm not a Chinese"를 "아임 낫터 차이니즈"라고 말하기가 쉽지 않다. 우리는 이미 거의 본능적으로 "닥터", "암낫" 식으로 말해버리기 때문이다. 그리고 그렇게 말해도 아무 상관없다. 하지만 의식적으로 어떤 특정한 단어를 발음해야 할 상황이 오면, 이왕이면 영국 사람이 된 듯 발음해보라는 얘기다. 즉,

Water, please.

해야 할 때,

워러~, 플리이즈.

대신,

워(오)터(어), 플리이즈.

해보란 얘기다. 필자의 경험상, 그리고 많은 한국인 영어 사용자들의 경험상 뒤쪽이 훨씬 더 잘 먹힌다. 다시 말해 미국식으로 뭉개지 않고, 발음 기호상에 나오는 발음들을 꼬박꼬박 해주는 편이 훨씬 대화가 편하다는 말이다.

물론 이미 습관상 또박또박 발음해주기 어려운 것도 많다.

I don't know what you're talking about.

"아이 돈트 노우 윗 유어 토킹 어바웃"이라고 해도 물론 완벽한 발음에 가깝지만, 이런 말이 입에 익어 있는 한국인 영어 사용자는 대부분,

아이 돈노우 워츄어토오키너바~웃.

T I P

통용되는 발음의 범위

필자는 영어가 전 세계어인 만큼 영어 발음이 허용하는 변화의 범위도 넓지만, 넘지 말아야 할 선도 있다고 말했다. 그 선은 일단 영어 사전에 나오는 발음기호가 정한 선과 유사하지만 똑같지는 않다. 이를테면, 'difficult'를 '디피꿀뜨'로 발음해도 대개 알아듣는다. 실제로 프랑스, 스페인, 이탈리아 등에서 온 사람들은 저렇게 발음하는 사람들이 많다. 그들은,

mountain 몬딴   absurd 압쑤르드   important 앵뽀르땅   star 쓰따르

식으로 발음하는 경우가 있는데, 대체로 의사소통에 지장이 없다. 아마 일관되게 로만어식으로 발음하기 때문이 아닐까 싶다. 미국인들이나 영국인들도 그 발음을 알아듣고, 조금만 대화를 나누고 나면 한국인을 포함한 대부분의 영어 구사자들이 그 발음을 알아듣는다.

그런데 우리가 'this', 'that'을 '디스', '댓'이라고 발음해도 통하지만, '밀크'는 미국인들이나 영국인들이 거의 못 알아듣는다. '필름'도 안 통한다. 'ㅓ음'에 가깝게 발음해줘야 알아듣는다. 특히 주의해서 연습하는 수밖에 없다.

연습했는데도 현실에서 안 통한다면, 그때는 스마트폰을 꺼내 단어를 보여주자. -_-;;

정도로 말하게 된다. 의식적으로 '영국식'으로 말하려고 해도 이미 입에 익어 있는 '미국식'이 있기 때문이다. 물론 그래도 전혀 상관없다. 왜냐하면 궁극적인 목적은 '커뮤니케이션'이므로 이렇게 발음해도 커뮤니케이션에 지장이 없다면 걱정할 건 아무것도 없다.

다시 한 번 요약하면, "영어로 말할 때는 독자가 생각하는 영국식 발음에 가깝게 발음하려고 노력하라. 하지만 이미 능숙한 표현을 쓸 때도 그런 원칙에 구애될 필요는 없다."

인토네이션의 원칙과 실제

인토네이션의 원칙

'인토네이션(intonation)'이란 우리말로 '억양'이다. 혹은 '문장의 강세'라고 해도 된다. 우리가 어떤 문장을 말할 때 그 문장 안에도 강하게 말하는 부분과 약하게 말하는 부분이 있는데, 그 경향을 인토네이션이라고 부르는 것이다.

그런데 단어는 강세가 발음기호에 표기되어 있지만, 인토네이션은 그렇지 않아서 곤란하다고 말하는 경우가 있다. 흠… 그럼 자주 사용하는 문장의 인토네이션을 표기해주면 어떨까? 하지만 그건 거의 불가능에 가깝다. 왜냐? 매번 다르기 때문이다. 이를테면,

How are you?

같은 간단한 문장의 인토네이션도 때에 따라 다르다. John이 학교에서

오랜만에 Jane을 만났을 때,

How **ARE** you?

라고 묻는다. 그러면 제인은 보통,

Fine, thanks. How are **YOU**?

라고 되묻는다. 여기서 자세히 보시라. 강하게 말한 단어가 어떤 단어인가? 처음 만나서 "How are you?"라고 물을 때는 "네가 어떻게 지내는지?"가 중요하다. 아시다시피 여기서 강조된 be동사 'are'는 '~한 상태로 지내다'라는 뜻이다. 그래서 "How **ARE** you?"인 것이다.
제인이 "How are **YOU**?"라고 되물은 이유는? 당연히 "나는 잘 지내는데, 너는?"이라고 말하고 있기 때문이다.

그럼 우리는 존과 제인의 이 대화에서 무엇을 배울 것인가? 물론 문장에서 어떤 단어에 강세를 주어야 하는지를 배운다. 즉, 인토네이션의 제1원칙이란 게 있다면 '중요한 단어에 강세가 간다'이다.

제인이 수업이 끝난 강의실 문을 열면서 존을 찾는데 그가 안 보인다. 그래서 제인은 남아 있는 학생들에게 묻는데, 존이 여기에 '있는지, 없는지'가 중요하므로,

John **ISN'T** here?

그런데 알고 보니 존은 다른 학생들 사이에 가려서 보이지 않았을 뿐이었다. 존이 바로 제인 앞으로 내달려오면서,

I AM here.

라고 말한다. 만약 존의 다음 수업이 이 강의실이기 때문에, 존이 '여기' 있는 게 중요했다면,

John isn't HERE?

라고 물었을 것이다. 그랬다면 물론 존의 대답도,

I am HERE!

영어로 말하기에 아주 능숙해지기 전까지는 다음과 같이 말해야 할 때가 많다. 이 말은 어떤 식의 강세를 주어야 할까?

It is not easy for me to talk in English.

어떤 단어가 가장 중요한가, 무엇을 가장 말하고 싶은가를 생각하면 답이 금방 나온다. 실은 저 문장을 영어로 생각만 해도 답이 나와야 정상이다. 진짜 저런 기분을 느끼면 당연히,

It's <u>not EASY</u> for me <u>to talk in English.</u>

보통의 경우라면 이 정도일 것이다. 일단 구어체에서는 '잇 이즈'보다는 '잇쓰'로 짧게 말하는 경향이 있고, 때때로 그보다 더 짧게 들리거나 거의 안 들릴 때도 있다. 그리고 가장 중요한 단어는 역시 "쉽지 않다!", 영어로는 "not easy(나리~지)". 연음이 되기 때문에 '리'에서 톤이 갑자기 확 올라간다. 'not(낫)'도 강하게 들리긴 하지만 'easy(이지)'에 약간 먹힌다. 그래서 "스나리~지 투토킹잉글리쉬" 정도로 발음하는 게 보통이다.

다만 때에 따라, 혹은 사람에 따라 **NOT EASY** 하면서 두 단어 모두를 강조하는 경우도 있다. 그리고 맨 앞의 'It(잇)'과 to부정사의 'to(투)'는 거의 안 들릴 때도 많다.

몇 개만 더 연습해보자. 진짜 뭘 해야 할지 모르겠을 때는,

What am I supposed to **DO?**

당연히 do에 강세가 간다.

다른 사람이 아니라 '내'게 맡겨진 일이 뭐냐고 묻는다면?

What am **I** supposed to do?

당연히 I에 강세가 간다.

Who the **FUCK** are you?

What the **FUCK** is this?

What the **HELL** are you talking about?

욕을 섞어 말할 때는 욕이 핵심일 경우가 많다. 감정적 핵심이라고나 할까? 따라서 욕 부분에서 목청이 올라간다. 그 다음엔 you, this, 그리고 의미상의 핵심.

영어는 성조는 없지만 단어의 강세와 문장의 인토네이션이 있다. 특히 인토네이션은 지역에 따라 조금씩 다르지만 '중요한 단어에 강세가 들어

미국 영어에 스페인어가 끼친 영향

원래 텍사스, 뉴멕시코 등은 멕시코에서 할양받은 땅이라 지명들 중 스페인어로 된 것이 많다. 게다가 최근 미국에 히스패닉(스페인어를 쓰는 중남미계 미국 이주민과 그 후손) 인구가 늘어나면서 지역에 따라 스페인어가 공용어 수준으로 사용되는 곳도 있다.
우선 지명 중 스페인어에서 유래한 곳을 몇 개만 보자. (오른쪽 한글이 원래 의미)

Los Angeles (California) : 천사들
San Francisco (California) : 성 프란체스코
Colorado : 색깔 있는 혹은 불그스름한
Florida : 꽃이 만발한
Montana : 산(원래의 스페인어는 montaña)
Nevada : 눈 덮인
Las Vegas (Nevada) : 평원
El Paso (Texas) : 통행(the passage)
Los Gatos (California) : 고양이들
San Antonio (Texas) : 성 안토니오
Santa Fe (New Mexico) : 성스러운 믿음

스페인어의 영향을 더욱 강하게 느낄 수 있는 부분은 사람 이름이다. 지명은 오래 전에 정해져서 발음이 이미 미국화된 경우가 많지만, 이름은 최근에 미국으로 들어온 사람들도 쓰기 때문이다. 이를테면 Los Angeles를 '로스 앙헬레스'로 읽지는 않지만, Jose는 '호세'라고 읽는 게 보통이다.
참고하시라고 미국에서 흔한 스페인어 이름들을 뽑아보았다.

| Rodriguez | 로드리게스 | Rivera | 리베라 |
| Navarro | 나바로 | Lopez | 로페스 |

간다'는 원칙은 어디 가도 변하지 않는다. 바로 이것이 전 세계 인토네이션의 '교집합'이라고나 할까.

어쨌든 우리가 말할 때 인토네이션이 없으면 소위 '국어책 읽는다'는 말투가 나온다. 현실에서 그렇게 말하는 사람은 없을뿐더러, 그래서는 의사소통 자체가 힘들다.

하지만 특별히 걱정할 필요는 없다. 말할 때 문장에서 사용하는 단어들

Rios	리오스		Gonzalez	곤살레스
Guerrero	게레로		Garcia	가르시아
Ramirez	라미레스		Torres	토레스
Flores	플로레스		Hernandez	에르난데스
Martinez	마르티네스		Suarez	수아레스
Franco	프랑코		Gomez	고메스
Chavez	차베스		Trujillo	트루히요
Sanchez	산체스		Ortiz	오르티스
Morales	모랄레스		Gutierrez	구티에레스
Fernandez	페르난데스		Mendoza	멘도사
Santana	산타나		Castillo	카스티요
Jimenez	히메네스		Moreno	모레노
Cabrera	카브레라		Valenzuela	발렌수엘라

야구 좋아하시는 분들은 아는 선수들의 이름이 다 들어 있는 것 같지 않은가? ^^
그런데 알파벳과 한글 표기에서 무언가 색다른 점이 있다. z의 발음이 전부 '스'로 되어 있다. 스페인어에서는 'z'를 'th'나 's'에 가깝게 발음하기 때문이다. 특히 남미 쪽에서는 거의 's'로 발음한다. 그리고 다음이 좀 특이하다.

J(영어의 h) : jamon 하몬(햄), San Jose 산 호세
LL(영어의 y) : llorar 요라르(울다), Castillo 카스티요
X(강한 h) : Mexico 메히꼬

그런데 캘리포니아 주의 도시 산 호세(San Jose)는 생긴 지 오래되어서인지 스페인어식도 아니고 영어식도 아닌 '새너제이'라는 이상한 발음으로 부르는 사람들이 좀 있다. 물론 여러분은 '싼 호세'라고 해도 된다. 그래도 다 알아듣는다.

의 의미를 음미하면서 중요한 단어를 강하게 말해주면 된다. 그리고 영어로 말하기에 차츰 익숙해지면 생각이 바로 말과 연결되기 때문에 중요한 단어를 저절로 강조하게 된다.

인토네이션의 실제

미드를 보면서 영어 공부한다는 사람들이 많은데, 사실 괜찮은 방법이다. 물론 실제 대화를 통해 회화 연습을 하면 제일 좋겠지만, 그럴 만한 기회를 만들기가 어려우니 미드나 영화를 통해 생생한 구어체를 접해보는 것도 좋다. 다만 공부하기에 적합한 미드는 따로 있다.

개인적으로 슬랭이 지나치게 많이 나오는 수사물, 액션물 등은 피하는 게 좋다고 생각한다. 이를테면 미국 영화 채널 HBO의 수사물 〈와이어(Wire)〉 같은 건 재미는 있지만 '회화 공부용'으로는 최악이다. 수사물 중에서도 〈몽크(Monk)〉나 〈멘탈리스트(Mentalist)〉 정도라면 괜찮다고 본다. 두 번째로는 〈프렌즈〉나 〈모던 패밀리〉 같은 시트콤도 피하는 게 좋다. 우리나라에서는 한때 〈프렌즈〉가 '영어 공부용 미드'의 대명사처럼 알려졌지만, 실은 시트콤으로 회화 공부하기가 만만치 않다. 일단 대화 중 개그 요소가 많아서 머리를 좀 쓰지 않으면 알아듣기가 어렵다. 미드로 영어 공부하는 이유가 영어가 '유창'하지 않기 때문인데, 미국식 농담으로 꽉 찬 말 빠른 영어 드라마가 잘 맞을 리 없다. 한국어 배우는 사람이 〈개그콘서트〉나 〈무한도전〉을 본다고 생각해보시라. 상상이 가시는가? 재미는 있으나 공부용으로는 전혀 적합하지 않다.

필자가 '영어회화 공부용'으로 최고로 꼽는 미드는 〈로스트(Lost)〉이다.

우리나라 배우 김윤진이 주연 중 한 명으로 출연했던 그 〈로스트〉 맞다.
이 〈로스트〉가 왜 '공부용'으로 가장 좋은 미드인가 하면, 우리가 영어를
배워서 만난 새로운 세계는 실상 〈프렌즈〉나 〈모던 패밀리〉보다 〈로스트〉
에 훨씬 가깝기 때문이다.

일단 이 드라마에는 정말 다양한 국적의 다양한 발음을 지닌 영어 사용
자들이 나온다. 〈프렌즈〉형 미국인부터 스코티시 영국인, 호주인, 한국
인, 일본인, 심지어 이라크인 등, 이 다양한 사람들이 서로에게 자신의 뜻
을 전달하기 위해 굉장히 단순하면서도 효과적인 문장들을 구사한다.

어찌 보면 '쉽고 효과적인 영어 문장을 구축하는 법'의 사례로 삼고 싶은
대본이고, 외국어로서 영어를 대하는 사람으로선 이만큼 훌륭한 교재가
드물다.

게다가 드라마 속에 등장하는 다양한 발음들을 들을 수 있다는 것도 큰
장점이다. 세계로 나가보면 실제로 그런 발음을 하면서 서로 의사소통하
고 있다는 걸 알게 된다. 그런 발음들을 미리 들어두는 게, 해외에서 처음
듣고 당황하는 것보다는 백 번 나은 것이다.

그리고 〈프렌즈〉나 〈모던 패밀리〉적인 발음은 한국에서 영어 배운 사람
이 따라하기는 어렵다. 그보다는 〈로스트〉를 시청하면서 전 세계의 다양
한 사람들이 다양한 방식으로 영어로 대화하는 걸 보면서, 본인 발음에
자신을 가지는 게 낫다.

말 나온 김에 미드 〈로스트〉의 한 구절을 보면서 '인토네이션'을 좀 더
공부해보자. 〈로스트〉 '시즌 1' 1화의 제일 끝부분 정도에 나오는 장면과
대화이다.

강세의 정도에 따라 '보통', '중간', '매우'로 표기해보았다.

콕핏에서 살아 있는 조종사를 만나지만 잠시 후 정체불명의 괴물이 그를 바깥으로 채가고, 비행기 창은 피로 덮인다. 셋은 비행기에서 나와 달아나는데, 중간에 찰리가 쓰러지고 잭이 다시 돌아와 그를 일으켜 세운다. 케이트는 혼자 먼저 가다가 멈춰서 일행을 기다리다가 찰리와 마주친다.

Kate : Where the **hell** is <u>Jack</u>?

Charlie : I don't <u>**know**</u>.

Kate : Did you <u>**see**</u> him?

Charlie : **Yeah**, he pulled me **up**.

Kate : Where <u>is</u> he?

Charlie : I don't <u>**know**</u>.

Kate : How can you <u>**not**</u> know?

Charlie : We got **separated**. **I fell down**. He came <u>**back**</u>. That **thing** was….

Kate : Did you **see** it?

Charlie : No, no. But it was **right** <u>there</u>. we were **dead**. I was…. And then, **Jack** came back and he **pulled** me <u>**up**</u>. I don't know <u>**where**</u> he is.

Kate : (잠시 생각하다가) We **have** to go **back** for him.

Charlie : Go **back**? <u>**There**</u>? Kate. There's a certain **gargantuan quality** about this **thing**.

Kate : Then, don't come.

Charlie : (잠시 멈춘 후) **Kate!**

이쯤 되면 인토네이션에 대해 감이 좀 잡히실 것이다.

하여튼 공부하다가 지루해지면 영어 공부용으로 괜찮은 미드를 골라 보는 것도 좋다. 미드도 즐기고, 영어 공부도 하고… '꿩 먹고 알 먹기' 아닌가? ^^

※위 대화 중에서 "gargantuan quality"라는 말이 나오는데 이걸 번역하기가 쉽지 않다. 사전에서 'gargantuan'을 검색하면 '엄청난' 정도의 뜻으로 나오는데, 실은 이 단어는 16세기 프랑스의 풍자 작가 프랑수아 라블레(François Rabelais)의 작품 〈가르강튀아(Gargantua)〉에서 유래한 것이다. 작품 속에서 가르강튀아는 약간 바보스러운 거인인데, 'gargantuan'은 무언가 터무니없이 거대하고 믿기지 않을 만큼 엄청난 것을 의미한다고 생각하면 된다. 즉, 찰리가 여기서 말하는 건 뭔가 '초현실적인 거대함'인 것이다.

NEW
PARADIGM
ENGLISH

CHAPTER
5

가성비 최고의
영어회화 학습법

공부에 많은 시간을 투자하긴 하는데 도무지 성적이 안 오르는 경우가 있다. 영어 공부도 마찬가지. 단어도 많이 외우고 회화 공부도 무지 하는데, 막상 현실에서 영어로 말해야 하는 상황에 닥치면 단어도 생각 안 나고, 문장도 전혀 안 나오는 것이다.

그게 왜 그럴까?

정답은 단순하다. 열심히 공부하는데도 성적이 안 나오는 건 머리가 너무 나쁘거나, 공부하는 방식이 잘못되어서 그런 것이다.

참고로, 한국 사람들은 전 세계 어딜 가도 대개 스마트하고 일 잘한다는 말을 듣지, 머리 나쁘다는 소리는 잘 안 듣는다. 필자가 보기에도 그렇다. 우리 한국인들이 영어회화에 약한 이유는 머리가 나빠서가 아니라 공부 방법이 잘못되어서라고 보는 게 맞다.

그렇다면 영어회화 공부의 바른 방법은 어떤 것인가? 이 챕터에서 가성비 최고의 영어회화 학습법을 익혀보자.

다시 연극적 방법론

메소드 액팅?

이 책의 앞부분에서 '연극적 방법론'이란 걸 사용하는 게 좋다고 말했다. 그게 무엇이었는지 기억나시는가?

연극 이론 중에 유명한 '메소드 연기(Method Acting)'란 게 있다. 원래는 러시아의 연출가 콘스탄틴 스타니슬랍스키(Constantin Stanislavski)라는 인물이 고안한 것인데, 모스크바에서 안톤 체호프(Anton Chekhov)의 작품들을 공연하면서 주로 실제 연극에 적용했다고 한다.

이 '메소드 연기'의 핵심은 배우들이 자신의 생각과 감정을 완전히 극중 배역에 몰입시켜 마치 진짜 그 사람이 된 것처럼 연습하고 연기하는 것이다. 즉, 극중 역할이 장님이면 배우는 역할을 연습할 때부터 눈을 가리고 생활을 하고, 극중 인물의 성격과 기질을 철저히 파악해 그에 맞는 표정과 몸짓 등이 자연스럽게 나오도록 하는 것이다.

이 연기법은 20세기 후반 할리우드 배우들에게 많은 영향을 끼쳤는데, 이들 중에는 오늘날에도 명연기로 유명한 배우들이 다수 포함되어 있다. 이를테면 폴 뉴먼, 제인 폰다, 말론 브란도, 알 파치노, 잭 니콜슨 등 연기로 둘째가라면 서러워할 배우들이 거의 다 들어 있다고 봐도 된다.

그런데 이 메소드 연기법에는 치명적인 부작용도 뒤따르는데, 극중 배역에 지나치게 몰입하다 보면 연기가 끝나고도 원래의 현실, 원래의 성격으로 돌아오기가 쉽지 않다는 것이다. 그래서 이 연기법에 능통하지 않은 신인들이 무리하게 메소드 연기를 시도하다가 정신적 부작용을 겪기도 한다. 일부에서 〈다크 나이트(Dark Knight)〉의 위대한 조연 히스 레저(Heath Ledger)의 자살도 그가 조커 역을 명연한 것과 관련이 있지 않나 하고 추정하는 이유도 바로 그 때문이다.

필자가 말하는 '연극적 방법론'이란 좀 축소된 규모의 '메소드 연기법'이라고 생각하시면 된다. 즉, 우리가 영어회화를 위해 공부하는 문장에서는 화자의 심리를 최대한 이해한 상태로 문장 연습을 하고, 미드나 영화를 볼 때는 가능하면 등장인물들에 최대한 감정이입한 후 그들의 심리 상태에서 대사들을 이해하는 것이다.
진짜로 어떤 문장을 내 것으로 만들기 위해서는 그 문장의 정확한 맥락, 즉 그 문장의 화자가 '어떤 상황에서, 어떤 기분으로, 어떤 의도로, 어떤 말을 하는가?'를 최대한 이해하고 체감해야 한다는 얘기다.

외국어를 공부할 때 현실에서 해당 언어를 말하는 사람과 한 번이라도 대화해서 써먹어본 문장은 굉장히 기억에 남는다고 말하는 사람들이 많다. 당연한 말이다. 영어책 위에 쓰여진 문장은 최악의 경우 잉크와 공백의 나열에 불과하지만, 실제로 대화에서 사용한 문장은 '특정 상황에서, 특정한 감정을 가지고, 어떤 특정한 의도'로 말했던 것이기 때문에 기억하는 게 훨씬 쉽다.

따라서 혼자서 문장 연습을 하더라도 가능하면 연극적 상상력을 발휘해 가상의 특정 상황 속에서 감정과 의도까지 담아 말하는 게 좋고, 미드나 영화를 볼 때도 최대한 발화자의 입장에 감정이입을 하면서 문장을 듣는 게 좋다. 의식적으로 이런 노력을 하면서 하는 공부와 미드(영화) 시청은 그렇지 않은 것과 비교하면 하늘과 땅 차이의 효과가 있다.

영어권 문화에 친숙해질 것

하지만 연극적 방법론을 이용해 영어 공부를 하는 것에 가장 큰 문제가 하나 있다. 다름 아니라 우리 자신이 대부분 배우가 아니라는 사실이다. 보통 사람들은 배역에 그렇게까지 심리적으로 이입하는 능력 자체가 결여되어 있다. 하지만 걱정할 건 없다. 세상에 감정이입 능력이 없는 사람은 없으니까. 다른 사람에 대한 심리적 이입 능력이 없는 사람은 영화나 드라마도 못 보고, 무엇보다도 사회생활 자체가 힘들 것이다.

그런데 사실 영어란 언어는 우리 사회와는 좀 다른 '영어권'에서 쓰는 언어이기 때문에, 타인에 대한 심리적 이입에 각별한 노력이 조금 더 필요하다. 즉, 이미 우리가 어느 정도 익숙해져 있긴 하지만, 영어권 문화를 더욱더 이해하고 영어권 문화에 친숙해질수록 이입이 쉬워진다.

어느 겨울날 캐나다에서 온 아가씨 둘을 만난 적이 있었다. 초겨울치고는 무척 추운 날로 기억된다. 둘 다 동계 올림픽으로 유명한 캘거리 출신이어서 그런지 역시 추위에 강했다. 매리앤은 "Don't tell me about cold. I'm from Calgary, you know" 하면서 웃어댔다.

거리를 헤매던 우리는 몸을 녹이기 위해 찻집에 들어가 커피를 마셨는데, 멜리사가 갑자기 찻집 주인을 손으로 가리키더니 "Hey, beam me up!" 하는 것이었다. 그리곤 날 보며 재밌다는 듯이 미소 지었다.

Beam me up!

또 모르는 문장이 나왔다. 물론 "Beam me up? What do you mean?" 하고 물었다. 그녀가 바로 반문했다.

Oh, you don't know 'Star Trek'?

아, 그거였구나! 독자 여러분, 혹시 〈스타트렉(Star Trek)〉이라는 미국의 TV 시리즈가 기억나시는가? 지구인들이 엔터프라이즈호라는 거대한 우주선을 타고 우주 곳곳을 탐험하는 이야기다. 한때 미국에서 선풍적인 인기를 끌었던 이 시리즈는 마치 우리나라의 '대장금 마니아'나 일본의 '후유소나(〈겨울연가〉) 마니아'처럼 '트레키(Trekkie)'라는 마니아 그룹을 만들어낸 것으로도 유명하다.

본론으로 돌아가자면, 〈스타트렉〉의 세계에서는 우주선과 행성 표면 간을 이동할 때 물질 전송 광선을 이용한다. 그래서 지상에 있는 사람이 우주선으로 돌아갈 때는 "Beam me up(광선을 쏘아 날 끌어올려줘)"이라고 말하는 것이다.

그런데 왜 멜리사가 찻집 주인을 보고 "Beam me up!"이라고 했을까? 마침 그 주인장이 〈스타트렉〉의 등장인물들이 입었던 굵은 가로줄 무늬의 셔츠를 입고 있었다! 거기에 생각이 미치자 그제야 필자는 같이 웃을 수 있었다.

이 이야기의 교훈은 무엇인가? 뻔하다. 영어권의 문화에 친숙할수록 영어권에서 온 사람과 이야기하기 쉽다는 것이다. 다들 아시다시피 언어란 단순히 단어와 문장으로 이루어진 게 아니라 어느 한 문화권의 역사와 생활을 담고 있다. 아무리 문법에 밝고 단어를 많이 안다 해도 이야기할 상대방과 문화적 공감대가 없다면 의사소통에 지장이 있을 뿐 아니라 무엇보다도 '할 이야기'가 없다. 그래서 우리는 다른 나라의 언어를 배우면서 그 나라의 문화를 같이 배워야만 하는 것이다.

영어권 문화란 무엇인가?

'영어권 문화'를 거칠게 두 가지로 나누자면, 첫째는 멀리 고대 그리스에서 시작해 중세와 근대를 거쳐 오늘날까지 이어진 유럽 문화이고, 둘째는 현재 사실상 전 세계를 지배하고 있는 미국의 대중문화다.

구체적으로 말하자면 소포클레스와 플라톤, 루소와 볼테르, 베토벤과 바그너, 칸트와 마르크스, 다빈치와 루벤스가 유럽의 고전 문화를 상징하는 존재들이다. 유럽에서나 미국에서나 이런 쪽에 밝은 사람을 '교양' 있다고 말하는데, 물론 우리나라에도 이런 문화에 정통한 '교양인'이 많다.

당연한 말이지만 아는 만큼 말할 수 있다. 평소에 독서를 많이 하고 대가 들의 그림과 음악을 감상하며 교양을 쌓으시라. 그러면 당신이 어떤 언어로 이야기하든 당신의 말에서 품위가 묻어나면서 상대방의 존경까지 받게 될 것이다. 또한 수천 년의 역사 속에서 만들어진 영어권 사람들의 의식 세계를 좀 더 잘 이해하게 될 것이다.

하지만 교양이란 걸 하루아침에 쌓을 수는 없다. 유럽 문명이 만들어낸 문화적 성과물들이 방대하기도 하거니와 많은 경우 상당한 '준비 운동'을 하지 않으면 이해할 수 없는 작품들이 많기 때문이다. 따라서 유럽의 고전 문화를 단시일 내에 섭렵한다는 건 무리다. 역시 평소에 꾸준히 노력하는 수밖에 없다.

미국의 대중문화는 완전히 경우가 다르다. 그것은 미국뿐 아니라 전 세계를 글자 그대로 '지배'하고 있기 때문이다. 뉴욕에서 카트만두까지, 상트페테르부르크에서 오사카까지, 전 세계 모든 곳에 사는 사람들이 〈반지의 제왕(The Lord of the Rings)〉 시리즈 3부작을 보고, 레이디 가가를 듣고, 토미힐피거를 입고, '맥다널~드' 햄버거를 먹는다. 물론 우리들도 마찬가지다. 굳이 찾아다니지 않아도 미국의 대중문화는 주변에 널려 있다고 해도 과언이 아니다.

하지만 같은 미국 영화, 미국 드라마를 보더라도 의식적으로 감정이입을 해가며 보는 것과 "남의 나라 이야기겠거니" 하며 심적 거리를 두고 감상하는 건 다르다. 또한 의식적으로 "저들이 어떻게 사나?" 하는 호기심을 지니고 보는 것과 그냥저냥 무심하게 감상하는 것도 다르다. 당연히 우리 독자들은 '의식적으로', '호기심을 가지고', '감정이입을 하면서' 영어권의 대중문화 상품들을 대해야 한다.

이제까지와 달리 주의를 기울여 미드나 영화를 보면, 예전에는 그저 "쟤네들은 저렇게 사네…" 하고 넘어갔던 것이 좀 새롭게 보일 것이다. 그러면서 "쟤네들은 왜 저렇게 살까?" 하는 의문이 자연스럽게 떠오른다.

쟤네들은 왜 저렇게 우리와 다르게 살까, 저렇게 다르게 살면서도 나름

T I P

여행은 회화 실력 향상의 기회

어떤 책에선가 여행자들을 크게 트렁크족과 배낭족으로 구분한 것을 보았다. 재미있고 유용한 표현이라 생각한다.

주로 패키지 여행객들이 트렁크족에 해당되는데, 극히 일부지만 단독 여행이나 가족 여행을 하는 이들 중에서도 트렁크족이 있다. 그들은 시커멓고 커다란 여행용 트렁크를 (때로는 두세 개씩) 끌고 다니며 여행한다. 그 안에는 매일매일 갈아입을 옷과 액세서리, 카메라, 캠코더, 여행지에서 산 기념품, 면세점에서 산 술병 등 별의별 게 다 들어 있다. 충분히 준비해온 만큼 옷차림도 매우 깔끔하고 선글라스와 각종 액세서리도 다 갖추고 돌아다닌다.

배낭족은 정반대라고 생각하시면 된다. 이들은 글자 그대로 등에 배낭 하나 달랑 짊어지고 여행하는 사람들이다. 그 속에는 최소한의 옷가지와 최소한의 준비물들이 들어 있다. 이를테면 여름에는 반바지와 반팔 T셔츠 몇 장, 긴 바지 두 벌 정도, 긴팔 셔츠 하나, 수영복 한 벌, 세면도구, 샌들 하나, 상비약 정도이다. 남자라면 면도기, 여자라면 생리대 정도가 추가될 것이다.

딱히 어느 쪽이 더 훌륭한 여행 방식이라고 말할 수는 없다. 각자 나름의 장단점이 있기 때문이다. 우선 트렁크족들이 애용하는 패키지여행은 안전하고 편리하다. 가이드의 안내에 따라 미리 예정된 코스를 가면 그만이다. 예상치 못한 변수나 언어 소통의 불편 같은 것도 거의 없다.

반면 배낭여행은 불편하고 때로는 위험하지만(큰 위험은 없다) 훨씬 자유롭다. 어디로든 마음대로 가서 마음대로 즐기면 된다. 원래 계획한 스케줄이 있어도 거기에 얽매일 필요도 없다. 너무나 멋진 비치를 발견하면 그곳에서만 머물다 돌아와도 되는 것이다.

이렇게 서로 장단점이 있긴 하지만, 이왕 여행을 떠나실 거라면 필자는 굳이 배낭여행을 권하고 싶다. 그것은 이 책의 목적과도 관계가 있다. 낯선 외국에 가서 한국어가 아닌 영어로 의사소통을 시도해보는 것 자체가 영어회화 공부에 큰 도움이 되기 때문이다. '언어 소통의 불편'을 '영어 소통의 기회'로 삼아보라는 말씀이다. 그거 생각만큼 어렵지 않다.

절대로 주눅 들지 말고 다른 나라에서 온 배낭족들에게 말을 걸어보라. 싫어하는 사람은 아무도 없을 것이다. "Hi, how are you? Where are you from?" 이거 쉽지 않은가? 마음이 통하면 이것저것 이야기를 나누어보시라. 간단한 대화라도 떠듬떠듬 하다 보면 서로 친해지고, 나중에 한국에 돌아와서도 가끔 이메일을 나누는 사이가 될지도 모른다. 그리고 그런 친구들을 많이 사귈수록 당신이 세상을 보는 눈은 점점 넓어지게 될 것이다. 세상을 보는 눈이 넓어지면 당연히 영어 실력도 향상된다.

아! 그리고 여행을 떠나기 전에 필자의 전작 『배낭여행 영어회화』를 챙겨가는 걸 잊지 마시라. ^^

의 질서를 갖출 수 있구나…. 좀 더 자세히 보면 그 질서의 시스템이 이해되기 시작한다. 아, 저렇게 사니까 이럴 때 저렇게 반응하는구나!

당신의 세상 보는 눈이 진짜로 넓어진다. 이해의 폭이 넓어지면서 영화도 미드도 더 재미있게 볼 수 있다. 나중에 외국인과 만나면 진짜 더 즐겁게 대화할 수 있게 된다. 더 이상 그들의 가치관, 세계관이 낯설지 않다.

물론 그들의 가치관, 세계관을 그대로 따라하라는 것이 아니다. 이해하라는 것이다. 한국에 온 외국인들도 처음에는 한국인들의 사고방식을 잘 이해하지 못한다. 왜 한국인들은 식당에서 음식 값을 서로 내겠다고 다툴까, 각자 먹은 만큼 내든지 아니면 공평하게 똑같이 내면 될 텐데…. 왜 한국인들은 뭐든지 빨리빨리 하기만을 원할까. 왜 한국인들은 6시가 되어도 퇴근하지 않을까. 왜 한국인들은 편한 지하철을 두고 승용차를 고집할까. 왜 한국인들은… 끝도 없다.

한국 사람들의 가치관을 잘 모르다 보니 한국 사람의 뜻을 빨리 캐치하지 못하고 오해가 발생하기도 한다. 하지만 시간이 흐르고 한국 문화에 익숙해지면 그런 오해들이 없어지면서 의사소통도 빨라지는 것이다. 마찬가지로 당신이 영어권 문화에 익숙해지면 의사소통에서 많은 시행착오를 줄일 수 있을 뿐 아니라, 영어회화 실력을 늘리는 데도 큰 도움이 된다.

왕도는 없어도 요령은 있다

영어식으로 말하는 습관

미드나 할리우드 영화를 보다가 영어 구사자들이 이상할 정도로 끊임없이 "감사합니다", "죄송합니다", "실례합니다" 등 사소한 인사말을 내뱉는다는 생각을 해본 적이 없는가? 실제로 영어권 문화가 그렇다. 사소한 것에도 감사하고(**Thank you**), 끊임없이 실례하고(**Excuse me**), 작은 실수에도 미안하고(**Sorry**), 볼 때마다 안녕한지(**How are you?**) 물어본다.

독자들도 영어를 말하겠다고 작정했으면 영어식으로 말하는 습관을 들여야 한다. 다시 말해 독자 여러분도 영어로 말할 때는 사소한 고마운 일에도,

Thank you.
Thanks.

하고(물론 표정도 무지 감사한 표정을 짓고), 매일 만나면서도,

Good morning!

Good afternoon!

그 말 다음에는 꼭,

How are you?

How are you doing?

이라고 묻고, 작은 실수에도,

Pardon me.

Excuse me.

Sorry.

하고,

You look great today.

I like your new hair.

등 사소한 칭찬을 끊임없이 하시라.
헤어질 때는 반드시,

Have a good day!

Nice talking to you!

See you later!

이런 작은 습관들이 익숙해지기까지는 좀 어색할 수 있으나 그게 원래 영어식 말하기의 기본이다. 영어를 배운다는 건 이런 문화를 배우는 것까지 포함하는 일이다.

표정과 동작

그리고 무지 중요한 게 있는데, 말할 때는 감정을 드러내는 게 좋다. 혼자서 영어 말하기를 연습할 때도 거울을 보고 표정 지으며 말하는 걸 꾸준히 연습하시라.

우리 문화에서는 (특히 남자들이) 감정을 드러내는 걸 금기시하는 가풍을 지닌 집도 있지만, 영어권에서는 대체로 늘 무표정한 사람은 인기가 없다. 특히 말할 때 지나치게 표정이 없으면 의사소통에 지장이 올 수도 있다.

I am so happy to see you!

하면서 얼굴은 전혀 행복한 표정이 아니면 상대가 어떻게 생각하겠는가?

그리고 또 하나 굉장히 중요한 사실이 있는데, 실은 외국인들이 외국어로 말할 때는 우리와 다른 근육을 사용한다. 우리 얼굴과 목, 성대 등에 있는 다양한 근육들을 다르게 조합해서 사용한다는 말이다.

한번은 어떤 러시아 아가씨와 프랑스어 공부에 대해 이야기한 적이 있었다. 그녀 말이, 자기가 러시아에서 프랑스어 수업을 들을 때, 3주 동안은 오직 프랑스어 발음을 하기 위한 얼굴, 목, 성대 근육 훈련만 했다고 한다. 원칙적으로 영어도 마찬가지다. 한때 영어를 잘할 수 있도록 애들 혀를 늘여주는 엽기 수술이 유행한 적이 있었는데, 실은 영어회화 실력 향상에 필요한 건 긴 혀가 아니라 풍부한 감정과 표정인 것이다.

물론 말할 때 하는 동작도 연습하면 좋다. 사실 우리는 입으로만 말하지 않는다. 우리의 육체는 우리의 심리를 반영한다. 스타니슬랍스키의 '메소드 액팅'의 핵심 원리 중 하나가 바로 이것이다.

동작은 우리의 의사를 반영할 뿐 아니라, 동작이 포함되면 의사소통이 더 쉽다. 영어권 사람들이 이야기할 때 손동작을 심하게 하는 경우를 본 적이 없는가? 특히 손동작은 입에서 나오는 말을 보충하는 것으로 가장 중요하다. 서양에서는 이탈리아 사람들이 손을 가장 많이 써서 이야기한다고 한다. 필자의 이탈리아인 친구에 따르면, 자기들은 손을 묶으면 말을 못한다고. -_-;;

당장 활용 가능한 요령들

그럼 이제부터 실제로 영어로 말해야 하는 상황이 왔을 때 당장 써먹을 수 있는 요령들을 몇 개 배워보자.

❶ 천천히 말하기

이거 의외로 중요하다. 일단 무조건 천천히 말하자. 말이 너무 빨라서 안 통하는 경우는 있어도 천천히 말해서 안 통하는 경우는 없다. 특히 초보들이 이상하게 말을 빨리 하려는 경우가 있는데, 절대 그러지 마시라. 음절 하나하나까지 다 발음하면서 천천히 말해도 아무도 이상하게 보지 않는다. 그리고 천천히 말할 때 단어 하나하나에 자신의 감정과 의도를 담기가 훨씬 쉽다.

생각할 시간이 필요할 때는 ❹에서도 다시 언급하겠지만 '메움말(filler words)'을 사용하는 게 좋다. 관사 'a'를 '에이'로 자주 발음하는 버릇을 들이는 것도 별것 아닌 듯하지만 상당한 도움이 된다.

❷ 발음을 또박또박 하기

이 역시 마찬가지다. 영화나 미드에서 본 미국인들의 버터 바른 발음이 부러워서 그걸 따라하기보다는 발음기호대로 또박또박 하는 게 백 배 낫다. 대부분의 한국인들은 영어회화 실력이 늘면 저절로 발음이 부드러워진다. 그전까지는 가능한 모든 발음을 다 해주면서 말하는 게 좋다. 소위 '굴리는 발음'이 안 통할 때는 많지만, '또박또박한 발음'이 안 통할 때는 별로 없다.

❸ 모르면 다시 묻기

이것도 단순한 요령인데, 의외로 잘 안 하는 사람들이 많다. 못 알아들은 게 부끄러워서일까? 부끄러워할 필요 전혀 없다. 한국인이 외국어인 영어를 능숙하게 하지 못하는 건 절대 부끄러운 일이 아니다. 다만 좀 불편할 뿐이다. 대부분의 경우, 상대는 이쪽에서 자신의 언어를 조금이라도 해주는 걸 고마워해야 한다.

하여튼 잘 못 알아들었는데 그냥 넘어가버리면 오해가 생길 수도 있고, 최악의 경우는 큰 손해를 볼 수도 있으니 꼭 다시 물어봐야 한다. 어떻게 물어보는지는 이미 아실 터.

Pardon me?

I beg your pardon?

Pardon?

Sorry, what did you say?

Would you speak more slowly?

Can you write that down?

개인적으로는 "Pardon?"이나 "Sorry, what did you say?" 쪽을 선호하는데, 독자 여러분은 뭐라고 말해도 좋다. 중요한 문제인데 정 못 알아듣겠거들랑 글로 써달라고 해야 한다.

사실 소위 '네이티브'끼리도 잘 못 알아듣는 경우가 빈번하다. 워낙 영어 발음이란 게 다양하기 때문이다. 이를테면 전형적인 아일랜드식 영어 구사자와 호주의 크로커다일 던디가 만나서 평소 말하던 식으로 대화한다면 서로의 말을 거의 알아듣기 어려울 것이다.

네이티브가 아닌 제2 언어로 영어를 능숙하게 구사하는 사람들도 마찬가지다. 한국에서도 유명한 일본인 소설가 무라카미 하루키는 미국에서도 꽤 오래 살았고 영어 소설도 여러 권 일본어로 번역하기도 했는데, 영국에 가서는 도대체 영어가 안 통한다고 불평한 적이 있다.

하여튼 결론은, 모르면 꼭 다시 묻자! 이거다.

❹ 메움말을 사용하기

앞서 챕터 3에서 우리는 '메움말'이란 걸 배웠다.

Well…

이 가장 유명한 메움말이다. 이 외에도 우리는 대화에서 시간을 벌어주는 메움말 역할을 할 수 있는 단어와 문장들을 배웠다.

말할 때 틈틈이 써먹으시라. 아직 영어가 능숙하지 않을 때는 물론이고, 나중에 비교적 유창하게 영어를 구사할 때도 '메움말'들은 매우 유용하다. '네이티브'들이 메움말이란 걸 고안하고 자주 쓰는 이유가 무엇이겠는가. 자기들도 쓰면 편하니까 그런 거죠. ㅎㅎ

❺ 슬랭과 자곤에 대처하는 법

한류 열풍 때문에 해외에도 한국어를 배우는 사람들이 많지만, "와, 이 짤방녀 완전 졸귀" 같은 '슬랭(slang:속어, 은어)'을 이해할 수 있는 외국인은 거의 없다. 마찬가지로 브루클린 뒷골목 청소년들의 슬랭을 모두 이해할 수 있는 외국인도 별로 없다. 그러니 때때로 어떤 외국인이 무슨 말인지 도무지 알 수 없는 단어와 문장들을 내뱉더라도 자책하지 말자. 최신 슬랭일 가능성이 높다.

우리말도 마찬가지지만 최근에 나온 슬랭은 사전에도 없다. 슬랭은 유행어라는 본질상 빨리 변하는 것이라 사전에 담기가 어렵다. 그나마 자리 잡은 슬랭은 윅셔너리나 어번 딕셔너리를 찾으면 나온다.

'자곤(jargon)'은 특정 전문 분야에서만 통하는 어휘를 말한다. 이를테면 의사들은 'cheek bone(광대뼈)' 대신 'zygomatic bone'이란 용어를 사용한다. 'cosplay' 같은 용어도 아니메(일본 애니메이션)의 세계에 익숙한 사람이 아니면 알아듣기 어려운 일종의 자곤이라고 할 수 있다.

하여튼 슬랭이든, 자곤이든 못 알아들었다고 슬퍼하거나 노여워하지 마시라. 못 알아듣는 게 당연한 일이다. 슬랭은 정 알고 싶으면 말하는 사람에게 '보통 말'로 해달라고 부탁하면 되고, 자곤은 그 분야에 관심을 가지면 저절로 알게 된다.

영어 소설은 무엇을 읽어야 하나?

외국어 공부는 어느 정도 '물량 공세'가 통하는 분야이다. 즉, 영어를 아주 잘하려면 아침부터 저녁까지 늘 영어를 끼고 사는 게 좋다. 일어나면 영어 신문을 읽고, 영어 뉴스를 듣고, (대화 상대가 있다면) 하루 종일 영어로 대화를 하고, 시간 나면 영어 소설·영어 만화를 보고, 영어로 채팅을 하고, 영어로 일기를 쓰고 잠드는 것이다.

특히 취미가 독서인 분이라면 영어 소설을 읽는 것도 굉장히 좋은 방법이다. 그런데 영어 소설을 고르는 데도 요령이 있다.

일단 고전은 피한다. 한마디로 윌리엄 셰익스피어(William Shakespeare)는 곤란하다. 어려워도 너무 어렵다. 다 읽어도 회화에 써먹을 기회는 거의 없다. 물론 읽으면서 그 운율을 즐겁게 감상할 수 있을 정도로 영어 실력이 된다면야 당연히 매일이라도 읽어야 하겠지만, 그런 분이라면 이 책을 읽고 있을 이유가 없다.

셰익스피어 같은 골동품 고전이 아닌 윌리엄 포크너(William Faulkner)나 마크 트웨인(Mark Twain) 등 '100년 전 고전'도 피하시라. 10년이면 강산도 변하고, 100년이면 말도 상당히 많이 변한다. 요즘 독자들이 '재미로' 읽기에는 너무 피곤하다.

다만 개인적으로는 독자가 독해에 완전 자신이 붙은 이후에는 마크 트웨인을 꼭 읽어보라고 권하고 싶긴 하다. 가장 재미있는 작가이자 가장 미국적인 작가라고 생각하기 때문이다. 영국에 오스카 와일드(Oscar Wilde)가 있다면 미국에는 마크 트웨인이 있는 것이다. 오스카 와일드 역시 나중에 꼭 읽어야 할 작가이다.

움베르토 에코(Umberto Eco)의 『장미의 이름(The Name of the Rose)』 같은 준고전도 피하라. 지나치게 현학적이고 생소한 단어가 많이 나와서 페이지가 잘 안 넘어간다. 특히 에코는 누가 언어학자 아니랄까봐 발표하는 소설마다 최소한 네댓 가지의 언어들을 마구 집어넣어서 독자들을 피로하게 한다.

그렇다면 영어 공부를 위해서라면 어떤 소설이 좋은가?

한마디로 대중 소설이 좋다. 시드니 셸던(Sidney Sheldon)을 추천하는 사람도 있던데, 좋은 선택이다. 그 외에도 존 그리샴(John Grisham), 마이클 크라이튼(Michael Crichton), 에릭 시걸(Erich Segal) 등이 무난하다.

굳이 순문학을 읽고 싶은 독자라면, 첫 번째로 추천할 책은 제롬 데이비드 샐린저(Jerome David Salinger)의 『호밀밭의 파수꾼(The Catcher in the Rye)』이다. 사실 영어 공부용이 아니더라도 읽어두면 좋은 책이다. 아마 서구 지식인 중 이 책을 읽지 않은 사람은 드물 것이다.

그 외에 '순문학'으로서 읽기에 좀 덜 부담스러운 책을 들라면, 필자는 단연코 영문판 이사벨 아옌데(Isabel Allende) 작품들을 권한다. 『영혼의 집(The House of the Spirits)』으로 유명해진 이사벨 아옌데는 칠레 대통령이었던 고(故) 살바도르 아옌데의 조카로서 남미의 '마술적 리얼리즘'을 대표하는 작가 중 한 명이다. 일단 작품들이 재미있고 영어 번역도 잘 되어 있다. 필자가 『영혼의 집』 스페인어판을 읽으려고 시도해본 결과 영어판 번역이 얼마나 부드러운지 알 수 있었다. ^^

03
한국에서 실전 영어를

전화영어, 왜 돈 내고 하나?

영어회화 실력 향상을 위해 유학이나 어학연수를 가기가 쉽지 않으니 대신 전화영어로 할까 하고 생각하는 사람들이 많다. 지인들에게 물어보고 검색도 좀 해보니 대개 월 10만 원 내외의 돈을 지불하고, 주말 제외 매일 10~20분씩 필리핀이나 미국, 캐나다 등지의 '원어민'과 통화하는 시스템인 듯하다. 강사의 출신지에 따라 가격이 달라지는 모양인데, 출신지보다는 '강의 실력'을 중시해야 할 것 같긴 하다.

하지만 솔직히 말해 필자는 전화영어라는 게 실제 영어 실력을 기르기보다는 소위 말하는 '영어 울렁증'을 해소하기 위한 것에 가깝다고 본다. 그러니 전화영어의 세계에서는 강사의 전화 강의 실력보다는 '학생이 진짜 북아메리카 원어민과 이야기한다는 느낌'이 더 중요시되는 것이다.

그건 그렇고, 전화영어를 폄하하는 건 아니지만 필자는 이 책을 읽고 있는 대부분의 독자들이 돈 한 푼 쓰지 않아도 전화영어 정도의 효과는 충분히 볼 수 있는 방법이 많다고 본다. 돈 받고 내게 강의하는 원어민 선생님이 아니라 그냥 원어민 친구를 사귀면 되기 때문이다.

인터넷 등장 이후 여전히 남아 있던 '거리'라는 제한에도 불구하고, 한국에서 외국에 있는 원어민 친구를 사귈 수 있는 경로는 무지 많아졌다.
요즘 웬만한 인터넷 채팅 사이트나 펜팔 사이트에서 한국인과 대화하고 싶어 하는 외국인을 찾는 건 결코 어려운 일이 아니다. 심지어 Language Exchange에 초점을 맞춘 펜팔 사이트도 있는데, '인터팔(Interpals)'이 대표적이다. 물론 세계 각국의 젊은이들이 많이 몰리는 만큼 로맨스도 꽤나 이루어지는 모양이다.
펜팔 사이트에서 만나 사귀다가 둘 중 한 사람이 상대의 나라를 찾아가서 직접 만나는 경우도 꽤 많다. 솔직히 필자는 그렇게까지 하라고 권하고 싶지는 않다. 왜냐하면 미꾸라지 한 마리가 온 도랑물을 흐리듯이, 대부분이 좋은 사람들로 이루어진 커뮤니티 사이트에도 꼭 사기꾼들이 한 둘씩은 서식하기 때문이다.

그러나 펜팔 사이트에서 만나 서로 카카오톡이나 라인 아이디를 교환하고, 페이스북에 친구 등록을 해놓고 틈나는 대로 채팅을 하거나 보이스톡(voice talk) 기능을 이용해서 직접 통화를 하는 건 아무런 해가 없다.
특히 아직 보이스톡이 자신이 없을 때는 채팅을 많이 하면 의외로 영어회화 실력 향상에 꽤 도움이 된다.
서로 얼굴을 보지 않고 하는 채팅 때는 필요한 단어를 찾는 시간이 충분하기 때문에 훨씬 안정된 마음가짐으로 대화를 할 수 있기 때문이다. 그리고 열심히 채팅하다 보면 어느 순간 본인이 간단한 말들은 영어로 생각하고 있다는 사실을 깨닫기도 한다.

이거 굉장히 중요하다. 결국 영어로 말하기 위해서는 영어로 생각해야 한다. 그리고 영어로 생각하는 것도 시작은 "Hi", "How are you?", "Thanks" 같은 간단한 문장부터일 수밖에 없다.

채팅을 통해 자신감이 붙으면 그 다음엔 진짜 보이스톡을 시도하자. 물론 보이스톡을 시작하기 전에 상대에게 양해를 구하고 천천히 말해달라고 부탁하자. 역시 처음에는 쉬운 말부터, 즉 안부부터 묻고 직접 목소리를 듣게 돼서 너무 좋다고 말하자. ^^

It's so nice to <u>hear</u> your voice!

그리고 틈나는 대로 '선생'이 아닌 '친구'와 대화하면서 우정도 쌓고 영어 실력도 늘리시라.

친구를 사귀는 것도 좋지만, 돈이 조금 들더라도 정식 교습 관계를 맺고 싶다 하는 분이 있을지도 모르겠다. 놀랍게도 그런 분들을 위한 사이트도 있다. '친구도 사귀고 외국어도 배우고'라는 콘셉트의 '아이토키(italki)'가 대표적이다. 필리핀 전화영어보다 싸면서, 보통의 언어 교환 사이트보다는 교육 과정이 좀 확실하다고 하겠다.

미드 보기의 요령

앞서도 언급했지만 '미드로 영어 공부'는 제대로만 하면 상당히 효과적인 방법이다. 즉, 영어 공부에 적합한 미드를 선택해서, 등장인물들의 감정과 의도 등에 스스로를 이입하면서 주의 깊게 문장을 들어야 한다.

그런데 아래쪽에 한글 자막이 떠 있으면 공부에 심대한 방해가 된다. 등장인물의 말에 집중하기보다는 눈이 한글 자막으로 향하게 되고, 그걸 보고 있는 독자는 생각도 한국어로 하게 된다. 그럼 어떡하느냐고?

과감하게 한글 자막을 지워버리고 보든지, 아니면 최소한 영문 자막을 띄워놓고 보는 게 맞다. 영문 자막이 있으면, 적어도 미드를 보면 볼수록 영어로 생각하는 습관을 기르는 데는 확실히 도움이 된다.

모르는 단어가 나오면 그때마다 사전을 뒤져서 찾아야 한다. 재미보다는 '공부'를 위해 시청하는 것이기 때문에 할 수 없다. 문장을 구성하는 단어들의 뜻은 알겠는데 문장의 뜻을 모를 때는 어떻게 할까? 단순히 한글 자막을 참조해서 이해가 되면 좋지만, 그래도 이해가 안 되는 경우도 있다. 그럴 때는 할 수 없다. 이해가 될 때까지 연구하는 수밖에. 정 안 되면 포털사이트의 '지식인'에 문의하는 것도 한 방법이다.

하여튼 최소한 '영문 자막'이다. 그리고 장르로 말하자면, 특정 장르를 권하기는 어렵지만 일단 슬랭이나 농담이 멈추지 않고 등장하는 수사물이나 시트콤은 피하시는 게 좋다. 물론 수사물과 시트콤들 중에도 정제된 언어를 사용하는 '공부용' 미드도 많다.

필자의 개인적인 추천작은 언제나 〈로스트〉이다. 전 세계의 다양한 배경을 지닌 사람들이 모여서, 다양한 발음과 단어로 영어를 구사하면서 서로 의사소통하는 걸 보는 것만으로도 영어 공부에 도움이 된다. 앞서도 말했지만, 대부분의 독자들이 우리나라 밖으로 나가 경험할 세상은 〈모던 패밀리〉보다는 〈로스트〉의 세상에 가깝다.

말 나온 김에 〈로스트〉 '시즌 1'을 보면서 등장인물들의 말투를 검토해보고자 한다. 나중에 독자가 이 미드를 볼 때 참고하면 영어 공부에 상당한 도움이 될 것이다.

⟨로스트⟩ 등장인물들의 악센트

일단 이 미드에 대해 전혀 모르시는 분들을 위해 간단히 플롯 설명을 해 보자.

> 호주에서 싱가포르로 향하던 오세아닉 플라이트 815 여객기가 무인도에 추락한다. 미국, 영국, 한국, 이라크, 호주 등 다양한 국적과 의사, 이송 중이던 죄수, 전직 이라크 군, 록 가수 등 다양한 직업과 배경을 가진 이들이 살아남아 구조를 기다린다.
>
> 그런데 이 섬, 어딘가 이상하다! 섬의 정글에는 상상하지 못했던 동물들이 살고 있고, 밤마다 무서운 소리가 들려온다.
>
> 구원의 소식은 들리지 않고, 생존자들은 두려움 속에서 살아남기 위해 필사의 노력을 경주한다.

주요 등장인물

잭(매튜 폭스) : 미국인. 척추 전문 외과 의사. 거의 주인공 느낌

케이트(에반젤린 릴리) : 캐나다 출신. 이송 도중 사고를 당한 범죄자이지만 정의로운 인품의 소유자

찰리(도미닉 모나한) : 영국 록 밴드 출신의 마약 중독자

존 로크(테리 오퀸) : 캘리포니아 출신. 헌터. '시즌 1'에서 가장 신비로운 인물

사이드(나빈 앤드류스) : 이라크 공화국 수비대 통신 장교 출신

클레어(에밀리 드 라빈) : 호주인. 임신 8개월의 미혼모

헐리(조지 가르시아) : 뚱뚱하고 유쾌한 히스패닉 미국인

소이어(조쉬 할로웨이) : 미국인. 전직 사기꾼. 말썽꾼 타입

월트(말콤 데이비드 켈리) : 미국인. 하지만 어릴 적부터 호주에 살았다고 함. 처음 보는 아버지와 함께 사고를 당한 흑인 소년

마이클(해롤드 페러뉴) : 미국인. 월트의 아버지. 건축가

백선화(김윤진) : 동양의 신비를 간직한 듯한 한국 여성

몇 명 더 있지만 이 정도면 '시즌 1'의 중요 인물은 거의 망라한 듯하다. 보통의 시청자가 보기에 잭, 케이트, 로크, 소이어의 말투는 크게 다르다고 느끼기 어렵다. 다만 자세히 들어보면 잭은 거의 지저분한 표현은 쓰지 않고, 일부러 의사들의 '자곤'을 사용하지는 않지만 때때로 덜 캐주얼한 단어들을 섞어서 사용한다.

Episode 7에서 잭은 동굴 속에서 바위에 깔리는데, 찰리가 구조하러 들어가서 바위를 치워주자,

My shoulder is dislocated. 내 어깨가 탈골됐어요.

라고 말한다. 아마 헐리나 소이어라면,

My right shoulder bone is outta its place. 오른쪽 어깨뼈가 빠졌어요.

했을 수도 있다. dislocation(탈골)이란 단어는 평소에 잘 쓰지 않는 말이다. 즉, 좀 덜 캐주얼한 단어란 말이다. 나중에 나오는 'hallucinations(환각)' 같은 단어 역시 좀 덜 캐주얼하다.

케이트와 대화 중 "사이드의 계획이 성공하면",

Then, we're one step close to getting off this island.
그러면, 우린 섬을 벗어나는 거에 한 발 더 가까워지는 거지.

이런 식으로 말하는 것도 절대 어려운 단어나 표현은 없지만, 뭐랄까…
역시 교육받은 사람 티가 좀 난다.

케이트는 캐나다 출신이지만 미국 북동부 억양과 거의 다르지 않아서 구
분하기 어렵다.

소이어의 말투는 약간 남부 티가 나지만, 그보다는 용어 사용이 상당히
양아치스럽다. 특히 보통의 미국인들이라면 굉장히 조심하는 차별적 용
어 구사에도 거침이 없다. 뚱뚱한 헐리를 가리켜 '라도(lardo, 뚱땡이)'라
부르거나, 분을 '메트로(metrosexual, 게이 같다는 함의)'라고 부르고, 자신
과 사이가 좋지 않은 사이드에게는 무하마드, 압둘라, 알리, 알 자지라 등
내키는 대로 아랍적인 이름을 거론하며 모욕한다.
그 외에도 케이트는 주로 'freckles('새끈한 언니' 정도?)'라고 부르고, 잭은
그냥 'Doc(닥)'이다. 무엇보다도 Episode 7에서 케이트에게,

What is it about him that makes you all⋯ weak in the loins?
그 친구가 뭐가 그리 좋길래 여자들이 하나같이 헬렐레 하는 거야? (직역하면, "사타구니 부위가
약해지는 거야?" 정도)

그러자 케이트가,

You try to be a pig, or it just come naturally?
당신, 일부러 지저분하게 구는 거야, 아님 천성이 원래 그런 거야?

식으로 대꾸했다는 건 그의 인품을 드러내준다. 시쳇말로 '어그로를 끄는 것'이다.

소이어의 영어는 헐리와는 또 다른 캐주얼함이 있다. Episode 8에서 사이드에게 고문당하고 나무에 묶인 채 케이트에게 키스를 요구하면서,

Hell, it's only first base. 거참, 겨우 1루일 뿐이잖아.

이런 게 전형적인 캐주얼한 미국 영어이다. 연애 관계를 야구에 비유해서 키스는 1루에 진출한 것, 가슴을 애무하면 2루 등으로 표현하는 것이다. 그리고 이어서 하는 말,

Lucky for you. I ain't greedy. 다행히 난 욕심 많은 사람은 아녀. (소이어가 'am not' 대신 'ain't'를 썼다는 사실에 주목! 역시 좀 캐주얼함)

캘리포니아 출신 로크는 가장 진중하고 설득력 있는 말투를 지녔다. 섬에 있는 걸 싫어하지 않는 유일한 인물. 추락에 대해 전혀 유감스러워하지 않는 인물이라 그런지 언제나 차분하기 그지없고 좋은 말만 골라서 한다. Episode 7에서 약을 달라고 보채는 찰리에게 한 말은 그의 특징을 잘 보여준다.

Come here. I'm gonna show you something.

What do you suppose is in that cocoon, Charlie?

("do you suppose"는 삽입구. "니가 생각하기에" 정도의 뜻)

I don't know, a butterfly, I guess.

No, it's much more beautiful than that. That's a moth cocoon.

It's ironic. Butterflies get all the attention, but moths, they spin silk.

They're stronger, they're faster.

(Charlie) That's wonderful, but⋯.

You see this little hole?

This moth's just about to emerge.

나방이 막 태어나려고 하고 있어. ('be about to'에 주목, ~를 막 하려고 하다.)

It's in there right now, struggling.

It's digging its way through the thick hide of the cocoon.

Now, I could help it, take my knife, gently widen the opening, and the moth would be free.

But it would be too weak to survive.

Struggle is nature's way of strengthening.

Now, this is the second time you've asked me for your drugs back.

Ask me again, and it's yours.

Episode 10에서 헐리가 센서스를 할 때 자기가 Tustin, California에서 거의 살았다고 말하는 걸로 보아 로크는 아마 캘리포니아 출신인

듯하다. 그는 약간 어려운 단어도 쓴다. 역시 무식쟁이는 아닌 것이다. Episode 8에서 안테나를 설치하다가 뒤통수를 얻어맞은 사이드가 범인을 찾기 위해 그에게 상의하자,

From what I've seen, between you and Mr. Sawyer share a certain animosity.

'animosity(적대감)'는 헐리나 소이어라면 쓰지 않을 단어이다. 〈로스트〉에 등장하는 '미국인들' 중 그나마 말투가 가장 튀는 사람이 헐리이다. 그는 미국의 대도시 노동자 계급 청년의 전형적인 말투를 사용한다. 본명이 휴고 레예스(Hugo Reyes)인 그는 머리가 나쁘거나 인성이 험하지는 않지만 단순한 언어와 슬랭을 많이 사용하는 버릇이 있다. 뚱뚱하고 유쾌한 히스패닉인 헐리는 한국과 중국도 헷갈릴 정도이니 그리 교육 수준이 높다고 할 수는 없다. 그러나 절대 멍청한 인물은 아니고 오히려 상당히 스마트하다. 굉장히 캐주얼하고 단순한 말투로 사리 분별 있게 말하는 장점이 있다.

이 친구가 자주 쓰는 말은 'dude'. 거의 어미처럼 'man'. 가끔 친구를 'bro'로 부르기도 한다. 미국의 도시 노동자 계급 청년들의 언어 습관을 관찰할 수 있는 좋은 사례이다. 헐리가 Episode 2에서 성게 알을 먹어보라고 하는 권에게,

Dude, dude, I'm starving… But I'm nowhere near that hungry.
어, 어, 저 배고파 죽겠지만요… 그 정도로 배고프진 않아요.

하는 장면은 유쾌하다.

Episode 3에서 그는 잭에게 말을 걸 때도, "Yo" 한다. 아시다시피 보통 사람들은 "Hello", "Hi" 등으로 말한다.

Episode 3 : She looks pretty hardcore.

그녀는 장난 아니게 (범죄적으로) 쎈 것 같은데.

Episode 7 : Locke's in jungle killing stuff. 로크는 정글에서 뭔가 죽이고 있어요.

지적인 맛은 없지만 굉장히 선명한 표현들 아닌가?

Episode 7에서 잭이 찰리가 동굴에서 나가는 길을 찾았다고 하자,

Dude, you rock! 친구, 너 정말 멋져!

Episode 8에서는 천식 발작(Asthma Attack)에 빠진 샤논에게 잭이 숨 쉬는 법을 가르쳐주자 하는 말,

Wow, man. That was awesome. I mean, that was like a··· Jedi moment.

"제다이 모오먼트!" 이것으로 우리는 헐리가 〈스타워즈〉 덕후란 걸 알 수 있다.

월트와 그의 아빠 마이클은 흑인이지만, 흑인들 특유의 악센트가 강하지는 않다. 설정상 월트는 호주에서 자랐고, 마이클은 건축가로 나름 지식

인이다. 둘 중 마이클이 그나마 도시 흑인 영어 악센트가 좀 더 두드러지는 편이다.

Episode 9에서 마이클이 월트에게,

You gotta figure out stuff to do. You know what I'm saying.

할 때는 그런 느낌이 확 든다.

백선화 역의 김윤진은 미국식 악센트를 지닌 사람이 일부러 콩글리시를 하려고 노력하는 느낌이다. 한국 시청자들은 보면 바로 느낄 수 있다.

사이드는 설정 상 이라크 군 장교 출신이지만, 이 역을 맡은 배우는 인도에서 온 부모를 둔 영국인이다. 그래서 그런가. 그 사실을 알고 봐서 그런지 인도계 영국인이 아랍인 흉내를 내는 것처럼 들린다. 참고로, 의외로 가장 지적이고 격식 있는 말투에 가깝다.

다음 대화를 보면 사이드는 굉장히 정확하게 규율된 차분한 영어를 사용한다. 부사의 사용에도 능하다.

Episode 3 : Regrettably, no one knew he changed course.

Episode 4 : If the French woman's transmissions have truly been playing on a loop for 16 years, then there must be a power source on the island. A significant one.

(Kate) And you can find it?

Hypothetically, yes. I'm making an antenna of sorts.

With a few of these mounted at different points on the island.
I may be able to use the transceiver to triangulate the signal.

그리고 Episode 8의 거의 마지막 장면에서,

I can't stay here.

할 때, "아이 카안(트) 스테이 히어"라고 말한다. 역시 천상 영국 남자다. 다음 대사가,

Sayid : I'm leaving. I don't know how long⋯.
Kate : Sayid, you can't (사이드, 유캐~앤)

여기서 사이드와 케이트의 'can't' 발음을 비교해보면 확실한 차이를 느낄 수 있다. 그 다음 몇 대사 후 사이드는,

If I can't keep that promise.

하는데, 여기서도 '카안트'이다.

임신 8개월에 사고를 당한 클레어는 정말 호주 사람처럼 말한다. 물론 호주 사람들 중에서도 좀 더 영국스러운 느낌이 나는 악센트가 강한 사람이 있고, 그게 덜한 사람도 있는데 클레어는 덜한 쪽이다. 다만 클레어는 흥분하면 악센트가 강해지는 버릇이 있다. 그녀는 평소 Episode 8처럼 "I can walk(아이캔워크)"라고 말하지만, 대부분의 경우는 영국적인 악센트가 두드러지지는 않는다.

그런데 Episode 10에서 애인 토머스와 싸우는 장면에서는, 역시 흥분해서 그런지 악센트가 강해진다. 그 부분을 볼 때 자세히 들어보라.

Claire : **Um, just so I'm not overreacting here⋯. Are you breaking up with me?** 너 나랑 헤어지는 거야?

Thomas : **For the past three months, it's just⋯ you know, there's always some plan, some responsibility, somewhere that we have to be, someone that we have to talk to.**

Claire : **Well, yeah, I'm trying to make sure that when the baby comes⋯.**

Thomas : **When the baby⋯? Yeah. I mean, that is just not⋯. If it's like this now, you know,** (토머스는 지금 입장이 껄끄러우니까 '메움말'들을 쓰는 중이다.) **what's it gonna be like when the baby comes?** 애가 태어나면 어떨 것 같아? (앞서 배운 'What's it like to ~'의 변형형이다. 여기서는 'to ~'나 '~ing' 등이 빠졌다고 보면 된다.)

Claire : **But you said we should do this.**

Thomas : **Yeah. Yeah, well, now it's real.**

Claire : **Well, you can't just change your mind.**

Thomas : **How in the hell am I supposed to be a dad, Claire?** 내 형편에 도대체 어떻게 아빠가 될 수 있겠어, 클레어? ('be supposed to'는 '~하기로 되어 있는' 정도의 뜻) **How about my painting? My life?**

Claire : **I knew⋯. I knew this was gonna happen.**

내, 이런 일이 있을 줄 알았어.

Thomas : I told you so. Perfect. Now I get all your daddy abandonment crap.

Claire : **Hey, you bastard, don't you dare try and justify what you're doing!**

Thomas : I have done nothing, Okay? I've done absolutely nothing.

Claire : **What, and I have?** 뭐라고? 그럼 난 (잘못된 짓을) 했단 말이야? ["What, and I have (done something wrong)?"에서 괄호 안의 문구가 빠진 거라고 볼 수 있다.]

Thomas : You don't think I've seen what you've done?

Claire : **Excuse me?** 뭐라고?

Thomas : You were supposed to be on the pill.

너 피임약 먹기로 했잖아? ('be supposed to' 또 나왔다. 여기서 'the pill'은 피임약이다. 앞서 배웠듯이 'on + 약'은 '약을 복용하고 있는'의 뜻)

Claire : **You think I got pregnant on purpose?** ('on purpose'는 의도적으로)

Thomas : I don't even care.

Claire : **Or this was some kind of plan? You are out of your mind!**

Thomas : It's over, Claire!

Claire : **No, it's not over!**

Thomas : I'm out of here.

Claire : **Thomas!**

찰리야말로 전형적인 영국 악센트라는 느낌의 말투를 구사한다. 물론 브리스톨이나 글래스고식 사투리가 아닌, 우리가 영국을 배경으로 한 드라마에서 가장 흔히 들을 수 있는 악센트 중 하나이다.

Episode 10에서는 클레어에게 "Feeling better?('베러' 하지 않고 '베터' 한다)"라고 말한다. 사실 이런 건 우리도 이 친구 발음을 따라하는 게 편하다. 그는 패밀리(family)도 'F아밀리'에 가깝게 발음한다. 이런 악센트는 조금만 익숙해지면 알아듣기 쉬운 편이다.

찰리는 약간 냉소적인 농담에도 능하고 영국식 욕도 가끔 한다[Episode 3 : Oh. Bollocks(오! 젠장)]. 화장실은 'toilet' 대신 영국에서 흔히 쓰는 단어인 'loo'라고 주로 부른다. 록 밴드 출신답게 슬랭도 꽤 사용하는데, Episode 6에서는 로크에게 "Git(병신 같은 넘)", "Bugger off!(꺼져!)" 등의 험한 말을 하기도 한다.

Fuck 대신에 bloody를 자주 사용하는 것도 영국인들의 특징 중 하나.

Episode 3 : Well, who needs men, right? Bloody useless.

Episode 7 : You treat me like a bloody child.

영국 사람들이 미국인들과 달리 발음할 때 't'를 안 빼먹는다는 건 환상이다. 다만 빼먹는 자리가 다를 뿐이다. 미국인들은 단어 중간의 't'를 빼먹지만(water), 일부 영국인들은 단어 끝의 t를 빼먹는 걸 좋아한다.

Episode 8에서 헐리에게 피넛버터를 달라고 조르면서,

Yeah, but 예, 버, Look at you 룩 에 유.

이런 때면 '버'와 '에'를 살짝 강하게 발음해주긴 합니다만….

이 정도가 〈로스트〉 '시즌 1'의 Episode 10까지 나오는 주요 인물들의 언어 습관이다. 여러분도 각 인물들이 쓰는 영어가 어떤 특징이 있는지 주의 깊게 신경 쓰면서 이 드라마를 감상해보시라.

앞으로도 더 많은 사람들이 훨씬 다양한 악센트의 영어를 구사하면서 드라마 속으로 진입하므로 여러분의 영어 공부는 상당한 진척이 있을 것이다.